广播影视类高考专用丛书

U0575139

中国文学核心知识点笔记

艺考

张福起　主编

山东人民出版社·济南

国家一级出版社 全国百佳图书出版单位

图书在版编目（CIP）数据

中国文学核心知识点笔记/张福起主编. -- 济南：
山东人民出版社，2022.4
（广播影视类高考专用丛书）
ISBN 978-7-209-13563-4

Ⅰ.①中… Ⅱ.①张… Ⅲ.①中国文学 - 文学史 - 高
等学校 - 入学考试 - 自学参考资料 Ⅳ.①I209

中国版本图书馆CIP数据核字(2021)第231073号

责任编辑：魏德鹏
封面设计：张　晋

中国文学核心知识点笔记
ZHONGGUO WENXUE HEXIN ZHISHIDIAN BIJI
张福起　主编

主管单位　山东出版传媒股份有限公司
出版发行　山东人民出版社
出 版 人　胡长青
社　　　址　济南市市中区舜耕路517号
邮　　编　250003
电　　话　总编室（0531）82098914
　　　　　市场部（0531）82098027
网　　址　http://www.sd-book.com.cn
印　　装　济南新先锋彩印有限公司
经　　销　新华书店

规　　格　16开（184mm×260mm）
印　　张　16.5
字　　数　260千字
版　　次　2022年4月第1版
印　　次　2022年4月第1次
印　　数　1-3000
ISBN 978-7-209-13563-4
定　　价　49.80元
如有印装质量问题，请与出版社总编室联系调换。

前　言

2018 年底,教育部发布了《2019 年普通高等学校部分特殊类型招生基本要求》的文件,文件中明确指出,高校艺术类专业选拔应重视考查考生艺术文化素养,着眼学科和学生长远发展。为响应这一号召,以中国传媒大学、浙江传媒学院为首的知名院校率先做出表率,将艺术类本科招生考试的初试环节改为"文化素养基础测试"。以中国传媒大学为例,凡报考该校艺术类本科招生考试的考生,均要参加由学校统一组织的文化素养基础测试,考查科目为中国文学、中国历史、中国哲学,试卷采用百分制,其中文学占 50 分,历史占 30 分,哲学占 20 分。由此可见,在整个文化素养考查中,对考生文学素养的考查是重中之重。

那什么是"文学素养"? 国家为什么尤为重视艺术类学生的文学素质培养呢? 具体来讲,文学素养是指一个人在文学领域,如诗歌、小说、评论等方面的综合能力,既包括文学的感悟能力和审美能力,也包括文学创作能力。国家之所以如此重视,是因为文学素养对于当代大学生思想观念的养成,以及人格发展、情感健康都有着无可替代的作用,它关系着整个民族精神的传承与建构。因此,对于以后将要从事文艺工作的艺考生而言,要尤其重视这方面的学习。

然而,要提升文学素养绝非一日之功,这需要持续不断地大量地阅读古今中外各类文学作品,尤其是经典名著。这对于备战高考、时间和精力都非常有限的学子们而言,显然是不现实的。那如何让考生在最短的时间内、有针对性地学习到文学领域最核心的考试知识点呢? 有鉴于此,有着十几年培训、教学经验的本书编者,应广大复习备考的莘莘学子之所需,推出了这本专门应对文化素养考查的专用教材——《中国文学核心知识点笔记》。总体来说,该书具有以下三大优势和特色:

一、涵盖古今文学,内容全面到位

本书是对中国文学史的系统梳理与讲解,分为"上编"和"下编",上编为"中国古代文学",下编为"中国现当代文学"。古代文学部分按照历史年代顺序,讲解了从先秦、秦汉一直到1919年五四新文化运动之前的文学;现当代文学部分则又分为"现代文学"和"当代文学",同样是按照时间顺序对不同时期的重要作家和文学流派进行了重点阐述。所以说,从章节体例方面看,本书结构简洁,要点明晰,而从内容讲解方面看,本书汇总全面,阐述到位,非常适合学子备考使用。

二、汇总核心考点,学练相得益彰

众所周知,中国文学史从古至今,数千年文化,博大精深,上至"孔孟"(孔子、孟子)、"老庄"(老子、庄子)、"李杜"(李白、杜甫)、"元白"(元稹、白居易),下至"鲁郭茅巴老曹"(鲁迅、郭沫若、茅盾、巴金、老舍、曹禺),内容包罗万象,也令众多学子望而生畏。鉴于此,本书主要汇总了在文学素养考试中最为核心的知识点,可以说这是一本让考生用最短的时间就能掌握最丰富考点的"速成教材"。书中还设置了"学前重点讲解"板块,便于考生分清主次。

三、提升文学素养,一书灵活多用

在国家深化艺术类招生考试改革的大潮下,不仅像中国传媒大学、浙江传媒学院等知名院校,在校考中加重了对考生文学素养方面的考查,而且就连目前占据主流地位的省级统考,也逐步加大了对于文学素养考查的力度,陕西、安徽、重庆、广东、山东等省市的统考表现得尤为突出。所以说,《中国文学核心知识点笔记》这本书不仅适用于中国传媒大学、浙江传媒学院、北京电影学院等名校的文化素养考试,还适用于各省的统考。因此,广大考生可以根据所在省份的考试特点,有针对性和选择性地学习书中的某些章节,更为深入地了解核心知识点,在学习文艺常识传统教材——《文艺常识(第八版)》的基础上查缺补漏,这样就能够更好地应对将来的考试。

本书适用于报考广播电视编导、剧作、导演、电影学、影视摄影与制作、影视制片管理、媒体创意等艺术类专业的校考中,需要应对文化素养类科目考查的考生,以及那些希望深入掌握文学核心知识点在统考中取得高分的考生。如果您有这方面的需求,建议一定要选择这本书。

最后,衷心预祝考生们复习顺利!金榜题名!

编者

2022年4月

目　录

第一编　中国古代文学

第二编　中国现当代文学

第一编　中国古代文学

第一章　先秦文学

第二章　秦汉文学

第三章　魏晋南北朝文学

第四章　隋唐五代文学

第五章　宋、辽、金文学

第六章　元代文学

第七章　明代文学

第八章　清代文学

第九章　近代文学

第一章　先秦文学

第一部分　学前重点讲解

1. 中国文学的各种体裁几乎都孕育于斯。散文可追溯到甲骨卜辞；诗歌可追溯到《诗经》《楚辞》和汉乐府；小说可追溯到神话传说、《左传》《史记》等历史散文，以及诸子散文中的寓言故事；辞赋可追溯到《楚辞》；骈文中对偶的修辞手法，在这个时期已出现；戏曲因素在《九歌》中已有萌芽。

2. 中国文学的思想基础孕育于斯。

3. 中国的文学思潮以儒道两家为主，儒家注重文学的社会功能，道家注重文学的审美价值，二者在此时期已经形成。

4. 以士大夫为创作的主体和接受对象、以文字为传播的主要媒介的中国文学基本格局在此时期已经形成，直到宋代出现了市民文学，这个格局才发生了改变。

在这个阶段，文学的创作主体经历了由群体到个体的演变。史从巫中分化出来专门从事人事的记录，而士的兴起与活跃，对文学的发展起了关键性的作用。先秦文学的形态，一是文史哲不分，二是诗乐舞结合。

注：本章内容较多，考生要加强对知识点精讲部分的掌握，重点学习《诗经》《左传》、诸子散文及屈原作品，考生要重点了解《诗经》的内容及其表现出的现实主义精神、诸子散文的文风及其语言风格、屈原生平及其代表作品，尤其要掌握《离骚》的思想内涵。

第二部分　核心考点汇总

一、上古神话

【知识点精讲】

上古神话　其以故事的形式表现了远古时期人民对自然、社会现象的认识和愿望,是"通过人民的幻想用一种不自觉的艺术方式加工过的自然和社会形式本身"。神话通常以神为主人公,包括各种自然神和神化了的英雄人物。神话的意义通常为解释某种自然或社会现象,有的神话也表达了先民征服自然、变革社会的愿望。

《山海经》　是我国古代保存神话资料最多的著作。其作者不详,各卷撰成年代亦无定论,并非出自一时和一人之手。全书共十八卷,包括《山经》《海经》和《大荒经》。其中十四卷为战国时作品,四卷为西汉初作品。内容主要为民间传说中的地理知识,也保存了不少远古神话传说。其对研究古代的历史、地理、文化、神话、民俗等均有重要价值。神话"鲧禹治水""夸父逐日""精卫填海"等就记载在《山海经》中。

【拓展延伸】

1. 神话的分类

(1)创世神话

盘古故事。羲和生十日,常羲生十二月。烛龙之神。

神话中宇宙人格化、意志化的生成过程反映了先民对自身力量的坚定信念。

(2)始祖神话

女娲补天、女娲造人。这两则神话反映了先民对女性延续种族作用的肯定,同时也表现了先民对女性社会地位的认可。

各部族的始祖神话。商民族始祖契是简狄吞食燕卵而生,周民族始祖后稷的诞生和经历更具传奇色彩。

(3)洪水神话

以洪水为主题或背景的神话,在世界各地普遍存在。

国外洪水神话的主题多为天帝对人类的堕落很失望,便用洪水惩罚人类,而洪水之后人类的再造,反映了他们对人性的反省和批判。中国汉民族的洪水神话把洪水看作一种自然灾害,力图揭示先民与洪水抗争以拯救生民的积极意义,看重人的智慧及斗争精神。

洪水神话集中反映了先民在同大自然作斗争的过程中所积累的经验和表现出的智慧。

(4)战争神话

黄帝和炎帝之间的战争;炎黄两部落走向联合后,指黄帝和蚩尤之间发生的战争。

(5)发明创造神话

黄帝之后,神话进入了英雄时代。人们把自身发展过程中所积累的各类重大发明,以及克服各种自然、社会障碍的经历,都加在一个个神话英雄身上,并把他们看作是本部族的理想的象征。这些神话英雄通常以人的形象出现,他们有着神异的经历或本领,他们的业绩在于创造和征服,如燧人氏、有巢氏、神农氏、仓颉、后稷等等。

还有一些神话显示出人类英雄突出的个性、勇气,凸显了人类对自身不可动摇的信念,如:夸父逐日(《山海经·海外北经》)、精卫填海(《山海经·北山经》)、刑天舞干戚(《山海经·海外西经》)。

2. 上古神话蕴含的精神特质

中国古代丰富多彩的神话,是远古历史的回音,它真实地记录了中华民族在它童年时代的瑰丽的幻想、顽强的抗争以及步履蹒跚的足迹。同时,它作为中华民族的文化源头,对民族精神的形成及其特点产生了深远的影响。

(1)深重的忧患意识。在上古时期,作为中华民族发源地的黄河流域地区除了不断出现洪水和旱灾,还分布着许多密林、沼泽等,繁衍着许多毒蛇猛兽。从《山海经》对那些能带来灾异甚至会食人的奇异动物的描述中,便能看到先民对生存环境的畏惧。比如在女娲、神羿等的神话中,无一不以相当分量描绘人类的恶劣处境。神话中特别强调诸神不辞辛劳的现实精神,反映了先民对现实苦难的深刻体验。

(2)凸显人的作为、主观力量和主观精神。从女娲补天开始,在人与自然这一最根本的主题中,每一则神话几乎无一不在凸显这一点。面对滔滔洪水,神话中没有出现任何逃避、等待的字眼,从女娲的补天到鲧禹的治水,上古神话自始至终立足于一个"治"字,这是一种与自然抗争的劲头。悬在高天的太阳,是原始人类最早关注的自然对象之一,其也是最早被人们崇拜的神物。但神话中又有敢于追日的夸父和勇于射日的神羿。当夸父作为追赶太阳的人格神出现的时候,他就已经被塑造为一位伟岸的英雄;羿的那副弓箭,不但可射妖魔、射猛兽,还可以射下给人类带来灾害的毒日,显示了人的自信和力量。

(3)就神话人物而言,无论是神性十足的自然神、天神,还是被神化的人间英雄,都被赋予了救苦救难的神圣使命。当人类濒临灭绝时,女娲作为救世主出现;夸父道渴而死,却丢下手杖化为邓林造福人类;神羿下凡本是"去恤下地之百艰";鲧盗息壤,为拯救人类不惜牺牲自己的生命⋯⋯很显然,中华民族吃苦耐劳、坚忍不拔、百折不挠的民族精神,在上古神话中发出了第一次闪光。

二、《诗经》

【知识点精讲】

《诗经》 是我国第一部诗歌总集,原名《诗》,或称《诗三百》,共有305篇,另有6篇笙诗,有目无辞。全书主要收集了西周至春秋中期五百多年间的作品,包括公卿列士所献之诗、采集于各地的民间之诗以及周王朝用于祭祀和宴飨的乐歌等。《诗经》产生于今陕西、山西、河南、河北、山东及湖北北部一带,约在公元前6世纪编定成书,作者包括从贵族到平民的社会各个阶层人士,绝大部分已不可考。

1.《诗经》篇目分类

(1)风

"风"即歌调乐调,特指带有地方色彩的音乐,十五国风即十五个地方的土风乐歌。十五国风共160篇,包括《周南》《召南》《邶风》《鄘风》《卫风》《王风》《郑风》《齐风》《魏风》《唐风》《秦风》《陈风》《桧风》《曹风》《豳风》等。

(2)雅

"雅"指周王朝都城及"王畿"地区的音乐。王畿之乐被视为正声、典范之乐,故"雅"又有"正"的含义。雅共105篇,分为《大雅》和《小雅》。

《大雅》共31篇,大部分作于西周初期,小部分作于西周末期,大雅的作者主要是上层贵族。

《小雅》共74篇,除少数篇目可能是东周时期的作品外,其余都是西周晚期的作品。小雅的作者有上层贵族,也有下层贵族和地位低微者。

（3）颂

颂是用于宗庙祭祀的音乐,共40篇,分为《周颂》《鲁颂》和《商颂》。

2.《诗经》的主要内容

《诗经》中的作品内容十分广泛,深刻反映出殷周尤其是西周初至春秋中叶社会生活的各个方面,包括当时社会的政治、经济、文化、军事情况以及世态人情、风俗习惯等。

（1）祭祖颂歌和周族史诗

保存在《大雅》和"三颂"中的祭祀诗,大多以祭祀、歌颂祖先为主,或叙述部族产生、发展的历史,或赞颂先公先王的德业,皆歌功颂德之作。如周族史诗《生民》《公刘》《绵》《皇矣》《大明》五篇作品,赞颂了后稷、公刘、太王、王季、文王、武王的业绩,反映了西周开国的历史。从《生民》到《大明》,周人从产生到逐步强大,灭商并建立统一王朝的历史过程得到了完整的表现。

（2）农事诗

祭祀乐歌如《臣工》《噫嘻》《丰年》《载芟》《良耜》等,真实地记录了与周人农业生产相关的宗教活动和风俗礼制,反映了周初的生产方式、生产规模、农业经济的繁荣和生产力发展的水平。

（3）燕飨诗

产生于西周初期,以君臣、亲朋欢聚宴享为主要内容,赞美守礼有序、宾主融洽的宴饮,否定不能循礼自制、纵酒失德的宴饮,反映了周初社会的繁荣、和谐、融洽和上层社会的欢乐和睦,表现出浓厚的宗法观念和亲族间的脉脉温情,显现出周代礼乐文化的一些侧面。

（4）怨刺诗

主要保存在"二雅"和《国风》中,因此其被后人称为"变风""变雅"。在周室衰微、礼崩乐坏、政治腐朽和社会黑暗的时代背景下,公卿列士、贵族大夫等社会各阶层人士,悯时丧乱,忧世忧生,以诗来针砭时政和社会弊端,感叹身世遭遇。

《大雅》中的怨刺诗,多出自身份和社会地位较高的作者,他们针砭朝政,情绪愤激,但讽刺有一定节制,带有规谏之意。诗人面对国家前途黯淡的现实,试图力挽狂澜,但对积弊已深、颓势已定的局面,又充满无可奈何的悲哀。

《小雅》中怨刺诗的作者,在等级社会中处于较低的甚或受压迫的地位。他们不仅指斥政治的黑暗,悲悼周王朝国运已尽,忧国哀民,而且感叹自身遭遇。

《国风》中的怨刺诗,辛辣犀利地对统治者加以批判和嘲讽,直接揭露其无耻丑行。

(5)战争徭役诗

我国古代战争诗主要描写天子、诸侯的武功,不注重描写直接具体的战斗场面,强调道德感化和军事力量的震慑,表现出强烈的自豪感,充满乐观精神。这是我国古代崇德尚义,注重文德教化,使敌人不战而服的政治理想的体现,表现出与世界其他民族古代战争诗不同的风格。还有很多的战争诗表现出对战争的厌倦和对和平的向往,充满忧伤的情绪。

战争徭役诗则完全显示出作者对繁重徭役的愤慨厌倦,其不仅写战争和徭役的承担者——征夫士卒的痛苦,还写夫妻离散的思妇的悲哀。

(6)婚姻爱情诗

在《诗经》中占有很大比重,主要集中在《国风》中,其不仅数量众多,而且内容十分丰富。既有反映男女相慕相恋、相思相爱的情歌,如《周南·关雎》《邶风·静女》;也有反映婚嫁场面、家庭生活等的婚姻家庭诗,如《周南·桃夭》《郑风·女曰鸡鸣》;还有表现不幸婚姻给妇女带来痛苦的弃妇诗,如《邶风·绿衣》《卫风·氓》。它们是《诗经》中最精彩动人的篇章。

【拓展延伸】

1.《诗经》的艺术特点

①最突出的特点就是"写实",即朴素实在地抒写现实人生。《诗经》不是运用极度夸张和离奇的想象去展示超现实的神幻世界,而是按照生活的本来面目描摹日常生活,按照内心的切实感受抒发现实情怀,从而展现具体可感的生活画面,展示不同阶层人物的内心世界和精神风貌。如:《豳风·七月》由奴隶集体口头创作,如实描绘了农奴们一年到头的吃穿住行以及采桑绩麻、播种收获、狩猎制衣等画面,为人们认识当时农家生活的艰辛,提供了最真实、形象的材料。

②《诗经》中表现主观心理的作品,即抒情言志诗,占绝大比重。《诗经》中的大量抒情之作,均"感于哀乐,缘事而发",抒发的多是日常情怀,想象与幻想的内容也大多合乎常理,从而鲜明地表现出一种平实自然的境界。如风诗雅乐中的抒情之作几乎全部是针对现实生活内容所发,无论是《雅》中的感于时事,忧于政

局,伤于遭际,还是《国风》中爱的欣喜、忧伤与渴望、思乡怀人、迎来送往、愤恨不公、讽刺丑恶,只要有生活、有经历、有感受,就有歌谣来讴歌。

③赋、比、兴是《诗经》的主要创作手法,后演变为我国古代诗歌创作的基本手法。宋朱熹之说流传最广:"赋者,敷陈其事而直言之者也。""比者,以彼物比此物也。""兴者,先言他物以引起所咏之词也。"其中又以"比、兴"最为多见和突出。如《卫风·淇奥》赞美君子,便是以玉比德,所谓"如切如磋,如琢如磨",形象展示了品德修养的砥砺过程。再如《周南·关雎》以"关关雎鸠,在河之洲"兴起"窈窕淑女,君子好逑",所用兴即景,也是取喻,水鸟的和鸣,正象征着淑女配君子的和谐。

④《诗经》对语言形式美的追求也极富特点。"诗三百"中的篇章大多整齐划一,以四言为主,诗句排列有序;分章明显,章与章之间讲究平衡、匀称。这不但集中表现在重章体的大量出现,更表现在非重章体对平衡、匀称的有意追求。

2.《诗经》对后世文学的影响

①开创了抒情诗的传统。《诗经》中大量抒情诗的存在,导致了"诗言志"说的产生,和中国古代诗歌以抒怀、缘情为主旨的创作倾向的形成。

②开创了风雅传统。"二雅"中的政治关怀,成为中国文学史上忧患传统的先声。

③写实诗风。朴素实在地抒写人生,与汉乐府共同奠定了"饥者歌其食,劳者歌其事"的写实诗风。

④比兴的垂范。多用比兴,缘物借景,决定了中国古诗抒情手法以情景关系为主体的艺术特征和独特范畴"意境"的诞生,而且引出了围绕着情景关系立说的诗学之路。

⑤句式和章法。其对篇章、韵律的有序追求,在后代五、七言古体及格律诗词那里得到了回响。

三、《左传》等先秦历史散文

【知识点精讲】

《尚书》　是我国第一部历史散文集,是商周记言史料的汇编,包括《虞书》《夏书》《商书》《周书》四部分。《虞书·尧典》等为后人追述。《商书·盘庚》是我国记言文之祖,其训辞古朴艰涩,有一定的感情色彩和形象性。《周书》主要包括

"诰"与"誓"两种文体,记周公言论最多,反映了周公的心态、周人的政治思想和周初的社会关系。今本《尚书》大约只有《今文尚书》28篇可信。《尚书》文字古奥典雅,有一定的语言技巧,且这些文诰都是单独成篇,有完整的结构,其对先秦历史叙事散文的成熟有直接的影响。

《春秋》 "春秋"本是对周王朝和各诸侯国历史的通称,后特指经过孔子修订的鲁国的编年史。它记载了自鲁隐公元年(前722)至鲁哀公十四年(前481)的历史,对这一时期的史事作了简洁的大纲式的叙述。《春秋》按时间顺序编排历史事件,记事方式是"以事系日,以日系月,以月系时,以时系年",具备了明确的时间观念和自觉的记事意识、写作义例,记事系统简略,并非真正意义上的叙事散文。《春秋》是"礼义之大宗",维护周礼,反对僭越违礼行为,贬斥邪说暴行。这种思想倾向在史事的简略记述排比中表现得尤为明显。

春秋三传 解释《春秋》的《左传》《公羊传》和《穀梁传》的合称。后两部书侧重阐发《春秋》经义,叙事较少,以议论为主。《公羊传》文风淳朴简劲,语言凝练准确,《穀梁传》亦文字简朴,议论精深。二书文学价值虽不能与《左传》并论,但它们在经学史、思想史、学术史上都有深远影响,尤其是《公羊传》,在汉代和晚清都曾为显学。

春秋笔法 是指在《春秋》中以一字寓褒贬、用谨严的措辞与修辞上的细微差别表现作者爱憎的写法。如杀有罪为"诛",杀无罪为"杀",下杀上曰"弑"等。这种在史著中灌注强烈感情色彩的做法,为后代史传文学所继承。

《左传》 是《春秋左氏传》的简称,又名《左氏春秋》。相传《左传》为传述《春秋》而作,作者是左丘明,后人对此颇多疑义。《左传》记事,基本与《春秋》重合,另记有部分战国初年的史料。在思想内容上,《左传》维护周礼,尊礼尚德,以礼之规范评判人物。同时,作者以敏锐的历史眼光,在书中记述了周王室的衰落和诸侯的争霸,揭示了社会变革的趋势。在艺术方面,它以《春秋》的记事为纲,增加了大量的历史事实和传说,把《春秋》中的简短记事,发展成为完整的叙事散文。《左传》被称为先秦散文的"叙事之最",它的出现标志着我国叙事散文的成熟。

《国语》 是我国第一部国别体史书,全书共21卷,分别记载了周、鲁、齐、晋、郑、楚、吴、越八国史事,是各国史料的汇编。约成书于战国初年,主要反映了儒家崇礼重民等思想观念。

《战国策》　共三十三卷,由西汉刘向整编。杂记东周、西周、秦、齐、楚、赵、魏、韩、燕、宋、卫、中山诸国军政大事。时代上接春秋,下迄秦并六国。主要记载了谋臣策士游说诸侯或进行谋议论辩时的政治主张和斗争策略,反映了战国时代"士"阶层的崛起。《战国策》的作者非一人,成书并非一时,作者大多是战国后期的纵横家,其最后由西汉刘向编校整理成书,定名为《战国策》。书中表现了纵横家的思想与人生观:崇尚谋略,强调审时度势;肯定举贤任能;追求功名显达和富贵利禄。《战国策》文风辩丽横肆,文采雄隽华赡,标志先秦叙事散文语言运用达到了一个新的水平。

四、《孟子》《庄子》等诸子说理散文

【知识点精讲】

《论语》　记载孔子及其弟子的言行,由孔子弟子及再传弟子纂录,在战国初年编辑成书。《论语》每篇标题取自首章首句中的两个字,各篇不按时间的先后顺序排列,每篇内各章之间也没有共同的主题。《论语》的文学色彩在于表现了孔子及其弟子的形象、性格和他们深刻平实、含蓄隽永的语言,言近旨远,词约义丰。充沛的情感和丰富的语气词,使其语言更为委婉。语录体是《论语》文体的基本特征,它或记录孔子的只言片语,或记录孔子与弟子及时人的对话,短小简约,没有构成单篇的、形式完整的篇章。这种在对话中说理的形式,直接影响了先秦说理文的体制。

《老子》　全书分"道""德"上下两卷,故又被称为《道德经》。它集中反映了老子的哲学思想,探讨的是玄妙的形而上学问题,但在探索宇宙原始、追寻万物本原时,作者并未忘怀现实人生,书中表现出作者强烈的自我意识和愤世嫉俗的情感。文章采取韵散结合的形式,犹如一组辞意洗练的哲理诗,采用大量的韵语和排比、对偶句式,行文参差错落,变化多端,常以比喻来表现深刻的哲理。《老子》以韵文为主、韵散结合的形式,成为先秦说理文的另一形态。

《孟子》　是一部以记述孟子言论为主要内容的语录体散文集。是由孟子与其弟子万章、公孙丑等共同述作、弟子笔录整理而成。反映了孔子之后,孟子对儒家学说的继承发展,表现了孟子的思想和理论。长于辩论、气势浩然是《孟子》重要的风格特征。

《庄子》　是庄周及其后学的说理散文集。今本《庄子》仅存三十三篇,分内

篇七篇,外篇十五篇,杂篇十一篇。《庄子》成书于战国中后期,一般认为内篇为庄周自著,外、杂篇为庄派后学对庄周思想的阐发。全书基本属于一个思想体系,各篇有比较一致的写作风格。在内容方面,《庄子》一书集中表述了庄周及庄子学派的哲学思想("道""齐物""无为"等),与老子思想有着相似之处,但又形成了自己独特完整的理论体系。《庄子》多用寓言,语言如行云流水,风格浪漫怪异,想象奇特,对后代文学产生了重要影响。

《荀子》 为荀子所作,现存三十二篇,是其学说的集中体现。绝大多数是说理散文,另有一篇《成相》辞以楚民歌形式写成,体裁别致,格调新奇,开后世弹词、鼓儿词等说唱艺术之先河。其中《赋篇》,对汉赋的产生有直接影响。荀子长于论辩,其说理文以清晰的说理、周密的逻辑、透辟的论辩,在先秦诸子说理文中别具一格。而且其大量运用生活中常见的事物为譬喻,深入浅出,生动巧妙地将抽象的道理具象化,使深奥的道理浅显易懂。

《韩非子》 是战国末期法家代表人物韩非子所著的一部政治哲学文集,今存五十五篇,少数篇章为后人窜入。韩非继承了荀子的哲学和政治学思想,以及前期法家的法、术、势之思想,并将三者融为一体,形成了其依法治国、变法革新的政治思想。其文多为说理文,逻辑严密,分析透彻,辞锋犀利,风格峻峭,善于分析类比,归纳总结,善于用历史故事和寓言故事阐明事理。

【拓展延伸】

《庄子》的寓言体形式

庄子的整个学说体系,是以对具体现实的超越为特征的迥异于其他诸子的精神哲学,同样的,庄子的表述方式也采用了超现实的寓言体的艺术想象形式。

(1)寄寓型寓言。又称托言型寓言,即借他人之口直接阐述自己的观点。其中参与对话的人物,有古人,有时人,有想象中的人,有现实中的人,他们许多人本有自己的学说和观点,而在此书中却只剩下一个名字和一副人形,其头脑和口舌则被置换成庄子的说话工具。如庄子通过孔子师徒演绎出"坐忘"的境界。

(2)象征型寓言。意思蕴含在所描述的形象和具体事物之中,形象与意义构成完整的比喻关系,从而使形象成为某种理念或意味的象征。如《应帝王》篇中"倏忽凿浑沌"的故事就很典型,"日凿一窍,七日而浑沌死"。"浑沌"隐喻本然素朴的面貌,"七窍"隐喻开化文明,浑沌之死象征着原始状态的破坏和消失,每一部分的喻体都十分贴切。

(3)故事型寓言。即通过讲述故事隐喻思想。这里的故事更富于情节性,道理虽蕴含在描写之中,但却不一定与形象成直接的比喻关系。如《达生》篇中有一则"桓公见鬼",作者通过故事表达了人的心理状态、精神因素对于个人状态的重要性,得出"养生的关键在于养心"的结论。

五、屈原与《楚辞》

【知识点精讲】

　　楚辞　有两层含义,一是指一种文学体裁,专指以具有楚国地方特色的乐调、语言、名物而创作的诗赋,在形式上与北方诗歌有较明显的区别,故后世称之为"楚辞"。二是特指以屈原创作的《离骚》为代表的一系列文学作品的总集。西汉末年,刘向把屈原、宋玉的作品和汉代淮南小山等人的承袭、摹拟之作辑录成集,定名为《楚辞》,"楚辞"遂又成了一部诗歌总集的名称。另外,由于屈原的《离骚》是《楚辞》的代表作,故楚辞又称为"骚"或"骚体"。

　　《离骚》　屈原的代表作,是带有自传性质的一首长篇抒情诗,全诗共三百七十三句。"离骚"二字,司马迁认为是遭受忧患的意思(《史记·屈原贾生列传》中说:"离骚者,犹离忧也。")。其写作年代一般认为是在屈原离开郢都前往汉北之时。《离骚》反映了屈原对楚国黑暗腐朽政治的愤慨,抒发了他热爱宗国、愿为之效力而不可得的悲痛心情,以及自己遭到不公平对待的哀怨。其主旨是爱国和忠君,与宗族感情连在一起,关切楚国现实。

　　《九歌》　"九歌"原是传说中的一种远古歌曲的名称,《楚辞》的《九歌》一般被认为是屈原根据民间祭神乐歌改作或加工而成。共十一篇,包括《东皇太一》《云中君》《湘君》《湘夫人》《大司命》《少司命》《东君》《河伯》《山鬼》《国殇》《礼魂》。

　　据闻一多的观点,《九歌》首尾两章(《东皇太一》和《礼魂》)分别为迎、送神曲,中间九篇为娱神曲。《东皇太一》祭至尊之天神,《云中君》祭云神丰隆(又名屏翳),《湘君》《湘夫人》皆祭湘水之神,《大司命》祭主寿命之神,《少司命》祭主子嗣之神,《东君》祭太阳神,《河伯》祭河神,《山鬼》祭山神,《国殇》祭阵亡将士之魂。《九歌》以描写爱情为主,但也表达了对神灵的赞颂和对被祭者的虔敬之情,还描述了阵亡将士的勇烈悲壮。其民间文化色彩十分浓郁,语言清丽优美且富有韵律,节奏舒缓深沉,在传达悲剧性的意境中,尤能低回婉转、韵致悠长。

《九章》 是屈原所作的一组抒情诗歌的总称,包括《橘颂》《惜诵》《涉江》《哀郢》《抽思》《怀沙》《思美人》《惜往日》《悲回风》九篇。"九章"之名大约是刘向编订屈原作品时加上的,内容主要叙述了作者的身世和遭遇。其中《橘颂》全篇比兴,四言体,借咏物述志,以砥砺自己的品质和情操。《抽思》是屈原在汉北时所作,其余各篇皆是其被流放江南时所作。《哀郢》记述了他流亡江南的路线,前半段亦情亦景,忧思绵绵,其中多有身世之感;后半段情绪转为激烈,声调慷慨,尽情倾诉自己的悲愤。《涉江》突出抒写了自己义行高洁,而不为世人所理解的悲哀,并表达了终不变心从俗的决心。诗中以奇异的服饰象征品格的清高脱俗,文气从容淡雅,舒畅跌宕。此外,《怀沙》《惜往日》流露死志,大约作于赴渊前不久,也很感人。总之,《九章》具有很高的纪实性,艺术上主要采取直接铺叙、反复抒写的手法,情感直接、奔放,浪漫色彩则略逊于《离骚》。

《天问》 是《楚辞》中一首奇特的诗歌。所谓"天问",就是列举出历史和自然界一系列不可理解的现象,向天发问,探讨宇宙万事万物变化发展的道理。诗中一共提出了 172 个问题,先问天地之形成,次问人事之兴衰,最后归结到楚国的现实政治。在一连串的问号中表现出屈原焦虑而急切的情感状态和孜孜不倦的求索精神。

《招魂》 是屈原为招逝去的怀王之魂而作。全诗由引言、正文、乱辞三部分组成,通过描写宏美的屋宇、奢华的服饰、艳丽的姬妾、精致的饮食以及繁盛的舞乐招徕楚怀王的亡魂。诗中显示了作者丰富的想象力,作者采取了铺陈的手法,根据其地域方位特点,营造出或险恶阴森或华美豪奢的意境,使"天地四方"与楚国形成鲜明的对比。辞藻缤纷富丽,颇有汉代大赋的气象。

【拓展延伸】

1.《离骚》的艺术魅力

(1)塑造了一个坚贞高洁的抒情主人公的光辉形象。他那傲岸的人格和不屈的斗争精神,激励了后世无数的文人,并成为民族精神的一个重要象征。

(2)香草美人的象征和意象。这既是屈原的创造,又与楚国地方文化紧密相关。美人的意象一般被解释为比喻,或是比喻君王,或是自喻。前者如"惟草木之零落兮,恐美人之迟暮",后者如"众女嫉余之蛾眉兮,谣诼谓余以善淫"。可以说,屈原在很大程度上是通过自拟弃妇而抒情的,因此全诗在情感上哀婉缠绵,如泣如诉,以夫妇喻君臣不仅形象生动、深契当时的情境,而且也符合中国传统的思维习惯。《离骚》中充满了种类繁多的香草,这些香草作为装饰,支持并丰富了美人意象。同时,香草意象作为一种独立的象征物.它一方面指品德和人格的高洁;另一方面和恶草相对,象征着政治斗争中的双方。总之,《离骚》中的香草美人意象构成了一个复杂而巧妙的象征比喻系统,使得诗歌蕴藉而且生动。除此之外,《离骚》中的比兴将物与我、情与景融合起来,从而使物具有象征的性质,使情具有更具体的寄托。

(3)在诗歌形式和语言上的创新。《离骚》学习借鉴了楚歌的形式特点,还吸收了当时新体散文的笔法,从而增强了诗句的容量和表现力,此外还吸收了大量的楚地方言,尤其是对"兮"等语助词的使用,增强了诗句的节奏性和音乐美,使《离骚》带有浓郁的地方色彩和生活气息。

(4)充满浓郁的浪漫色彩。诗人把现实和幻想结合起来,用幻想的形式表达生活的波涛在内心所激起的复杂的思想感情。在现实中遭到失败后,他乘坐由飞龙驾驶的宝车,腾空而逝,辞国远游,显示出诗人丰富而奇特的想象力。

2.《离骚》中的"香草美人"有什么寓意?

《离骚》最引人注目的是它"香草美人"的意象。《离骚》中缤纷的香草是诗人内心世界的外化,是其高洁的品德和人格的形象化,诗人正是通过他所铸造的这些绝美意象,展示了自己高洁美好的品行。美人的意象一般比喻君王,作者借男女情爱的心理来表达自己政治生活中的希望与失望、坚贞与追求。总之,《离骚》中的"香草美人"作为诗歌象征手法,是对《诗经》比兴手法的继承和发展,使诗歌生动蕴藉,其也在此后成为中国文学史上"以男女比况君臣"的常见的创作手法。

第二章　秦汉文学

第一部分　学前重点讲解

1. 初创期（高祖—景帝）

这时的作品题材多联系实际,内容质实深厚;形式和风格则基本沿袭战国文学的余绪,同时又有新的因素萌生。《七发》等作品为汉赋体制奠定了基础;政论大多气势磅礴,感情激切;楚声诗歌广为传播,成为庙堂之曲。代表作家是贾谊和枚乘,他们在辞赋和政论方面都有较高的成就。

2. 全盛期（武帝—宣帝）

新体赋在此期间定型、成熟,出现了以司马相如为首的一大批辞赋作家;史传文学发展到高峰,司马迁撰写出不朽的传记文学名著《史记》;政论散文本经立义,在风格上向深广宏富、醇厚典雅发展;乐府得到强化,大量民歌被采集、记录下来,宫廷文人也竞相创作乐府诗。代表作家有司马相如、司马迁、东方朔、枚皋、王褒等。

3. 中兴期（西汉元帝—东汉和帝）

辞赋创作掀起第二次高潮,相继涌现出扬雄、班固等著名的辞赋作家;班固的《汉书》成为继《史记》之后又一部重要的传记文学作品;文坛的摹拟风气日趋严重,王充的《论衡》以其"疾虚妄"的批判精神独树一帜。

4. 转变期(安帝—灵帝)

张衡的《归田赋》引领抒情小赋时代的到来,京都大赋在此时也发展到顶点;赵壹、蔡邕、祢衡等人的辞赋更加贴近现实,批判精神很强。五言古诗进入成熟阶段,《古诗十九首》代表了文人五言诗的最高成就。作家在诗文中对人的生命、命运及价值的重新发现、思索和追求,诗文的日趋整饬华美,都预示着一个文学自觉时代即将到来。

第二部分　核心考点汇总

一、秦及西汉散文

【知识点精讲】

《吕氏春秋》　由秦相吕不韦招集门客博采百家九流之说编写而成,成书约在公元前239年,出于众人之手,内容不免驳杂,风格不完全统一,因此《汉书·艺文志》将之列为"杂家"。全书二十六卷,内分十二纪、八览、六论,共一百六十篇。全书条分理顺,篇章划分十分整齐,从结构上组成了一个"法天地"的完整体系。它本是理论著作,论析纲目清楚,层层深入,但又有较强的叙述性,常用故事譬喻说理,因而保存有大量的寓言故事。

《谏逐客书》　散文篇名,秦李斯作。文章叙述了秦自穆公以来皆以"客"致强的历史,强调秦王不应重物轻人。文章辞采华美,排比铺张,理气充足,具有战国纵横说辞之风,又兼具汉代辞赋之丽,有极强的理论说服力和艺术感染力。

贾谊及其散文　贾谊散文共58篇,收录于《新书》。其作品大致可分为三类:1.专题政论文,如《过秦论》;2.就具体问题所写的疏牍文,如《陈政事疏》;3.一些杂论。

《淮南子》　由汉代皇室贵族淮南王刘安招集门客编成,共二十一篇,是西汉一部大著述,原称《淮南鸿烈》。其以道家思想为主,杂以孔、墨、申、韩之说,是汉初黄老思想的理论总结。书中许多篇章采用辞赋写法,且多用历史、神话、传说、故事来说理,多用排比句式,铺陈夸饰,滔滔不绝,形成铺张扬厉的风格,具有很强的文学色彩。

二、司马相如与西汉辞赋

【知识点精讲】

骚体赋 汉赋的一种，指在体制上极力模仿楚辞体并且以赋名篇的作品。在内容上和形式上沿袭楚骚句式，多用"兮"字，通篇用韵，形式整齐，富有抒情色彩。但骚体赋并不等于楚辞，它已经散文化了，其是楚辞演变为汉大赋的过渡形式，在赋的发展史上起着承上启下的作用。代表性作品有贾谊的《吊屈原赋》《鹏鸟赋》、司马相如的《长门赋》等。

《七发》 是西汉辞赋家枚乘的作品，它奠定了汉代散体赋的基本体制，它的出现标志着汉大赋的正式形成。《七发》是一篇讽喻性作品，赋中假设楚太子有病，吴客前去探望，通过主客问答，构成七大段文字。吴客认为楚太子的病因在于贪欲过度，不是一般用药可以治愈的，要"以要言妙道说而去也"。于是分别描述音乐、饮食、乘车、游宴、田猎、观涛等六件事的乐趣，一步步诱导太子改变生活方式，最后向太子引见方术之士，"论天下之精微，理万物之是非"，太子霍然而愈。作品反复渲染，精刻细画，极尽铺排夸饰之能事，通过运用重重超越和逐步攀升的手法，达到其讽喻意图。

七体 西汉枚乘的《七发》辞藻繁富，多用比喻和叠字，以叙事写物为主，是一篇完整的新体赋，标志着汉赋体制的正式确立。自此以后以七段成篇的赋成为一种专门文体，号称"七体"，各朝作家时有摹拟，亦简称"七"。

《子虚赋》《上林赋》(合称《天子游猎赋》) 是司马相如的代表作，也是汉赋中最优秀、影响最深远的作品。这两篇赋分别以诸侯与天子游猎为主题，而贯穿前后的，是子虚先生、乌有先生和亡是公三位虚构人物之间的问答。在《子虚赋》中，子虚先生和乌有先生分别夸耀齐国和楚国国力的强盛，《上林赋》中亡是公站在天子与诸侯之道上对子虚、乌有先生进行批评，并炫耀天子游猎活动的气魄和上林苑的壮丽，最后以天子的自我反省结束。

作品在艺术上铺陈夸饰，以天子游猎为重心，以齐王和楚王的游猎为铺垫，着力彰显天子游猎的恢宏气势；以对物产和游猎过程的大量铺排形成赋的宏大场面和气势，与其华丽的辞藻相融合而具有崇尚巨丽的趋向；运用主客问答的结构，形式上大量运用排比、对偶，形成较强的节奏感和韵律感，逐渐将夸张的强度推向极致；句法灵活多变，句式长短不一，尤其是三言排比句的运用，紧迫急促，使作品具有奔腾跳跃的气势。

《子虚赋》《上林赋》的艺术成就极高,被许多人奉为辞赋创作的圭臬,但司马相如作赋欲讽先颂,导致讽劝失衡,扬雄对其辞赋做出了"劝百讽一"的批评。

扬雄四赋　扬雄是继司马相如之后,对汉赋产生深远影响的又一重要赋家,其作品可以分为前后两个时期,前期有史称"四大赋"的《甘泉赋》《河东赋》《羽猎赋》《长杨赋》,后期有《解嘲》《逐贫赋》等。

扬雄的赋驰骋想象,铺排夸饰,表现出汉赋的基本特征,同时又有典丽深湛、词语蕴藉的特点。和司马相如赋的意气风发、词语雄肆相比,他的赋呈现出另一种风格。扬雄赋作在艺术表现上创造性的成就不多。其《甘泉赋》多用"兮"字,以骚体句写成;《羽猎赋》《长杨赋》则尽脱骚体,可以看出司马相如对其产生的影响。

【拓展延伸】

汉赋的发展阶段

骚体抒情赋—文体大赋—抒情小赋,分别代表了汉赋发展到不同阶段的主流形式。

(1)汉初最早出现的是骚体赋,这是贾谊被贬谪楚地时,受屈原楚辞的影响创作的。其代表作是《吊屈原赋》《鹏鸟赋》,主要特点是用"兮"字作语气词,以抒情为目的。后来由于受到汉代文体赋的影响,其篇幅不断加大,叙述和描写的成分也逐渐增多,有些作品具有了说理的成分。

(2)文体赋也有自己的发展轨迹。枚乘的《七发》作为骚体赋向文体赋演变过程中的一座里程碑,具备了汉代文体赋的基本特征。枚乘之后,司马相如创作的《子虚赋》《上林赋》真正完成了汉代文体赋题材的建构,提供了此后汉代文体赋创作的范式。班固的《西都赋》《东都赋》和张衡的《西京赋》《东京赋》将文体赋的创作推向极致,张衡之后,汉代文体大赋的创作逐渐走向衰微。

(3)与汉大赋相对,抒情小赋则以抒发个人的真情实感为基本内容,抒情性和篇幅短小是其基本特点。代表作有张衡的《归田赋》、赵壹的《刺世疾邪赋》等。

劝百讽一　语出西汉辞赋家扬雄的哲学著作《法言》。"劝"是鼓励、提倡的意思,"讽"指"讽谏"。"劝百讽一"是说二者在赋中比例的悬殊,这是扬雄对汉大赋的批评之语。扬雄认为汉赋本应对统治者进行讽喻,使之归于节俭,但大赋中却总是用极大的篇幅和过量的辞藻铺叙他们的奢侈享乐生活,仅仅在结尾处稍

微露出一点讽喻之意,结果无法引起统治者丝毫注意和警惕,甚至适得其反,助长了统治者追求奢侈享乐的心理。如扬雄指出司马相如作《大人赋》欲以讽谏,而帝反有飘飘凌云之志,这就深刻指出了汉大赋讽喻作用的虚伪性。

三、东汉辞赋

【知识点精讲】

京都赋　东汉迁都洛阳后,辞赋偏离西汉散体赋的游猎主题,内容围绕京都展开,故称为"京都赋"。以班固的《两都赋》(《东都赋》《西都赋》)和张衡的《两京赋》(《东京赋》《西京赋》)最负盛名。

东汉的京都赋内容上往往铺叙京都的地势形便、帝王功业以及包括宫苑、校猎在内的帝王生活,最后仍采用卒章显志的表现方式,归结到关于帝王道德与礼制的思考。其在形式上继承了西汉散体赋的结构形态,大多采用主客问答的形式,并继承了汉大赋的铺陈描写,大量的物类铺陈与夸饰构成赋的宏伟气象;京都赋还继承了汉大赋的语言特征,追求语言的华美,以丽辞表现真实或想象的生活。

汉代抒情小赋　是与文体大赋(或称散体大赋)相对而言的一种辞赋创作题材。文体大赋以叙述、描写、铺陈为特点;抒情小赋则以抒发个人的真情实感为基本内容,抒情性和篇幅短小是其基本特点。代表作有张衡的《归田赋》和赵壹的《刺世疾邪赋》。

张衡的《归田赋》展现了田园生活,充满现实生活气息。《归田赋》在艺术上长短句式相间,多用骈辞俪句,韵律铿锵而富有变化。其一改大赋文体臃肿、板正、说教的面孔,给汉代辞赋创作吹来了一股清新之风。

四、汉代诗歌

【知识点精讲】

两汉乐府诗　是指两汉时期由朝廷乐府系统或相当于乐府职能的音乐管理机关搜集、保存而流传下来的诗歌。作者涵盖了帝王到平民各阶层,上作于庙堂,下采自民间,文人也曾参与创作。

西汉的音乐管理部门有太乐和乐府。太乐主管郊庙之乐,乐府执掌天子及朝廷平时所用的乐章,以楚声为主。最初用楚声演唱的乐府诗是《安世房中歌》

十七章。武帝时期,乐府的职能进一步强化,其除了负责组织文人创作朝廷所用的歌诗外,还负责广泛搜集各地歌谣。东汉管理音乐的机关改为太予乐署和黄门鼓吹署,后者实际发挥着西汉乐府的作用,它负责搜集、演唱乐府诗歌并使其得以保存。

魏晋至隋唐期间,"乐府"的含义发生了变化,除了做音乐官署的名称,人们把这种音乐官署所采集的诗篇——汉人原来叫"歌诗"的,以及后世文人的模仿之作也称作"乐府",以和未曾合乐的"徒诗"相区别。于是"乐府"一词又引申为一种诗体名称。

注:乐府,起初是机构之名,后来也作为诗歌题材之名。

现存乐府诗的情况

从作者看,现存的两汉乐府诗作者涵盖了帝王到平民各阶层;从时代看,现在所能见到的西汉乐府诗,有《大风歌》《安世房中歌》十七章、《郊祀歌》十九章、《铙歌》十八曲以及为数不多的几首民歌,其他乐府诗多作于东汉。

内容上,乐府诗作多直面现实、展现社会生活的方方面面,包括:

1.反映社会矛盾

(1)描写苦乐的两极(深刻揭示贫富悬殊、苦乐不均)。

(2)反映社会灾难,控诉战争。

(3)歌颂良吏。

如《东门行》《妇病行》《孤儿行》表现了平民疾苦,描述了其物质生活的饥寒交迫和精神、情感世界的严重创伤。诗的作者对这些在死亡线上挣扎的平民百姓寄予了深切的同情。

《相逢行》《长安有狭斜行》以欣赏的笔调,渲染富贵之家的奢侈豪华。《鸡鸣》则暗寓讽刺,刻画社会上贫富悬殊的现象,并揭露豪门贵族的盛衰无常。

2.表现婚姻爱情生活

对男女两性之间的爱与恨作了直接的坦露和表白。或表达大胆泼辣、毫不掩饰的情感态度(《上邪》《有所思》),或表现生死不渝的爱恋之情(《孔雀东南飞》),或表现女性品行的高洁(《陌上桑》《羽林郎》)。

3.表达乐生恶死的愿望

在汉代社会求仙风气和社会矛盾双重现实的影响下,汉乐府相当集中地反映了作者对于生与死的思考和对人生的关注。

如《薤露》《蒿里》《战城南》表现出人们对生命的珍惜和留恋,对死亡的疏远和拒斥。《日出入》《艳歌》等诗坦率地传达了人们对死亡的厌恶之情,以虚幻的形式把乐生愿望寄托在与神灵的沟通上。

《孔雀东南飞》 无名氏作。原为东汉建安末年的民歌,可能经过后人加工,收入徐陵所编的《玉台新咏》。郭茂倩《乐府诗集》编入《杂曲歌辞》。该诗通过描写焦仲卿妻刘氏为焦母所遣送、自誓不嫁、其家逼之、后没水而死、仲卿闻之亦自缢的故事,反映了当时社会在礼教统治和家庭伦理观念的约束下婚姻中产生的礼教和情感的矛盾。其在人物描写、情节表现和语言形式上均有较高的艺术成就,是民间乐府诗的代表。

《古诗十九首》 组诗名。其作为一个整体收录在《文选》卷二十九,诗作出自汉代文人之手,非一时一人之作,其内容多写夫妇朋友间的离愁别绪和士人的彷徨失意,有些作品表现出追求富贵和及时行乐的思想。漂泊不定的生活使诗人们在诸多方面产生痛苦的体验和独特的感受,诗中透彻地揭示出许多具有深邃意蕴的人生哲理,诗意盎然而又不乏思辨色彩。《诗品》评曰:"文温以丽,意悲而远,惊心动魄,可谓几乎一字千金。"它代表了汉代文人五言诗的最高成就。

> 注:《古诗十九首》以其极高的艺术成就在汉代诗歌中占有重要地位,尤其其名篇《行行重行行》《明月何皎皎》《青青河畔草》等需要熟读。

【拓展延伸】

1. 乐府诗的"感于哀乐,缘事而发"的创作特征

(1)缘事而发,使汉乐府具有浓厚的叙事成分。其在叙事内容的选择和处理上,也表现出叙事艺术的技巧。其可以根据内容选择不同的角度,也可以根据故事安排叙述的详略,并且能在叙事中表现出一定的人物形象。

(2)本色的语言。许多通过采集的渠道集中起来的乐府诗歌,多出自平民和下层文人之手,语言大多真率质朴,浅近易晓。

(3)自由多样的诗歌形式。其大量使用杂言形式,极少使用已经显得呆板的四言,以适应自由表达感情和叙事时间的需要,并由此逐渐发展出五言的形式。特别是到东汉时期,五言形式得到大量运用。这是与汉乐府诗歌平实质朴的总体特征相一致的,也是由缘事而发的直抒胸臆的特征决定的。

(4)铺陈的细致描摹。不论是动态的叙述还是动态的渲染,铺排都给乐府诗增加了表现的力度和色彩,使乐府诗产生了巨大感染力。还由于铺排,使乐府诗包含着相应的想象成分,给其增加了一种浪漫的色彩,促进了委婉表达人生悲凉、寄托人生思考的寓言诗的出现。

2.《古诗十九首》的艺术成就

(1)长于抒情。它以长于抒情著称,把特定环境中人物的情感真切地表现出来。不虚伪,不矫饰,真实地袒露着文人士子的情怀。陈绎曾作《诗谱》称:"《古诗十九首》,情真、景真、事真、意真,澄至清,发至情。"一个"真"字,一种透明的情感要求,成为《古诗十九首》抒情的重要特征。

(2)深衷浅貌的语言风格。《古诗十九首》语短情长,成就极高。其以自然晓畅的语言,表达真情至理,绝不故作艰深,而是从生活中提炼最普通的词汇,使用最常见的物象,寄托诗人真切的感情体验和对社会人生的深入思考。

3.以情景交融、物我互化的笔法,构成浑然圆融的艺术境界。如《凛凛岁云暮》中主人公在岁暮给远方游子寄去衣被,自己也思绪如潮。她在梦中见到了朝思暮想的良人,并与其携手同车而归,然未及同床共枕游子便倏然离去,思妇醒来回忆梦境,徙倚感伤。这首诗本是写实之作,同时又朦胧深沉。

4.善于广采各种语言精华,产生特殊的修辞效果。像叠字的运用,加重了描述的色彩和抒情效果;多种比喻的运用,丰富了诗歌的形象;典故的化用,增加了诗歌的内涵;对偶句的使用,加强了语言的整体美。

五、史传文学

【知识点精讲】

《史记》　西汉司马迁所作。全书共一百三十篇,五十二万字,是我国第一部**纪传体通史**。它的记事上起轩辕黄帝,下迄汉武帝太初年间。

这种著史体式,以纵横交织、经纬结合为基本特征,分为本纪、世家、列传、书、表五个部分。本纪、表、书为纵,世家、列传为横。"本纪"继承了先秦编年体史书的基本特征,是以历朝帝王的顺序年代为纲的历史大事记,展示历史发展过程;"表"是把错综复杂的历史事件谱列成表格,依照年代排列相关内容;"书"是有关经济、军事、水利、祭祀,以及礼、乐的制度史;"世家"记录诸侯将相的历史,介绍春秋战国各诸侯国时,有点近似于本纪的格局;"列传"是人物传记或少数民族和周边国家的历史情况。《史记》内容广泛,艺术高超,是一部伟大的史学和文学杰作。

"发愤著书"说　司马迁继承屈原的"发愤以抒情"而提出了著述创作与作家情志之间关系的著名观点。司马迁在《报任安书》中历述屈原、韩非等人的事迹后,总结说:"《诗》三百篇,大抵圣贤发愤之所为作也。"从而提出了"发愤著书"说。司马迁通过分析历史上许多伟大人物的事迹揭示出:在中国古代文学史上,真正伟大的作品,大都是作家为坚持自己的理想或正确的主张,抗争迫害而坚持斗争、发愤著书的产物。他把文学创作视为抒发抑郁之情的一种方式,是遭受压抑以后的情感爆发。"发愤著书"说对后来韩愈的"不平则鸣"说、欧阳修的"诗穷而后工"都有很大的影响。

互见法　又称旁见侧出法,是《史记》中塑造完整人物形象的手法,即在一个人物的传记中着重表现他的主要特征,而其他方面的性格特征则放到别人的传记中显示。如《高祖本纪》主要写刘邦带有神异色彩的发迹史以及他的雄才大略、知人善任,对他的许多弱点则没有充分展示,而在其他人的传记中,却使人看到刘邦的另外一些侧面,如《项羽本纪》中通过范增之口道出刘邦的贪财好色,《萧相国世家》《留侯列传》中叙述了他如何猜忌功臣,《郦生陆贾列传》中则揭露他傲慢侮人等。

《汉书》　班固编纂的《汉书》是我国第一部纪传体断代史,是继《史记》之后出现的又一部史传文学的典范之作。历史上常把《史记》和《汉书》对举。

《吴越春秋》　是成书于东汉的一部历史散文,东汉赵晔撰。其书今存十卷,主要叙述吴越争霸的故事,前五卷以吴为主,后五卷以越为主。该书所叙重要事件都明确标示年代,但多有讹误,在体例上兼有编年体和纪传体史书的特点,是历史演义小说的雏形。

《列女传》　是模仿《史记》的人物传记而编成的专书,西汉刘向撰。全书采取了分类编排的方法,分为"母仪""贤明""仁智""贞顺""节义""辨通""孽嬖"七大类,每类选择十五个人物,仿效《史记》人物传记的写法,叙述其事迹。本书材料虽为典籍所载,但多吸收神话和传说,增加了想象的成分和神异色彩。

【拓展延伸】

1.《史记》的叙事艺术

(1)勾连天人、贯通古今的结构框架。司马迁在综合前代史书各种体制的基础上,创立了纪传体。《史记》全书由十二本纪、十表、八书、三十世家、七十列传组成,其中十二本纪是纲领,统摄上自黄帝、下至西汉武帝时代三千多年的兴衰沿革。十表、八书作为十二本纪的补充,形成纵横交错的叙事网络,三十世家围绕十二本纪展开。《史记》的结构框架由五种体例相互补充而形成,勾连天人、贯通古今,在设计上颇具匠心,同时也使它的叙事范围广泛,展示了波澜壮阔的社会生活图景。

(2)历史和逻辑相统一的叙事脉络。司马迁在编排人物传记时显示出高超的技巧,构建了《史记》一书婉转多变的叙事脉络,生动地体现了历史和逻辑的统一。《史记》的人物传记分为分传、合传。分传即人各一传,合传是把几个人的传记合在一起,写成一篇传记。合传都是以类相从,把某些相同类型的人物放在一起,如《游侠列传》《酷吏列传》等。在人物合传中,历史和逻辑的统一有时达到天衣无缝的程度,显示出作者叙事手法的高超。

(3)对因果关系的探索展示。《史记》的叙事没有停留于对表面现象的陈述,而是追根溯源,揭示出隐藏在深层的起决定作用的因素。司马迁非常重视对事件因果关系的探究,其具有敏锐的目光和正确的判断力。他批判项羽"天之亡我,非战之罪"的说法,认为项羽失败的原因是"自矜功伐""欲以力征经营天下"。司马迁对于事件发展过程中起决定作用的原始动因,在叙事时反复加以强调,使其成为贯穿人物传记的主线。司马迁对许多历史事件、人物命运因果关系的判断并不完全正确,但是他对始因的苦苦思索和在行文中的自觉揭示,使得人物传记血脉贯通,各篇都有了自己的灵魂,作品也有了统摄全篇的主导思想。

(4)对复杂事件和宏大场面的驾驭。司马迁有很强的驾驭材料的能力,无论是头绪众多的历史事件,还是人物错杂的重大场面,他写起来都条理清晰、游刃有余,如《陈涉世家》把秦末农民起义风起云涌的形势、千头万绪的事件非常清晰地勾勒出来。司马迁对事态的轻重缓急明于心而应于手,成功地运用了顺叙、倒叙、正叙、侧叙等手法,使人应接不暇而又无不了然于心。《史记》的场面描写也很精彩,如写荆轲刺秦王,作者就将场面写得险象环生、惊心动魄。司马迁采用白描、铺陈、渲染等笔法,传达出各种宏大场面的实况及自己的独特感受。《史记》固然时而穿插生活琐事,但司马迁更善于写复杂事件、重大场面,这也是《史记》一书的厚重之处。

2.《汉书》和《史记》在人物传记写作上的不同点

《汉书》是我国第一部纪传体断代史,在叙事写人方面取得很大成就,它是继

《史记》以后出现的又一部史传文学典范之作,因此,历史上经常把司马迁和班固并列、《史记》和《汉书》对举。但二者在写作上又有许多不同之处,主要表现在:

(1)《史记》最精彩的篇章是楚汉相争的部分和西汉初期的人物传记,《汉书》的精华则在于对西汉盛世各类人物的生动记叙。《史记》所写的秦汉之际的杰出人物是在天下未定之时涌现出的一批草莽英雄,其中最引人注目的是战将和谋士,他们极富传奇色彩。《汉书》所写的西汉盛世人物则不同,他们是在四海已定、天下一统的环境中成长起来的,其中固然不乏武将和谋士,但更多的是经师儒生,其人生经历虽缺少传奇色彩,却更富有戏剧性。《史记》主要写那些草莽英雄是如何建功立业的,《汉书》则展示了西汉士人宦海浮沉的情景。

(2)除《世家》外,《史记》的人物传记基本都是以写个人为主,很少全面叙述家庭的兴衰史。而《汉书》记叙了许多世袭官僚家族的历史,通过描述这些家族的兴衰史,对西汉社会的变迁作了多方面的展示,如《张汤传》《韦贤传》等。《史记》对酷吏的揭露极为深刻,张汤、杜周是酷吏的典型代表,通过他们的事迹充分体现了西汉社会刑法的严酷、吏士的残暴。《汉书》的《张汤传》《杜周传》在揭露张汤、杜周少恩寡义的同时,对他们子孙的美德懿行多有称扬,从而在一定程度上缓解了人们对张汤、杜周这两位酷吏的反感,使他们的形象更接近于生活实际。

(3)《史记》具有浓郁的悲剧色彩,有大量悲剧人物的传记。《汉书》中悲剧人物的数量不如《史记》那样众多,但李陵和苏武的传记,却和《史记》的许多名篇一样,写得酣畅淋漓,悲剧气氛很重。

(4)《史记》采用疏宕往复的笔法,《汉书》则重视规矩绳墨,行文谨严有法。如对各类逸闻轶事和生活琐事,司马迁或把它们放在传记的前面,或者穿插在中间,也有的放在末尾,没有固定的位置。《汉书》则不同,凡属传闻类的生活小故事几乎全部置于篇末,很少有例外者。

总之,《史记》是我国纪传体史学的奠基之作,同时也是我国传记文学的开端,而《汉书》有精细的笔法,有自己固定的叙事规则,以谨严取胜,从而形成和《史记》迥然有别的风格。

第三章　魏晋南北朝文学

第一部分　学前重点讲解

魏晋南北朝文学的发展历程

从公元 196 年到公元 589 年,魏晋南北朝文学共经历了 394 年的发展。

一、建安、正始文学

1. 建安文学实际包括了建安年间和魏朝前期的文学,当时文坛以曹氏父子为中心,在他们周围集中了王粲、刘桢等一批文学家,其创作反映了动乱的时代。政治理想的高扬、人生短暂的哀叹、强烈的个性、浓郁的悲剧色彩,这些特点构成了"建安风骨"这一时代风格。

2. 正始文学泛指魏朝后期的文学。在哲学史上,魏晋玄学发始于正始年间,主要代表人物是何晏和王弼。在文学史上,正始文学的主要代表人物是嵇康和阮籍。

二、两晋文学

1. 西晋武帝太康(280—289)前后,文坛呈现繁荣的局面,太康诗风以繁缛为特点,丧失了建安诗歌的那种风力,但其在语言的运用上做了许多有益的探索。

2. 西晋末年产生了玄言诗。陶渊明开创了田园诗,将汉魏古朴的诗风

带入更纯熟的境地,并将"自然"提升为美的至境。晋宋之间文学发生了重要的转折,由玄言诗转向山水诗,谢灵运是第一个大力写作山水诗的人。

三、南北朝文学

1. 诗体发生了重大变革,周颙最早使用四声来划分汉字韵部,沈约将四声的知识运用到诗歌的声律上,并与谢朓、王融共同创立了"永明体",为古体诗向近体诗过渡提供了重要形式。

2. 在皇室周围聚集了一批文人,形成三个文学集团,浮靡轻艳的宫体诗成为诗歌创作的主流,它以艳丽的词句表现宫廷生活,其多以咏物为题材。

3. 在文风方面,南方清绮,北方质朴。南朝梁代末期,庾信的北上促进了南北文风的交流,他也成为南北朝文学的集大成者。

4. 南朝宋文学家鲍照突破五言乐府的旧框架,大量创作七言和杂言乐府,为乐府诗和七言诗的发展开辟了广阔的道路。同时,南北朝民歌给诗坛带来一股清新气息。

魏晋南北朝文学在中国文学史上的地位

一、文学现象的新变

1. 文学进入自觉的阶段,文学创作趋于个性化。

2. 玄学的兴起和佛教的传入为文学创作带来新的因素。

3. 语言形式美的发展及其在文学上的运用。

二、不同文体的发展情况

1. 五言古诗继承了汉乐府的传统,而更凸显了诗人的个性,其在这一时期得到长足发展并逐渐达到鼎盛。

2. 骈文的兴盛为中国文学增添了一种抒情性很强的、可以充分发挥汉语语言形式美的新的文体。

3. 大赋演变为抒情小赋,并因骈文的兴盛而增加了骈俪的成分,骈文、骈赋在梁陈两代进入高峰。

4. 七言古诗在这时确立起来,并取得可喜的成绩。

5. 南北朝民歌的新鲜气息,刺激着诗人进行新的尝试,影响着后来绝句的繁荣。

6. 小说初具规模,奠定了中国小说的基础,并出现了一批著名的志怪和志人小说。

第二部分　核心考点汇总

一、从建安文学到正始文学

【知识点精讲】

建安文学　是指东汉末年汉献帝建安年间和魏朝前期的文学,当时文坛以曹氏父子为中心,在他们周围集中了王粲、刘桢等一批文学家,其创作反映了动乱的时代,他们为中国诗歌打开了一个新的局面,并确立了"建安风骨"这一清峻慷慨、刚健有力的文风。曹操古直悲凉,曹丕便娟婉约,曹植文采气骨兼备,"七子"竞逞才藻,各造新诗,都有鲜明的文学个性。曹氏父子的创作,完成了乐府民歌向文人徒诗的转变,为五言诗的发展开辟了道路。

三曹　指建安文学的代表作家曹操与其子曹丕、曹植,他们的创作对当时的文坛有很大影响,故后人将其合称为"三曹"。曹操是建安时期杰出的文学家和建安文学新局面的开创者,他开创了建安文学的新风气。他诗文俱佳,风格慷慨沉雄、刚健浑朴,代表作有《蒿里行》《短歌行》《步出夏门行》(如《龟虽寿》《观沧海》)等。曹丕擅长诗、文及辞赋,其作品多写游子、思妇的离别相思之情。其名作有《燕歌行》《与吴质书》等,其中《燕歌行》全诗均用七言,句句押韵,便娟婉约,情思纤丽,在中国七言诗的发展史上占有重要地位。曹植是第一个大力写五言诗的作家,他把文人五言诗的发展推向了前所未有的高峰,标志着文人五言诗的完全成熟,代表作有《白马篇》,钟嵘称他"骨气奇高,辞采华茂,情兼雅怨,体被文质"。他的散文和辞赋也表现出很高的思想性和艺术性,著名的《洛神赋》辞采华美,《与吴季重书》和《与杨德祖书》是两篇有名的散文书札。

建安七子　建安是汉献帝的年号,"七子"指孔融、陈琳、王粲、徐干、阮瑀、应玚、刘桢七位作家,因曹丕在《典论·论文》中曾将七人并举,故称他们为"建安七子"。除"三曹"外,"七子"是建安诗坛最具代表性的人物。七子中孔融年辈较长,且在建安十三年就被曹操所杀,因此实际上只有六人参加当时的文学活动,他们都是曹氏父子的僚属和邺下文人集团的重要作家。他们的作品反映了动乱的现实,表现了建功立业的精神,具有建安文学的共同特征。其中以王粲成就最突出,其被称为"七子之冠冕",钟嵘《诗品》将其作品列于上品。因他们同居邺中,故亦称"邺中七子"。

　　正始之音　　"正始"是魏齐王曹芳的年号。曹魏后期,政局混乱,因而正始时期的诗人政治理想落潮,他们普遍出现危机感和幻灭感。此时的诗歌也与建安诗坛风貌迥异,反映民生疾苦和抒发豪情壮志的作品减少,抒写个人忧愤的诗歌增多,且由于正始玄风的影响,诗歌逐渐与玄理结合。诗风由建安时的慷慨悲壮变为词旨渊永、寄托遥深,因而正始诗歌也体现出独特的艺术风貌,被称为"正始之音"。嵇康、阮籍是正始时期的代表诗人。

　　嵇阮　　指正始时期的著名作家嵇康和阮籍,二人齐名,并称"嵇阮"。正始时期,政治异常黑暗,嵇康、阮籍都有较进步的政治思想,他们的作品表现了他们对黑暗现实的不满和反抗,虽带有老庄思想的色彩,但在基本精神上还是继承了"建安风骨"的传统。阮籍的代表作是《咏怀诗》八十二首和《大人先生传》,嵇康的代表作是《幽愤诗》和《与山巨源绝交书》。刘勰评价他们的创作风格为"嵇志清峻,阮旨遥深"。

　　【拓展延伸】

　　阮籍的《咏怀诗》八十二首　　非一时一地所作,诗中抒感慨、发议论、写理想,内容或借古讽今,或借游仙讽刺世俗,或借写美人香草寄寓怀抱。诗中的迁逝之悲、祸福无常之感触目皆是,体现了作者孤独苦闷、忧愤深广的情感。

　　在艺术风格上,诗中多用"悲哀""凄怆""涕下""咨嗟"等词语,诗风隐约曲折,"言在耳目之内,情寄八荒之表"。诗人多用比兴手法,常借丰富的自然意象和人文意象,如花树、飞鸟、风云、古人、古事和神仙等,含蓄地表现自己复杂的内心世界。这些诗作开创了中国文学史上政治抒情组诗的先河,对后世产生了重大影响。

二、两晋诗坛

　　【知识点精讲】

　　太康诗风　　太康是晋武帝的年号,所谓"太康诗风"就是指以陆机、潘岳为代表的西晋诗风。由于时代的原因,陆、潘诸人不可能唱出建安诗歌的慷慨之音,也无法写出阮籍那种寄托遥深的作品,他们的努力表现在两个方面,一是拟古,二是追求形式技巧的进步,并表现出繁缛的诗风。追求华辞丽藻、描写繁复详尽及大量运用排偶,是太康诗风"繁缛"特征的主要表现。这一时期诗坛出现了"三张二陆两潘一左",但除左思的作品反映了一定的现实内容外,其余人的诗作大都有形式主义倾向,内容稍显贫乏,他们追求辞藻的华美,注重艺术形式技巧。

"三张二陆两潘一左"　三张指张载、张协、张亢三兄弟;二陆指陆机和陆云两兄弟;两潘指潘岳和潘尼叔侄;一左指左思。

陆机(261—303)　字士衡,吴郡吴县华亭(今上海松江区)人。陆机在乐府文学方面的贡献尤为突出,其乐府诗或抒己胸怀,或写征夫、役人,都有充实的内容,如《猛虎行》借志士的苦闷抒发自己入洛以后功名未成的忧愤。陆机重模仿,模仿《诗经》《乐府诗》和《古诗十九首》等。他写诗追求绮丽,多用排偶,发展了建安诗歌以曹植为代表的"辞采华茂"的形式美,影响了后来诗人对艺术形式美的重视,但有时过分雕琢,堆砌繁缛。

潘岳(247—300)　字安仁,荥阳中牟(今属河南)人。诗歌内容可分为应制、赠答之作和抒怀、写亲情之作,后者更受推重。代表作是《内顾诗》《悼亡诗》,这两首诗表现了诗人失去妻子的孤苦和难以排解的深沉忧伤,并开启了"悼亡诗"的传统。其作品在艺术上也十分重视诗歌的辞采,多用对偶句式,具体形象,色彩鲜明。

左思风力　是对西晋太康时期诗人左思诗歌风格的形象概括。左思志高才雄,胸怀豪迈,是西晋最杰出的诗人,其诗情调高昂,辞采壮丽,形成独有的豪壮风格,钟嵘《诗品》称之为"左思风力"。他的代表作《咏史》八首虽云咏史,实则借咏史来抒发他对现实的不满,因而在内容与风格上都是对"建安风骨"的继承和发扬,和当时流行的华丽诗风迥然不同。

咏史诗　主要内容是抒发自己的抱负不得实现的愤慨、对权贵的轻蔑和对门阀制度的批判。诗作多引史实,借古讽今,对现实政治持批评态度,颇为精切,得讽喻之致;造句奇伟,创格新特,错综震荡,逸气干云。这些诗开创了咏史诗借咏史以咏怀的新路,成为后世诗人效法的范例。

郭璞(276—324)　东晋文学家、训诂学家。字景纯,河东闻喜(今属山西)人。郭璞以游仙诗最为有名,今存十九首,有九首为残篇。郭璞生活在两晋之际的战乱环境中,深切地体悟到生命的短暂。他才高位卑,常常感到社会现实如同网罗,使其有志而不得伸展,便多怀幽怨。他想谋求解脱,超越人间、远离现实,寻求美好的、自由的人生,这些构成了他《游仙诗》特有的基调。

东晋玄言诗 兴盛于东晋,是以体悟和宣扬老庄玄理为宗旨的一种诗歌。其一方面是魏晋玄学及清谈之风、山水之美相混合的产物,另一方面也与东晋政局及由此而形成的士人心态有关。代表人物是孙绰和许询。玄言诗将玄释合流,崇尚心隐与适意,即因循自然和阐发玄理,但理过其辞,淡乎寡味,缺乏形象。其艺术价值虽不高,但它对后世的影响却相当深远,尤其在诗歌说理所积累的正反面经验方面,其对后世产生了不可忽略的影响。

三、陶渊明

【知识点精讲】

1. 陶渊明的诗歌题材类型

陶诗的题材主要可以分为五类:田园诗、咏怀诗、咏史诗、行役诗、赠答诗。

(1)田园诗

代表作:《归园田居》(少无适俗韵)(野外罕人事)(种豆南山下)。

①通过描写田园景物的恬美、田园生活的简朴,表现自己悠然自得的心境。

②着重写躬耕的生活体验,实情实景生动逼真,这是其田园诗最为可贵的部分。

③写自己的穷困和农村的凋敝。

(2)咏怀诗与咏史诗

①咏怀诗有些以组诗的形式写成,如《饮酒》《拟古》《杂诗》。

②咏史诗所咏的对象偏重于古人,如"三良""二疏"、荆轲,以及《咏贫士》所写的古代贫士;《读山海经》也可归入这一类。

③这些诗作围绕着出仕与归隐这个中心,表现自己不与统治者同流合污的品格。

(3)行役诗

悲叹行役的辛苦,表达对仕宦的厌倦,反复诉说对田园的思念和归隐的决心。

(4)赠答诗

多有真挚的感情、家常的内容、隽永的意味、既不火热也不冷淡的语调,故其仁厚长者形象得以自现,表现出对友人的深厚情谊。

(5)其他

一些诗作蕴含哲理,如《形影神》《连雨独饮》《拟挽歌辞》等,这些诗作将生活中的体验提炼到哲学的高度。此外还有诗写到宗族关系或对儿子加以训诫,如《命子》《责子》《赠长沙公》。

2. 陶渊明田园诗的艺术成就

(1)开创了新的审美领域——田园。只有到了陶渊明笔下,田园风光和农村生活才成了重要的审美对象,成了文人情趣、人格的寄托。

(2)开创了物我浑融的审美境界。在陶的田园诗中,物与我的关系完全审美化了,充满了情韵意趣。明显标志就是诗人大量借助拟人手法写景抒情。

(3)平淡醇美。表现在他非常善于用平易、朴素、自然的语言传达醇厚深远的情思和韵味,把情、景、理有机地融为一体。还表现在诗歌的朴厚、传神上,这与诗人的劳动实感也是分不开的。

(4)创造了个性鲜明的自我形象、被诗化了的日常生活、意蕴丰富的意象等。如菊花意象,在陶渊明的诗中,成为他人格和情趣的象征。

3. 代表作品

辞赋:《归去来兮辞》《闲情赋》《感士不遇赋》;散文:《桃花源记》《五柳先生传》。

(1)《五柳先生传》取正史纪传体的形式,但不重叙述生平事迹,而重在表现生活情趣,带有自叙情怀的特点,这种写法是陶渊明的首创。文章在一百多字的篇幅中,以极其简洁的笔墨表达了五柳先生不同流俗的性格特征,塑造了一个清高洒脱、怡然自得、安贫乐道的隐士形象。

(2)《归去来兮辞》是一篇脱离仕途回归田园的宣言。文中所写归途的情景,抵家后与家人团聚的情景,来年春天耕种的情景,都是想象之辞,于逼真的想象中更可看出诗人对自由的向往。文中不乏华彩的段落,其跌宕的节奏、舒畅的口吻,将诗人欣喜欲狂的情状呈现于读者面前。

(3)《桃花源记》描写了一个美好的世外仙界。其间生活着一群普普通通的人,他们的生活和平、宁静、幸福。

【拓展延伸】

陶渊明及其作品对后代的影响

陶渊明的影响是随着历史的发展而逐渐扩大的。在他生活的时代,他只是作为一个合于雅道的隐士而引起人们的注意。在宋齐山水诗盛行的时代,他笔下淳朴淡泊的田园风光也不合于贵族热衷欣赏名山大川的口味,而他平淡自然的风格更是和当时富艳雕琢的文风大相径庭，所以其仍然得不到重视。到了梁陈时期，钟嵘、萧统才开始重视他。唐以后，陶渊明越来越得到人们的重视。陶渊明在文学史上的地位和影响，可从两方面言之：

其一，就人格而言，陶渊明蔑视富贵、不与黑暗污浊之世俗同流合污的高尚品德，给后代有进步理想的作家以积极的影响。后代的进步作家往往可以从他身上找到精神的寄托。诗人高适不满官场中的腐朽与统治者残虐人民，写出了"转忆陶潜归去来"的诗句。在强敌压境或政治十分黑暗、社会变革即将到来的时候，他的"金刚怒目"式的作品，他的疾恶除暴的精神，也给作家巨大的支持与鼓舞。近代诗人龚自珍曾在《舟中读陶诗三首》中说："陶潜诗喜说荆轲，想见停云发浩歌。吟到恩仇心事涌，江湖侠骨恐无多。"可以说，陶渊明是中国士大夫精神上的一个归宿。

其二，就诗歌艺术而言，其约有三个方面的重要影响。第一，他打破了玄言诗统治诗坛的局面。第二，他开创了田园诗创作的道路。在陶渊明之前，还没有一个诗人写过这样多的诗歌来歌咏农村的田园生活。他将自己新颖的思想、人格和田园生活完美地结合起来，为诗歌的发展开辟了一个新的天地，从此田园诗成为中国诗歌史上一个重要的题材领域。第三，他创造了一种平淡自然而又隽永的风格，后代不少诗人都将陶诗作为一种范式加以模仿，出现了不少"拟陶""和陶"的作品，如白居易的《效陶潜体诗十六首》。

此外，他的桃花源理想对后代也有积极的影响。同时，陶渊明诗中平静安谧的境界也影响了后世许多文人。唐代诗人白居易在晚年归隐生活中、宋代文学家苏轼在谪居海南时期均酷爱陶渊明，他们实则是在他那超脱现实的态度中寻求精神的安慰。

四、南朝文学

> 注：魏晋和南朝属于两个不同的阶段，魏晋诗歌上承汉诗，总的诗风是古朴的；南朝诗歌则开始追求声色。这种转变始于陶、谢的差异：从写意到摹象，从启示性到写实性。

【知识点精讲】

山水诗　是指以山水风景为主要描写对象的诗歌。曹操的《观沧海》算是中国诗歌史上第一首完整的山水诗,但真正大力创作山水诗并对后世产生巨大影响的则是南朝宋时的谢灵运,他开创了山水诗派。山水诗的出现,不仅使山水成为独立的审美对象,为中国诗歌增加了一种题材,而且开启了南朝一代新的诗歌风貌。刘勰说"庄老告退,而山水方滋",山水诗的产生,与当时盛行的玄学和玄言诗有着密切的关系。

元嘉三大家　"元嘉"是南朝宋文帝的年号,此时文坛上鲍照、谢灵运、颜延之三人齐名,有"元嘉三大家"之称。就诗歌创作而言,他们的共同点是描写山水都讲究辞藻和对偶,但诗风差异明显,谢诗富艳精工,颜诗华美典雅,鲍诗雄恣奔放。在赋与文的创作中,谢灵运以《岭表赋》《山居赋》等作品为代表,状物写景贵尚巧似,选字修辞力求清新,与其山水诗的成就互为呼应。颜延之的骈文以典丽缜密见长,用典繁博,修辞巧丽,代表作有《赭白马赋》等。鲍照以奇峭之风运妍丽之辞,代表作是《芜城赋》与《登大雷岸与妹书》。

谢灵运(385—433)　南朝宋诗人。陈群阳夏(今河南太康)人。谢灵运的山水诗,大部分是他任永嘉太守以后所写。这些诗以富丽精工的语言,生动细致地描写了永嘉、会稽等地的自然景色,其诗主要特点是鲜丽清新。在艺术上,谢诗不像陶诗那样以写意为主,注重物我合一,力求表现整体的自然美,而是更注重对山水景物的描摹刻画。在结构上,谢灵运的山水诗多先叙出游,次写见闻,最后谈玄或发感慨,似旅行游记,而又常常拖着一条玄言的尾巴。自谢灵运之后,山水诗在南朝成为一种独立的诗歌题材。

鲍照(约 414—466)　南朝宋文学家。字明远,东海(今山东郯城)人。鲍照的文学成就是多方面的,他的诗、赋、骈文皆不乏名篇,但其成就最高的还是诗歌,他的诗歌主要内容可以分为以下几个方面:

1.抒写寒士的不平。突出表现其建功立业的愿望和抒发寒门之士备遭压抑的痛苦,其中充满对门阀社会的不满情绪与抗争精神,代表着寒士的强烈呼声。

2.边塞诗描写的丰富视角。他的边塞诗或反映征战之苦,或刻画战争场面,或流露思乡之情,或揭示退役军人晚年的悲凉处境,抒发了诗人的慷慨不平之气。

3.描写游子、思妇和弃妇的诗哀怨凄怆,细致感人。

4.反映统治者的横征暴敛和百姓的疾苦。

南朝民歌　多为风情小调,作者多为歌女和下层文人。南朝民歌主要有吴

歌和西曲两类,吴歌多产生于东晋及刘宋时期,西曲多产生于宋、齐、梁、陈时期。

其在内容上最引人瞩目的是真诚而又大胆地表现男女爱情;形式上篇幅短小,以五言四句最为常见;艺术上最大的特点是自然、单纯、开朗明快;修辞上多用双关。代表作有《西洲曲》。

五、永明体与齐梁诗坛

【知识点精讲】

永明体　又称新体诗,与古体诗相对,其主要特点是讲究声律和对偶。因为这种新体诗形成于南朝齐永明年间,故称"永明体"。新体诗产生的关键是声律论的提出,发现四声并将其运用到诗歌创作之中使之成为一种人为规定的声律。代表作家是沈约、谢朓、王融。永明体的产生,标志着中国古典诗歌的一大进步,其为后来律诗的成熟及唐诗的繁荣奠定了基础。但由于其过分追求形式的华美,再加上声病的限制,产生了"文贵形似"和"文多拘忌,伤其真美"的弊端。

四声八病　南朝齐永明年间,周颙著《四声切韵》,提出汉字有平、上、去、入四种声调,而沈约将四声的区辨同传统的诗赋音韵知识相结合,指出了八种五言诗创作时应避免的声律上的弊病,就是后人所记的"八病",即平头、上尾、蜂腰、鹤膝、大韵、小韵、旁纽、正纽。"四声八病"这一声律要求是永明体产生的基础,其对于增加诗歌艺术形式的美感、增强诗歌的艺术效果,是有积极意义的,但其要求过分苛细,也带来了一定的弊病。

竟陵八友　南朝齐竟陵王萧子良,礼才好士,倾意宾客,故一时天下文士纷纷归附,形成彬彬之盛的局面。其中文学成就较为突出、在当时名声最高的就是"竟陵八友",即萧衍、沈约、谢朓、王融、萧琛、范云、任昉、陆倕八人,他们和周颙等人在创制"永明体"和推动新诗风的发展方面,功不可没。

沈约(441—513)　南朝梁文学家。字休文,吴兴武康(今浙江德清)人。其诗歌的总体风格为"清怨",主要表现在他的山水诗和离别哀亡诗之中。他的山水诗具有清新之气,其中透露出哀怨感伤的情调;离别诗《别范安成》是以叙写友情著称的经典之作,语言浅显平易,情感真挚、深沉而委婉,在艺术技巧上具有独创性。除此之外,他更多是通过巧妙使用意象抒发内心的幽怨之情,因此大量的咏物诗便成为他情感的寄托,如《咏杜若》。

谢朓(464—499)　字玄晖,陈群阳夏(今河南太康)人。永明体代表作家,也是齐梁时期最为杰出的诗人。由于沉浮于政治漩涡中,目睹了仕途和现实的险恶,谢朓的诗常常表现出对仕宦生涯的忧惧以及人生的苦闷,如《暂使下都夜发新林至京邑赠西府同僚》。他对山水诗的发展做出了突出的贡献,他继承了谢灵运山水诗清新、细致的特点,但他又不同于谢灵运对山水景物作客观描摹的写作手法,而是通过描写山水来抒发情感意趣,达到情景交融的境界。他的诗摆脱了玄言的成分,形成一种清新流丽的风格,如他的名作《晚登三山还望京邑》。

宫体诗　"宫体"之称始于梁简文帝时。梁陈时期,南朝民歌进入宫廷,经统治者及宫廷文人的润色修改,宫体艳情诗达到了顶峰。其内容主要以宫廷生活为描写对象,具体的题材不外乎咏物与描写女性。在情调上伤于轻艳,风格比较柔靡缓弱,注重辞藻、对偶与声律。少数作品只讲究辞藻与对偶,内容贫乏空洞,但宫体诗语言的风华流丽、对仗的工稳精巧以及在用典等方面的艺术探索与积累,对后来律诗的形成有着重要的推动作用,为唐代诗人提供了足资借鉴的艺术经验。

六、北朝文学

注:自西晋灭亡、晋室南渡,文化重心也随之南移,北方文学在十六国与北魏前期极度衰微,北朝文学的复兴,始于北魏孝文帝太和改制之后。

【知识点精讲】

北地三才　北魏末至北齐时期,北朝出现了几位比较正统的诗文作家,其中声名较著者有温子昇、邢邵和魏收,史称"北地三才"。温子昇的诗留传不多,他的文章传世较多,其行文多用排比,雕饰而不浮艳,其中几篇短小的乐府文辞都很简朴,但不免粗糙。邢邵的诗虽不够精致,却有寄寓深沉之长,多少表现出北方文学"重于气质"的优点。魏收著有《魏书》,他的诗节奏轻快,色泽明丽,放在齐梁诗中也毫不逊色。

徐庾体　所谓"徐庾体",是指徐、庾父子置身东宫时所作的风格绮艳流丽的诗歌,它们在萧纲入主东宫后才正式获得了"宫体"的名称。徐,是指徐摛、徐陵父子;庾,是指庾肩吾、庾信父子。他们都是宫体诗的代表作家,创作风格流丽轻艳。《北史·庾信传》记载:"(徐、庾父子)既文并绮艳,故世号为徐庾体焉。"

庾信(513—581)　北周文学家。字子山,南阳新野(今属河南)人。他的诗歌以其第二次北上为界分为前后两个时期。前期诗文多为奉和之作,内容不外乎宫廷生活,风格也多绮靡之态,后期诗人历仕西魏及北周,不得南归,便以乡关之思发为哀怨之辞,撰《拟咏怀》二十七首。诗作内容丰富,蕴含深切的情感,艺术上更加成熟,笔调劲健苍凉,境界上愈显出苍茫的辽阔之感。

北朝民歌　北朝民歌一部分是由北方少数民族的歌辞经翻译及加工润色而来,还有一部分是北人直接用汉语创作的作品,所以总的来说其是北方各民族共同创作的文化硕果。

北朝民歌在内容上,广泛反映了社会生活的各个方面,包括北方的景色和生活、战争频繁与战乱之苦、羁旅思乡之情、爱情与婚恋等。

北朝民歌在风格上,从大处落笔,体现力度,不做细腻的体味。语言粗服乱头,流露出天真自然的情态。代表作为《木兰诗》。

七、魏晋南北朝的辞赋、骈文与散文

【知识点精讲】

(一)魏晋南北朝辞赋

抒情赋　表现出深切的社会关怀和空前的反思与批判,如向秀《思旧赋》、刘伶《酒德颂》;抒发普泛化的社会情感和个人化的哀愁,如陆机《叹逝赋》、潘岳的《悼亡赋》、左思的《白发赋》、庾信《哀江南赋》等。

咏物赋　表现出"体物"以"咏志"的特点,从而使咏物赋成为真正意义上的象征世界,如祢衡《鹦鹉赋》。

《文赋》　陆机所著文学专著,是文学摆脱经学附庸地位而得以独立发展之后,在大量创作实践的基础上产生的理论结晶。《文赋》首次把创作过程、写作方法、修辞技巧等问题提上文学批评的议程。陆机写《文赋》的宗旨是解决创作中"意不称物,文不逮意"的矛盾,所以其以创作构思为中心,在书中主要论述文章写作的方法技巧和艺术性的问题。

(二)魏晋南北朝骈文

重视辞采的美感。它的出现突破了早期散文过于古朴简单的格局而向形式美方向发展,其行文日益精致华美。但是骈文发展到后来,弊端也随之而生:对偶唯求其工,四六句型限制了内容的充分表达;用典唯求其繁,不少篇章晦涩难懂;一意追求辞藻华丽,内容空虚浮泛。华美的形式往往成了表达思想、反映现实的障碍。

骈文的发展历程

出现：与汉语言所体现出的特点关系紧密，因为汉字单音，容易形成偶句。

汉代：萌芽期。秦汉时以铺陈见长的文章更讲究句式的整饬，出现骈偶化倾向。

东汉时期：更加富丽精整。

魏晋之际：文章偏向哲思，骈偶形式起到了提炼意趣的效用。

西晋：文学上重视形式建构，陆机文章已初具骈文的规模。

南朝：完成期、兴盛期。

南朝骈文兴盛的原因

1.经过汉魏尤其是晋代的历史探索，文人已充分体验到骈偶独特的艺术功能，并将这种体验上升至理论的高度。

2.南朝尤其是齐梁时期，声律学臻于成熟，其为骈文在声律上走向精整提供了理论借鉴。

3.骈文符合传统文人尤其是贵族文人的审美期待（是其追求文化素养与才情的综合体现）。

（三）魏晋南北朝散文

《水经注》　约成书于北魏延昌、正光年间，郦道元撰。这是我国古代较完整的一部以记载河道水系为主的综合性地理著作，共三十多万字，该书详细介绍了我国一千多条河流以及与其相关的郡县、城市、物产、风俗、传说、历史等。书中不以南北为鸿沟，集六朝地志之大成，表现出对东晋以后南方地志的广泛参考和吸收，寄寓着作者希望祖国大一统的理念。作者对"山水之美"作亲切生动的描述，并从山水之美中得到"畅清""游神"的体验，其文笔雄健俊美，清朗疏朴，对唐以后古文家的游记文影响极大。

《洛阳伽蓝记》　古代寺塔记地理名著，作者杨衒之。该书以著名的佛寺为主要线索，内容涉及政治、经济、外交、人物、风俗、异闻等诸多方面。因此，它不仅是一部了解北朝寺庙兴衰的著作，也是研究孝文帝定都洛阳至孝静帝迁都邺城这一段时期北魏历史状况的可靠文献。作者在语言表达上善于使用整齐的句法，主要为四言，并适度利用四六骈句，同时其又能发挥散句的长处，使节奏感与自由韵律得以有机结合，从而形成了典丽清拔的风格。

《文心雕龙》　中国南朝文学理论家刘勰创作的一部文学理论著作，成书于南齐末年。它是中国文学理论批评史上第一部有严密体系的、"体大而虑周"的文学理论著作。全书共 10 卷、50 篇,以孔子美学思想为基础,兼采道家思想,全面总结了齐梁时代以前的美学成果,细致地探索和论述了语言文学的审美本质及其创造、鉴赏的美学规律。其行文本身也表现出作者卓尔不凡的骈文才力。

《典论·论文》 中国文学批评史上第一篇文学专论,作者曹丕(即魏文帝)。《典论》是他在建安后期为魏太子时所撰的一部政治、社会、道德、文学论集,全书由多篇专文组成,按照"子"书的形式写成,是曹丕关于国家大事等一系列问题的论文总集,但大多已散佚,只有《论文》一篇由于被南朝萧统选入《昭明文选》而得以完整保存下来。

八、魏晋南北朝小说

【知识点精讲】

志怪小说 鲁迅最早将魏晋南北朝小说分为"志怪小说"和"志人小说"。志怪小说是记神鬼怪异之事的小说,是在当时盛行的神仙方术之说以及侈谈鬼神、称道灵异的社会风气的影响下形成的。志怪小说对唐代传奇产生了直接的影响。

志怪小说记述神仙方术、鬼魅妖怪、殊方异物、佛法灵异,许多作品表现了宗教迷信思想,但也保存了一些具有积极意义的民间故事和传说。志人小说记述人物的逸闻轶事、言谈举止,展现了当时社会生活的一些面貌。

志怪小说按内容可分为三类:

1.地理博物。如托名东方朔的《神异传》、张华的《博物志》。

2.鬼神怪异。如曹丕的《列异传》、干宝的《搜神记》、托名陶潜的《搜神后记》、王嘉的《拾遗记》、吴均的《续齐谐记》。

3.佛法灵异。如王琰的《冥祥记》、颜之推的《冤魂志》。

《搜神记》 东晋干宝创作的一部志怪小说,今本二十卷,是魏晋南北朝志怪小说的代表,也是其中最杰出的一部。《搜神记》的写作目的是"足以明神道之不诬"。其是一部儒家思想、方术、巫术和道教迷信的大杂烩,但也保存了不少优秀的民间传说和故事。《搜神记》的写作观念和超时代的艺术手法(即虚构叙述的表现手法)促成了它的成功,对后代唐传奇、元明戏剧和宋代以后的神话志怪小说产生了深远的影响。

志人小说 魏晋南北朝流行的专记人物言行或记载历史人物传闻轶事的一

种杂录体小说,又称"清谈小说""轶事小说"。志人小说的兴盛与士族文人之间品评人物和崇尚清谈的风气有很大关系。按其内容也可分为三类:一为笑话,如魏邯郸淳的《笑林》;二为野史,如东晋葛洪伪托刘歆所作《西京杂记》;三为逸闻轶事,这是志人小说的主要部分,刘义庆的《世说新语》是其中成就和影响最大的一部,这类小说篇幅短小,叙事简单,只是粗陈故事梗概,而且基本上按传闻加以直录,没有艺术的想象和细节的描写。志人小说虽有对人物性格的刻画,但并不成熟,不过在中国小说发展史上,它是不可缺少的一环,在许多方面为唐传奇积累了经验。

《世说新语》 又称《世说》《世说新书》,南朝宋刘义庆撰,梁刘孝标为之作注并补充了不少史料。原为八卷,今本作三卷。分德行、言语、政事等三十六门。其上卷为"德行""言语""政事""文学"四门,是为孔门四科,说明此书的思想倾向有崇儒的一面。书中主要记录了魏晋名士的逸闻轶事和玄虚清淡,是一部记录魏晋风流的故事集,其中品题人物最常见的审美概念为真、深、朗,其多有谈玄论佛以及蔑视礼教的内容,思想倾向较为博杂。

《世说新语》的文学成就

《世说新语》在文学艺术上有较高的成就,鲁迅先生曾把它的艺术特色概括为"记言则玄远冷隽,记行则高简瑰奇"。

1.描写人物多、面广,涉及各类人物共一千五百多个,魏晋两朝主要的人物都包括在内。

2.语言简约含蓄,隽永传神,透出种种机智和幽默。

3.人物特点突出。其对人物的描写侧重点不同,但都重在表现人物的特点,通过独特的言谈举止写出了独特人物的独特性格,使之气韵生动、活灵活现、跃然纸上。

4.刻画人物形象时,表现手法灵活多样,主要有以下几种:

(1)通过同一环境中几个人的不同表现形成对比。

(2)抓住人物性格的主要特征作漫画式的夸张。

(3)运用富有个性化的口语来表现人物的神态。

【拓展延伸】

魏晋风流 在魏晋时期形成的人物审美的范畴,更多地表现为言谈、举止、趣味、习尚,是体现在日常生活中的人生准则。构成魏晋风流的条件是玄心、洞

见、妙赏、深情,而魏晋风流表现在外的特点是颖悟、旷达、真率,其本质是追求艺术化的人生。这种艺术必须是自然的,是个人本性的自然流露。陶渊明可以说是一位记录魏晋风流的杰出代表,《世说新语》可以说是魏晋风流的故事集。而从深层看,魏晋风流下那种对人生艺术化的自觉追求,那种对个性化的向往,那种无拘无束的氛围,正是文学成长的良好气候。魏晋风流不仅对魏晋这两代文学影响较大,也对魏晋以后整个中国古代文学产生了深远的影响,它已成为一个美好的影像,映在后人的心里,不断激发出他们对文学的灵感。

魏晋清谈　是指魏晋时代的贵族知识分子,以探讨人生、社会、宇宙的哲理为主要内容,以讲求修辞与技巧的谈说论辩为基本方式而进行的一种学术社交活动。清谈与清议有所不同,清谈不涉及政治和人品道德,而以玄学议题为主要内容,所以也叫玄谈,其学术意味很浓,与现实政治较远。清谈注重华丽的辞藻、优美的音调、潇洒的风度,其也品评人物,但品评的内容不再以他们的品行为主,而更多关注人物的仪态和风度。

第四章　隋唐五代文学

第一部分　学前重点讲解

　　唐文学的繁荣,表现在诗、文、小说、词的全面发展。诗的发展最早,在唐文学中占有最重要的地位。当诗发展到高峰时,散文开始了规模和影响空前的文体文风改革。与此同时,小说也开始走向繁荣。当散文、小说、诗相继进入低潮时,词又登上文坛,焕发光彩。终唐一代,几乎找不到一个文学沉寂的时期。

唐诗的发展轨迹

1.最初的 90 年左右,是唐诗繁荣到来的准备阶段

　　从表现领域说,唐诗逐渐从宫廷台阁走向关山与塞漠,作者也从宫廷官吏扩大到一般寒士。

　　从情思格调说,北朝文学的清刚劲健与南朝文学的清新明媚相融合,唐诗走向既有风骨又开朗明丽的境界。

　　从诗歌形式说,唐诗在永明体的基础上,创造了一种既有程式束缚又留有广阔创造空间的新体诗——律诗。

2.盛唐——唐诗全面繁荣

　　代表诗人:诗仙李白;诗圣杜甫;山水田园诗人王维、孟浩然;边塞诗人

高适、岑参;还有王昌龄、李颀、崔颢、王之涣等一大批名家。盛唐诗歌骨气端翔,兴象玲珑,无工可见,无迹可求,而含蕴深厚,韵味无穷。

3.中唐——诗坛的革新

代表诗人:大历诗人;韩愈、孟郊、李贺等人形成韩孟诗派;白居易、元稹,还有张籍、王建形成元白诗派。他们以革新精神和创新勇气,开拓出一片诗歌的新天地。

4.晚唐——唐诗的衰落

长庆以后,诗歌题材多狭窄,多抒发社会衰败中士人怀古伤今之情,相当一部分诗人,以苦吟的态度作清新奇僻之诗。杜牧、李商隐突起,聚显光芒。

第二部分　核心考点汇总

一、隋及初唐文学

【知识点精讲】

贞观诗风　初唐的诗歌创作风气,主要以唐太宗及其群臣为中心展开。一开始多述怀言志或咏史之作,风格刚健质朴;而后起于对六朝声律辞采的模仿和拾掇。唐太宗的诗里常常壮大怀抱与华采并存,杨师道、李百药等人多奉和应制之作,在声律辞藻方面日趋精妙,而其风格趣味已日益贵族化和宫廷化。

上官体　唐贞观、龙朔年间,以上官仪为代表的宫廷诗风。题材以奉和、应制、咏物为主,内容空泛;重视诗的形式技巧,对景物观察细致,自铸新词以状物色,追求绮错婉媚之美,将五言诗的写景状物技巧大大推进了一步。上官仪以高度纯熟的技巧,冲淡了齐梁诗风的浮艳雕琢,但诗的题材内容还局限于宫廷文学应制咏物的范围,缺乏慷慨激情和雄杰之气。

文章四友　指初唐诗人杜审言、李峤、苏味道、崔融四人。他们基本上是武后时期的宫廷诗人,专力写律诗,对律诗的形成有一定作用。其中以杜审言成就最高,明人许学夷称其为"律师正宗",代表作《和晋陵陆丞早春游望》(独有宦游人）。"四友"文辞浮艳,苏味道、李峤诗歌内容较贫乏,崔融、杜审言写过一些有生活实感的诗作。

沈宋　"沈"指沈佺期,"宋"指宋之问,他们是武后时期有代表性的台阁诗人。二人都曾在初唐时做过宫廷侍臣,他们所作律诗多应制奉和之作,佳篇不多,但他们在诗律方面精益求精,回忌声病,约句准篇,声律准确,主对工整,为近体诗的建立和发展做出了贡献。沈宋以前,多为五律。沈宋使五律更趋精密,五律至此定型,又使七律体制开始规范化。据《新唐书·宋之问传》记载:"及之问、佺期,又加靡丽,回忌声病,约句准篇,如锦绣成文。学者宗之,号为'沈宋'。"

初唐四杰　指唐高宗至武后初年间的王勃、杨炯、卢照邻、骆宾王四人,其中卢、骆长于歌行,王、杨长于五律。他们官小而才大、名高而位卑,心中充满了博取功名的幻想和激情,郁积着不甘居人下的雄杰之气。他们的诗重视抒发一己之情,表现了一种壮大的气势和慷慨悲凉的感人力量。同时,他们还反对继承齐梁遗风的纤巧绮靡的上官体,积极开拓诗歌的思想题材领域,倡导富有"骨气"的刚健之诗,为因循的初唐诗坛吹进了一股清新空气,声律风骨兼备的唐诗开始形成。

王勃(649 或 650—676)　字子安,绛州龙门(今山西河津)人。他的诗作中以五言律诗、绝句占的比重最大,代表作《送杜少府之任蜀州》(城阙辅三秦)。

杨炯(650—约 693)　华阴(今陕西华阴)人。擅长五律。其诗歌中两个主题比较突出,一是山水行游,二是边塞从军,他的诗都写得很有气魄。边塞诗代表作《从军行》(烽火照西京)。

骆宾王(约 638—684)　婺州义乌(今浙江义乌)人。其诗歌主要题材是抒写身世遭逢之感和建功立业的抱负,其擅长七言歌行,代表作《帝京篇》;五言律诗代表作《在狱咏蝉》(西陆蝉声唱)。

卢照邻(约 637—约 686)　字昇之,号幽忧子,幽州范阳(今河北涿州)人。诗擅七言歌行,多愁苦之音。《长安古意》等述世事变迁、繁华衰谢之感,音节流转,为世所称。

初唐四杰在诗歌方面的贡献

1.他们具有变更齐梁诗风的自觉意识,有十分明确的审美追求。

2.拓宽了诗歌的表现领域,使诗由宫廷走向市井,从台阁移至江山塞漠。

3.他们的诗歌有一种昂扬的抱负和气概,饱含壮大浓烈的情感,使诗歌的格调壮大起来。

4.一些作品讲究声律,追求辞采的工丽和韵调的流转,促进了五言律诗的定型。

陈子昂(659—700) 字伯玉,梓州射洪(今属四川)人。陈子昂的诗歌创作表现出明显的复古倾向,即恢复古诗比兴言志的风雅传统,这使他的创作呈现出与当时朝中流行的馆阁体完全不同的精神风貌。代表作有《登幽州台歌》《感遇》诗三十八首,这些诗非一时一地而作,但基本上都作于诗人入仕之后,具有强烈的政治倾向。壮伟之情和豪侠之气,是陈子昂诗歌创作的特点所在,也是他倡导的"风雅兴寄"中能反映时代士人精神风貌的新内容。

张若虚(约660—约720) 扬州(今江苏扬州)人,与贺知章、张旭、包融并称"吴中四士"。《春江花月夜》是其代表作,被称为"孤篇盖全唐",历来为人们所传颂。这是一首长篇歌行,采用的是乐府旧题,但张若虚赋予了它全新的内容,将画意、诗情与对宇宙奥秘和人生哲理的体察融为一体,创造出情景交融、玲珑透彻的诗境。诗人先从春江月夜的宁静美景入笔,展示出大自然的神奇美妙。作者沉浸于对似水年华的体认之中,引发出对人生的思索,表现出一种更深沉、更寥廓的宇宙意识,荡漾着绵邈的韵味,令人回味不尽。

二、盛唐诗坛

【知识点精讲】

山水田园诗派 是盛唐最有影响的诗歌流派之一,代表诗人有王维、孟浩然、储光羲、常建等。他们的诗歌多描写山水田园的自然风光,其诗风清新流丽,表现了返璞归真的情趣,抒写隐逸生活的闲情逸致。色彩淡雅,风格清新自然,意境淡远闲适,写景状物工致传神。孟浩然、王维是盛唐山水田园诗派的代表作家。两人都工于五言,都善于描写自然景物,风格也有近似之处。在艺术成就方面,二人既可并驾齐驱,又各标风韵,对后世都有深远影响。

王维(701?—761) 字摩诘,河东(今山西永济)人。官至尚书右丞,世称王右丞。以山水诗最为后世所称。苏轼称他诗中有画,画中有诗。其诗歌类型有奉和应制、游侠边塞、讽世贬俗、酬唱赠答、山水田园。代表作主要有《辋川集》二十首、《山居秋暝》《渭川田家》等。

佛禅思想对王维山水田园诗的影响

1.对山居寂寞的歌咏。如《早秋山中作》。

2.一切情绪都被摒除之后所达到的物我两忘、与万化冥合的境界。如《竹里馆》（独坐幽篁里）。

3.很少表现内心的痛苦与矛盾，很少有积累的感情冲突，具有超脱于物外的理想。

王维山水田园诗的艺术特色

总的特点是"诗中有画、画中有诗"，他以画家的眼睛和诗人的情思，写物态天趣，其诗宁静优美而神韵缥缈。

首先，他既能概括地抒写雄奇壮阔的风景，又能细致入微地刻画自然事物的动态，巧妙地捕捉适于表现他生活情趣的种种形象，构成独到的意境。这类诗气魄雄伟，意境开阔，采用白描笔法，粗线勾勒，而且角度富于变化。如《终南山》，诗从主峰着笔，总览全山，写出了终南山雄伟磅礴的气势，正像山水画里常用人身与山势构成对比一样。

其次，他将自然的美与心境的美完全融为一体，创作出如水月镜花般不可凑泊的纯美诗境。《汉江临眺》先写楚地的形势，中写江流浩荡的景观，末写流连忘返的情意。粗线勾勒，境界壮阔，全诗采用白描的写法，甚至不写山色是青是紫，是浓是淡，只说其若有若无，像一幅水墨山水画。诗人把握的是总体印象，而且是用诗思而非肉眼统摄的图像，表现出中国画散点透视的艺术效应。

再次，他善于在动态中捕捉自然事物的光和色，在诗里表现出极丰富的色彩和层次感。如"日落江湖白，潮来天地青""泉声咽危石，日色冷青松"。他也善于捕捉音响、色彩、画面、感受相交织的动人一刻，将它们统一于最能传达情韵的意境之中，用恰当的语言表现出来。如山水小诗《鸟鸣涧》"人闲桂花落，夜静春山空。月出惊山鸟，时鸣春涧中"，诗人以静写动，以动写静，动静结合，把读者带入更优美、更深邃的意境中去。

孟浩然（689—740）　字浩然，以字行，襄州襄阳（今湖北襄阳）人。其诗主要题材是山水田园，有一些山水诗气势宏壮，主体性很强，如《望洞庭湖赠张丞相》；另外其有作品与王维的并称"王孟胜境"，那些作品感情冲淡、意象空灵、境界清幽，如《夏日南亭怀辛大》（山光忽西落）。

孟浩然山水田园诗的艺术特色

1.他的山水田园诗，更贴近自己的生活，"余""我"等字样常出现在诗中，如《过故人庄》中"故人具鸡黍，邀我至田家"，又如"江山留胜迹，我辈复登临"。出现在孟浩然诗中的景物描写，常常就是他生活环境的一部分，带有即兴而发、不假雕饰的特点。

2.孟浩然出游所写的山水诗,常从高远处落笔,自寂寞处低徊,随意点染的景物与清淡的情思相融,形成平淡清远而意兴无穷的明透诗境。如《宿建德江》"野旷天低树,江清月近人"。

3.自然平淡是孟浩然山水诗的风格特点。尽管他的诗中也有刻画细致、用字精审的工整偶句,如"天边树若荠,江畔洲如月",但他并非有意模山范水,观其诗歌多以单行之气运笔,一气呵成,无刻画之迹,妙在自然流走,冲淡闲远,不求工而自工。

边塞诗 盛唐诗歌中的一个重要流派。代表作家有高适、岑参、王之涣等人,他们继承并发展了魏晋、隋及唐初边塞诗的创作传统,以深刻的边塞生活体验,多方面反映边塞生活,表现了慷慨报国、为国立功的英雄主义气概和进取精神。诗歌反映了盛唐时代气息,开阔了诗歌创作题材,气势磅礴,乐观向上,描写生动、形象,风格雄浑豪放,富有艺术感染力,促进了盛唐诗歌的繁荣。

高适(700—765) 字达夫,洛阳(今河南洛阳)人。其诗风格"悲壮雄豪"。

1.高适诗歌内容

(1)写边关风情和边塞风光。

(2)讽时感世,批评朝廷,希望干预现实。

(3)对边塞问题的思考,如《燕歌行》(汉家烟尘在东北)。

2.高适诗歌常表达的感情

(1)因宦途失意而郁闷,慨叹客居异乡、穷困潦倒(最富代表性)。

(2)未遇知己,壮志难酬触起的郁怏不平,如《宋中别周、梁、李三子》。

(3)勉励朋友的送别之作,常拨开悲慨阴云,敞露出豪迈胸襟。

3.高适边塞诗歌的艺术特色

(1)多直抒胸臆,叙事、描写与议论、抒情融为一体,用质朴苍劲的语言把粗犷的感情表现得淋漓尽致,给人以很强的现实感。

(2)除七言歌行外,多采用长篇吟怀式的五言古诗,基调慷慨昂扬;一些与从军边塞相关的绝句,气质沉雄,境界壮阔。

(3)将边塞见闻、观察思考和功名志向糅为一体,反映社会现实的多维性和深刻性,苍凉悲慨中带有理智的冷静。

(4)风格凝重深沉,雄浑悲壮,笔势豪健。如他的《燕歌行》一诗,虽多用偶对,却不以文采华丽见长,而是纵横顿宕,以沉雄质气和浑厚骨力取胜。

岑参(约715—770)　江陵(今湖北荆州)人。长于七言歌行。曾从军西域多年,其诗气势豪迈,情辞慷慨,色调雄奇瑰丽。

1.岑参边塞诗内容

(1)羁旅边地、功业无成的切身体会,弥漫着一层悲感的氛围。

(2)进取的雄心。

(3)描写边塞风光和军旅生活。

2.岑参边塞诗歌的艺术特色(语奇、意奇、调奇)

(1)生动地描绘出西北荒漠的奇异风光与风物人情,极大地丰富、拓宽了边塞诗的描写题材和内容范围。

(2)想象奇特丰富,洋溢着奇情异彩的艺术魅力。

(3)用韵灵活,自立新题,刻意求奇,善于通过语句长短和押韵形式的灵活变换,使诗歌产生多样化的节奏和蓬勃动人的旋律。语调慷慨豪迈,别具奇伟壮丽之美。

(4)体势纵横跌宕、舒卷自如;形式接近乐府,但不用乐府古题而自立新题。

王昌龄(? —756)　字少伯,京兆长安(今陕西西安)人,号"七绝圣手"。他的边塞诗以想象、反思和凝练的概括见长,多用乐府古题,围绕古往今来边塞战争所引发的各种话题展开情思。作诗讲究立意构思,其作品除豪爽俊丽之外,还有"绪密思清"的特点,晚年诗风偏于清逸明丽。代表作有《从军行》七首。

【拓展延伸】

1. 王维、孟浩然的山水田园诗的不同特点

王维、孟浩然都是盛唐山水田园诗的代表作家,在当时诗坛享有盛誉,影响很大,苑咸称王维为"当代诗匠",王士源说孟浩然的五言诗"天下称其尽美矣"。但由于他们生活环境和性格气质的不同,他们在诗的写法和艺术风格方面是有区别的。

首先,王维的山水田园诗具有空明的境界,诗歌宁静优美,而孟浩然的山水田园诗更贴近自己的生活,"余""我"等字样常出现在诗里。这主要是由于王维受禅宗思想影响重大,习惯把宁静的自然作为凝神观照而息心静虑的对象,进入到"搜求于象,心入于境"的意境创造,产生万物一体的浑然感受,使自然之美和心境之美融为一体,进入物我冥合的忘我境界,显示出诗人心境的空明、寂静。而孟浩然的诗歌没有王维诗那样的超凡脱俗,更贴近生活。诗中景物常为自己生活环境的一部分,带有即兴而发、不假雕饰的特点,主观意识较浓,处处有"我",大别于王维"物我冥合"的忘我境界。

其次,孟浩然诗中的景物描写多即兴而发,诗语自然纯净,似比王维的诗更显淳朴,更接近陶渊明诗中豪华落尽见真淳的境界。王维诗大都有着"诗中有画,画中有诗"的明秀诗境,善于在动态中捕捉自然事物的光和色,表现出极丰富的色彩和层次感,创作出如水月镜花般不可凑泊的纯美诗境。而孟浩然在融景入诗时,常将随意点染的景物与清淡的情思相融合,无刻画痕迹,从而形成自然冲淡、诗味醇厚的特点。

再次,王维的山居歌咏擅长表现空山的宁静之美,而孟浩然的乘舟行吟之作则表现了山水的淡泊纯净之美,语言清省,诗境明透。从王维的《山居秋暝》、孟浩然的《宿建德江》等诗作中都可看出二人的区别。

2. 高适、岑参边塞诗的异同

高适、岑参是盛唐边塞诗的杰出代表,二人都热衷于进取功名,有强烈的入世精神,且二者有相似的入幕经历。因而二人在诗中都抒写了他们的理想、抱负,表现了慷慨报国的英雄气概和不畏艰苦的乐观精神。但具体来说,二人诗歌所关注的内容及艺术风格又有所不同。

在诗歌内容方面,高适的诗歌在反映现实的深度上有所开拓。他的边塞诗多数写于蓟北之行和入河西幕府期间,是诗人据亲临边塞的实际生活体验写成的,常常从政治家的角度来看待问题。如《燕歌行》表达的思想感情极为复杂,既有对男儿自当横行天下的英雄气概的表彰,也有对战争给征人家庭带来痛苦的深切同情。"战士军前半死生,美人帐下犹歌舞",苦乐不均的对照,表达了作者对下层士兵的同情,更增添了出塞征战的慷慨悲壮。岑参的诗歌则在反映生活广度方面有所开拓,他是写边塞题材诗歌最多的诗人。其诗中大量描写军旅生活、边塞风物、异域风情,突破了以往征戍诗写边地苦寒和士卒劳苦的传统格局,极大地丰富拓宽了边塞诗的描写题材和内容范围。

在艺术风格方面,高适诗歌多采用长篇咏怀式的五言古诗,将作者个人的边塞见闻、观察思考和功名志向糅为一体,苍凉悲慨中带有理智的冷静,但基调是慷慨昂扬的,这往往使其诗显得壮大雄浑、骨气端翔。他的诗作不以文采华丽见长,而是以沉雄气势和浑厚骨力取胜,具有一种慷慨悲壮的美,代表作品有《燕歌行》等。此外,他的与从军边塞相关的绝句,亦气质沉雄、境界壮阔。岑参借鉴了高适等人七言歌行纵横跌宕、舒卷自如的体势而加以创新,形式接近乐府,但完全不用乐府古题而自立新题,用韵十分灵活,视所写内容而定。他的诗作声韵或轻快平稳或急促劲折,音节洪亮而意调高远。这些作品将西北荒漠的奇异风光与风物人情,用慷慨豪迈的语调和奇特的艺术手法,生动地表现出来,别具一种奇伟壮丽之美,代表作品有《白雪歌送武判官归京》等。

岑参的边塞诗与高适的同样具有"悲壮"的情感与风貌,但二人又各有自己的特点。元代陈绎曾作《诗谱》云:"高适诗尚质主理,岑参诗尚巧主景。"就指出了二人不同的风格。高适能以沉着、冷静的眼光,揭露边地政策和边塞生活中的弊端,因而他的诗更侧重于社会现实;岑参的诗,则更多地描绘边塞生活的丰富多彩,他往往以奔放的情感和丰富的想象,来表现气势雄伟的边塞风光与奇情异彩的生活,因而他的诗更富有浪漫的气质。高、岑同样擅长七言歌行,但高诗的语言、对仗和声律多严整;而岑诗则杂言偶出,奇偶互见,转韵无常,表现出奔腾跳跃的、不可约束的情感。

三、李白

【知识点精讲】

李白(701—762)　字太白,号青莲居士。自称祖籍陕西成纪(今甘肃静宁西南)。被后人誉为"诗仙"。李白的诗歌创作,充满了兴发无端的澎湃激情和神奇想象,既有气势浩瀚、变幻莫测的壮观奇景,又有标举风神情韵而自然天成的明丽意境,美不胜收。大概因其诗才飘逸如仙,多写游山求仙之事,富有浪漫主义特色而得此名。宋代严羽在《沧浪诗话·诗评》中说:"人言太白仙才,长吉鬼才;不然,太白天仙之词,长吉鬼仙之词耳。"

李白生平

李白在青少年时期,受到道教的深刻影响,在隐居与漫游、信仰神仙道教、任侠中度过。

开元年间,李白以安陆为中心,开始了他的干谒和漫游的生活,他以一种迫切强烈的心情,希求荐用,结果大失所望,心中充满愤慨与不平。

天宝元年(742年),李白奉诏进京,供奉翰林,这是他一生中最为得意的一段时期。但他不久就被朝中权贵所谗毁,在仕途上再次遭受打击,天宝三载"赐金放还",被迫离开长安。

安史之乱之后,李白因受永王谋逆案牵连蒙冤入狱,长流夜郎。乾元二年(759年),其在流放途中遇赦放回,流寓南方。上元二年(761年)闻李光弼出征东南,他又想从军报国,无奈半道病还,前往当涂投奔担任县令的族叔李阳冰,并于次年病逝于当涂。

李白乐府与歌行的艺术成就

1.大量沿用乐府古题,或借古题写现事,具有鲜明的时代精神。或借用古题、旧题引发感触和联想,抒写己怀,曲尽拟古之妙。

2.以主观情感和意向为轴心展开篇章,运用大胆的夸张和巧妙的比喻突出主观感受,文笔纵横恣肆,气势磅礴壮大。

3.将个性气质融入乐府诗中,形成行云流水的抒情方式,具有奔腾回旋的动感。

4.想象飞腾,意象壮美,虚实相间;笔势大开大合,或顺流直下,或大跨度跳跃。

5.打破固有格式,空无依傍,笔法多变,达到了任随性情之所之而变幻莫测、摇曳多姿的神奇境界。

6.句式参差错落,韵律跌宕舒展,节奏回旋震荡,呈现出豪迈飘逸的风貌。

> 注:李白歌行的创作成就比乐府高,后人一般将李白古诗中以歌、行、吟、谣等为题的纵情长歌,作为其歌行的代表作。李白独特的艺术个性,及其非凡的气魄和生命激情,在他的歌行中全都展露出来,充分体现了盛唐诗歌气来、情来而蓬勃向上的时代精神,具有壮大奇伟的阳刚之美。

李白绝句的艺术特色

1.自然天成。绝句体制短小,所以贵在含蓄。若可以锤炼,又易流于斧凿,所以绝句又贵在自然天成,李白的绝句以明白晓畅的语言,表现出真实简练、自然含蓄、蕴含丰富的无尽情思,代表作有《独坐敬亭山》。

2.清新爽朗的风神。李白的绝句境界清新,意象优美。他爽朗的性格、自由自适的气质,反映到绝句中就形成清新飘逸的韵味。且李白的绝句想象丰富天真,文字平易真切,有一种与自然融为一体的气质,无论是写景还是言情,都有种"清水出芙蓉,天然去雕饰"之美。

3.李白的绝句受乐府民歌的影响极为明显,特别是七言绝句,多以古入律、自由发挥,融入了乐府歌行开合随意而以气贯穿的表现手法,具有清新淳朴的民间气息和活泼生动的民歌情调。

李白诗歌的艺术风格

在盛唐诗人中,李白是艺术个性非常鲜明的一位。在中国诗歌史上,他作品的艺术个性也是独一无二的。具体体现在以下几个方面。

1.李白的诗歌创作带有强烈的主观色彩,主要表现为侧重抒写豪迈气概和激昂情怀,很少对客观物象和具体事件做细致的描述。李白作诗,常以奔放的气势贯穿,讲究纵横驰骋,一气呵成,具有以气夺人的特点,如《上李邕》:"大鹏一日同风起,扶摇直上九万里。"他说自己的诗是"兴酣落笔摇五岳,诗成笑傲凌沧州"。

2.强烈的感情色彩,喷发式的抒情方式。洒脱不羁的气质、傲世独立的人格、易于触动而又爆发强烈的感情,形成了李白诗抒情方式的鲜明特点。它往往是喷发式的,一旦感情兴发,就毫无节制地奔涌而出,让人直接感受到心灵的震撼。如《鸣皋歌送岑徵君》抒写诗人对政治黑暗、是非颠倒的愤慨,这种情感表达方式,完全是李白式的。

3.想象变幻莫测,随意生发,离奇惝恍,意象壮美而不乏清新明丽。与喷发式感情的表达方式相结合,李白诗歌的想象变幻莫测,往往发想无端,奇之又奇,如《将进酒》:"君不见高堂明镜悲白发,朝如青丝暮成雪。"真是想落天外,匪夷所思。他的奇特的想象,常有异乎寻常的衔接,随情思流动而变化万端。一个想象与紧接着的另一个想象之间,跳跃极大;意象的衔接组合也是大跨度的,离奇惝恍,纵横变幻,极尽才思敏捷之所能。

4.壮美与优美的意象。李白诗中颇多吞吐山河、包孕日月的壮美意象,这与其作诗的气魄宏大和想象力丰富相关联。李白对体积巨大的壮观事物似乎尤为倾心,大鹏、巨鱼、长鲸,以及大江、大河、沧海、雪山等,都是他喜欢吟咏的对象,李白将它们置于异常广阔的空间背景下加以描绘,构成雄奇壮伟的诗歌意象,如《渡荆门送别》意象便极为阔大壮观。但是,李白诗里亦不乏清新明丽的优美意象。那些由清溪、明月、白鹭、竹色、白露等明净景物构成的清丽意象,极大地丰富了李白诗歌的艺术蕴含。

5.清新明快的语言风格。语言风格清新明快,明丽爽朗是其词语的基本色调,正所谓"清水出芙蓉,天然去雕饰"。在李白诗里,用得最多的色彩字是白,其次是金、青、黄、绿、紫等,他天性开朗,喜欢明丽的色调,不喜欢灰暗色,他那些脱口而出、不加雕饰的诗,常呈现出透明纯净而又绚丽夺目的光彩,反映出其不肯苟同于世俗的高洁人格。

四、杜甫

【知识点精讲】

杜甫(712—770) 字子美,尝自称少陵野老。他的青年时代在盛唐中度过,早年有巨大抱负,立志要致君尧舜。但后来历经科考失利和安史之乱,生活颠沛流离。虽历尽人生艰辛,看遍生民疾苦,心中仁民爱物的情怀却从未衰退,创作了如《兵车行》《北征》等反映现实之作。

杜甫暮年穷困潦倒,疾病缠身,十分凄凉。大历五年(770 年)冬,死于自潭州赴岳州途中舟上。

诗圣 诗中之圣,是对唐代大诗人杜甫的称誉。杜诗兼备众体而又自铸伟辞,集六朝、盛唐诗歌之大成,对后代许多诗人有着重要影响。宋人谓杜甫"实积众流之长,适当其时而已",为"诗之集大成者",明代杨慎谓杜甫"圣于诗",清代王士禛谓杜甫作"圣语",后遂有"诗圣"之称。

诗史 是对唐代大诗人杜甫诗作的称誉。杜甫的诗歌创作主要在安史之乱期间和其后时期,他饱尝了那个时代的苦难,目睹和体验了唐帝国由盛到衰急剧变化的严酷现实,因而他的诗歌把写实倾向推向了艺术的顶峰。在安史之乱中,他与千千万万民众一样流离失所,他的诗如"三吏""三别"、《春望》等,最早也最全面、最深刻地反映了这场大战乱所造成的灾难,展现了战火中整个社会变化的广阔画面,被誉为"诗史"。诗史的性质,决定了他写作方法的变化,盛唐诗"创造玲珑兴象以抒情",而杜甫把强烈深沉的抒情融入叙事手法中,以叙事的手法写时事。《新唐书·杜甫传》云:"甫又善陈时事,律切精深,至千言不少衰,世号'诗史'。"

三吏三别 是对杜甫诗作《新安吏》《潼关吏》《石壕吏》《新婚别》《垂老别》《无家别》的简称,这六首诗是杜甫有计划、有安排写成的作品。中唐时期,统治者实行了惨无人道的征兵政策,杜甫目睹了这些现象,其怀着矛盾痛苦的心情,写成这六首诗作。"三吏"与"三别"表现手法不尽相同,"三吏"夹带问答叙事,"三别"通篇都是人物的独白。它们深刻写出了民间疾苦及在乱世之中身世飘荡的孤独,描述了备受战祸摧残的老百姓的困苦生活,表达了对老百姓的同情。

杜甫诗歌艺术风格

主导风格就是沉郁顿挫。

1.杜诗的感情基调是深沉悲壮。他经常写到自己的涕泗横流,如"吞声踯躅涕泪零""暮途涕泗零""涕泪落秋风"等。他反映时事的作品也透过客观写实的笔锋,字里行间贯注着深沉的忧思,形成史诗一般的悲壮氛围。

2.就抒情方式而言,杜诗最大的特点就是回转起伏。杜甫忧国忧民的深沉情感中,包含着深刻的社会关怀和理性精神。这一方面加强了杜诗感情的厚度和强度,同时也抑制着其个体不平的喷发。诗人浩歌激烈,但情到极处,不是一泄无余的爆发,而是转为深沉的叹息。另一表现是反复抒写。诗人通过反复抒写,尽情表现深沉的感情。

3.字句、篇章的结构方面,杜诗下字炼句精警深刻,格律章法曲折劲健。杜甫炼字炼句"语不惊人死不休",强化了语言的表意效果;同时他还善用倒装句,如"香稻啄余鹦鹉粒,碧梧栖老凤凰枝",给人以新奇之感。

4.波澜开阖的结构。杜诗一般都脉络清晰、层次分明,随着感情的回转起伏,形成错综跌宕的波澜,秩序井然而又变化莫测。这同样体现出杜诗沉郁顿挫的风格。

杜诗的地位与影响

1.集大成

(1)杜诗就诗歌传统而言,叙事与议论相结合,受《诗经·小雅》的影响;悲歌慷慨的格调,与《离骚》相近;缘事而发,来自乐府传统;浓烈的抒怀与细腻的感情,与建安诗歌有关。

(2)在诗的表现方法、表现形式上,杜诗叙述夹议论,有小雅的因素、赋的铺排技巧、乐府的影响和史笔的痕迹。五言古诗,集汉魏之浑朴古雅,六朝之藻丽秾纤,韶秀淡远。五七言律吸收了这两种体式发展过程中的一切经验;五律主要学杜审言。

(3)杜诗充分吸收盛唐诗人创造兴象、意境的经验,将之融入叙事的技巧里,具有意境之美。

2.开后世

(1)白居易、元稹继承了杜诗缘事而发、写民疾苦的一面,且受杜律夹叙夹议的影响。

(2)韩愈、孟郊、李贺受到杜诗的奇崛、散文化和炼字的影响。

(3)李商隐的七律得益于杜诗七律组织严密而跳跃性极大的激发。

3.思想情操方面

(1)他身上集中了中国传统文化里一些最重要的品质,即仁民爱物、忧国忧民。

(2)杜甫系念国家安危,同情生民疾苦,为历代士人所崇仰,对后世士人人格的形成有着不可估量的影响。

【拓展延伸】

1.杜甫对律诗发展的贡献

杜甫开拓了律诗的表现领域,使之成为一种无事无意不能写的成熟诗体,其在格律句法方面也做了许多可贵的探索。

(1)用律诗写时事。由于律诗篇幅短小,不适合叙事,他便用浓缩的笔法来概括时事、抒发对时事的感慨,并用组诗的形式来扩大律诗的容量,如《秋兴》八首就是用组诗写时事的典范。

(2)在律诗的声律体制方面,杜甫也下了很大的锤炼工夫。在律诗的声律、对偶、句法方面做了许多创造性的探索。

①为了表现抑郁不平的心胸,他有意突破和谐流转的平仄格律,写了十几首"拗体"七律,如《白帝城最高楼》,全诗以拗折艰涩之语,写抑郁凄苦之情。

②对偶方面,如用借对,句中对,用双声叠韵字为对等,体现了杜诗字句锤炼精工而又变化莫测的特点。

2.杜甫叙事诗的特点

在杜甫以前,文人很少写叙事事,杜甫则在诗中大量运用叙述手法,以五、七言古体写时事,即事名篇。可以说叙事技巧在杜甫手中达到了高度成熟,具体体现在以下几点:

(1)杜甫善于对现实生活作典型的艺术概括。他很善于选择和概括有典型意义的人物,通过个别反映一般。比如其通过《兵车行》中道旁过者与从军出征之人的谈话,说出了千万个征夫戍卒相似的遭遇,而"三吏""三别"更是典型概括的最好的范例。杜甫还善于把巨大的社会内容集中在一两句诗里,如"朱门酒肉臭,路有冻死骨",十分震撼人心,就因为它是诗人以如椽的诗笔,概括的现实社会中尖锐的矛盾。

（2）杜甫的诗常在叙事中融入强烈的抒情。多数的叙事诗,他其实是作为抒情诗来写的,例如《羌村三首》,记回鄜州省家事,写重逢时其如何悲喜交集,写与家人、邻里如何在这悲喜中相见,那种悲哀、同情、无可奈何,都交错在一起。可以说,杜甫将客观的真实的叙述与主观的强烈的抒情融为一体,他的一些诗,很难分出是抒情还是叙事。他的诗有时还杂以议论,融抒情、叙事、议论于一体,长篇如此,短篇也如此,既有赋的铺排、散文的句法,也有抒情诗的意境创造。杜甫的诗歌记述的是时事,反映的是历史的真实画面,而抒发的是一己情怀,这在中国诗歌史上是空前的,是诗歌表现方法的一种转变,是杜诗异于盛唐诗的地方。

（3）对话的运用和人物语言的个性化。为了把人物写得生动,杜甫吸收了汉乐府的创作经验,常常运用对话或人物独白的形式,并顾全到了人物语言的个性化。这类作品很多,如《新婚别》通过新娘子独白的形式,使我们在阅读时产生如见其人、如闻其声的感觉。

（4）采用俗语。这是杜诗语言的一大特色。杜甫在抒情的近体诗中即多用俗语,但其在叙事的古体诗中使用得更为频繁。因为这些叙事诗写的许多都是人民生活,采用一些俗语,自能增加诗的真实性和亲切感,并有助于突出人物性格和语言的个性化。比如同是一个呼唤妻子的动作,在《病后遇王倚饮赠歌》一诗中,杜甫用的是"唤妇出房亲自馔",而在《遭田父泥饮美严中丞》中,用的却是"叫妇开大瓶","叫妇"这一俗语,便显示了田父的本色。

（5）杜甫的诗叙事。其诗既叙事件经过,又着力于细部描写。这些细部描写,或写人或写物或写心情,诗人精心刻画,从细微处见真实,通过展开画面,把人引入某种氛围、某种境界。如《北征》叙写从凤翔行往鄜州省家的一路所见,诗人通过一些细节描写,从一个视角展现了广阔的历史画面。也正是这些细小的描写,使杜诗的叙事方式有别于此前的叙事诗,它从概括描写走向对具体事件的片段的描写,因写细节而更少概括描写常有的夸张,显示出更多真实感,在故事性被冲淡了的同时使生活色彩得到极大的加强,《兵车行》《羌村三首》"三吏""三别"等诗无不如此。

五、中唐诗坛

【知识点精讲】

大历诗风　指大历至贞元年间活跃于诗坛上的一批诗人的共同创作风貌。这些诗人中大多数人青少年时期是在开元太平盛世度过的,受过盛唐文化的熏陶,可安史之乱引发的近十年的空前战乱,使他们的心理状态产生了明显的变化。他们的诗,不再有李白那种非凡的自信和磅礴气势,也没有了杜甫那种反映战乱社会现实的激愤和深广情怀。尽管有少量作品存留盛唐余韵,也写民生疾苦,但大量作品表现出一种孤独寂寞的冷落心境,表达了诗人追求清雅高逸的情调。这使诗歌创作由雄浑的风骨气概转向淡远的情致,转向细致省净的意象创作,表达了诗人宁静淡泊的生活情趣,它们虽有风味而气骨顿衰,遂露出中唐面目。

大历十才子　大历,是唐代宗李豫的年号。"十才子"是指在大历年间,因在长安参加重要的唱和活动而为世人瞩目的十位诗人,初见于姚合编的《极玄集》,即李端、卢纶、吉中孚、韩翃、钱起、司空曙、苗发、崔峒、耿沣、夏侯审。他们在艺术表现上以谢朓为宗,秉承山水田园诗派的风格。主要写应酬唱和、日常生活细事、自然风物和羁旅愁思,抒发寂寞清冷的孤独情怀,表现超然世外的隐逸风调。在艺术上,以谢朓为宗,讲究格律辞藻,追求清雅闲淡,工于白描写景,技巧细腻雕琢,诗作大都写得精致工整,表现出冷落萧瑟的衰飒气象。

韩孟诗派　中唐贞元、元和时期出现在诗坛上一个重要的诗歌流派,以韩愈、孟郊、卢仝、马异、刘叉等诗人为代表,提倡诗歌的"不平则鸣"与"笔补造化",特别重视诗歌的抒情功能。同时,他们进一步发展了杜甫诗歌奇崛的一面,崇尚雄奇怪异之美,主张用夸张的语言、险怪的词语造就奇特的意境;大胆创新,以散文化的章法、句法入诗,融叙述、议论为一体。其以丑为美、雄奇怪异的写作风格对当时及后世影响巨大。代表人物还有贾岛、李贺等人。

韩孟诗派的诗歌主张

1."不平则鸣",提倡审美上的情绪宣泄,尤其是"感激怨怼"情绪的宣泄。

2."笔补造化",主张既要有创造性的诗思,又要对物象进行主观裁夺。

3.特别崇尚雄奇怪异之美。

从"不平则鸣"到裁物象、觑天巧、补造化,再到明确提出雄奇怪异的审美理想,韩孟诗派形成了一套系统的诗歌创作理论。它突破了过于重视人伦道德和温柔敦厚的传统诗教,由重诗的社会功能转向重诗的抒情特质,转向重创作主体内心的展露和艺术创造力的发挥。

韩愈(768—824)　字退之,河南河阳(今河南孟州)人。世称韩昌黎。后世有"以文为诗"之评,对宋诗影响颇大。

韩愈的诗歌特点

1. 追求异乎寻常的美。善于构造光怪震荡的境界,最典型的是《陆浑山火和皇甫湜用其韵》;以滑稽谐谑的笔调写诗,常写一些不美甚至丑恶的事物,意象怪奇,有时紧接着联系社会人生发表议论,如:"兔入臼藏蛙缩肚,桂树枯株女闭户。"把月亮写得如此丑、如此怪,在文学史上可以说是空前的。

2. 以文为诗。一是把古文的句法、章法运用于诗歌创作,以散文的章法结构诗篇,大量使用长短错落的散文句法,有意拗峭句法,使语势、节奏滞涩不畅;二是像写古文那样在诗歌中发议论,直接表述对人生、社会的看法,形成了以议论入诗的特点;三是把写赋的铺排法用于写诗,铺张罗列,浓彩涂抹。

散文化的尝试使韩愈的诗歌出现了一些违背诗歌创作规律的弊端,但同时也给他的诗歌带来了前人未有的新气象。

孟郊(751—814)　字东野,湖州武康(今浙江德清)人。有《孟东野诗集》。

孟郊诗歌特点

1. 作诗以苦吟著称,注重造句炼字,追求构思的奇特超常,形成独特的瘦硬风格。

2. 多抨击黑暗世俗,强烈表现自我悲慨和贫寒生活。同时关注社会,反映下层民众生活。写事抒情真切感人,用词造句古拙直率,颇具汉魏风貌。

3. 创造了一些以丑为美、意象险怪的诗作,创造了枯槁瘁索的境界。

郊寒岛瘦　是对中唐诗人孟郊和贾岛的称谓。孟郊一生困顿,贫寒凄苦,其诗也常道穷愁凄凉;贾岛的诗注重对字句的雕琢、推敲。因二人诗歌都清峭瘦硬,好作苦语,故有此称。苏轼便曾经提到"元轻白俗,郊寒岛瘦"。

李贺(790—816)　字长吉,福昌(今河南宜阳)人。在诗史上独树一帜,严羽《沧浪诗话》称为"李长吉体"。

李贺的写作内容

1. 多抒写对理想和现实之间巨大落差的痛苦,和怀才不遇的愤懑牢骚。

2.他的敏锐多感使他无法唱出青春颂歌,总感觉衰老将至,面对生活中美好的事物,发出迟暮的感叹,如《将进酒》。

3.幻想在仙境与冥境寻求慰藉,写仙与鬼的诗歌可以视为他的热烈激情遭遇冰冷现实冲击之后的曲折表达。

李贺诗歌的特点

他喜欢用斑驳瑰丽的色彩,编织高密度的奇诡意象,意象与意象之间往往是非逻辑的跳跃式衔接,呈现出凄艳诡激的艺术风貌。

1.李贺很少用白描,而总是浓墨重彩。他所运用的色彩大多不是明朗鲜华的自然色,而是经过奇异感觉折射的想象色,斑驳瑰丽,给人以目眩神迷的感官刺激,表现出诗人浓郁的情感。

2.意象密集而奇诡。他的诗作的每一个字都经过精心的锤炼和刻意的修饰,表现了诗人非同常人的奇异感觉。他在天才的想象之外加以苦思锤炼,所以其诗作疏朗、明快而又密实、奇诡,如著名的《李凭箜篌引》。

3.诗歌的思路和形象结构常常有大跨度的跳跃,这在他的七言乐府歌行体中表现得尤为明显。甚至在一句之内,也常有大跨度的跳跃,如《金铜仙人辞汉歌》。

4.李贺诗歌的总体风格可以用"凄艳诡激"概括。"凄"指低沉凄楚的感情基调,"艳"指斑驳瑰丽的色彩,"诡"指奇诡的意象间的组合,"激"指急骤多变的感情流程。他写得最好的诗是古体诗与乐府诗,尤其是七言。

刘柳　是指中唐诗坛的刘禹锡、柳宗元。他们交情甚笃,才华相当。二人生平多遭贬谪,诗歌内容多抒写内心的苦闷、哀怨,表现身处逆境而不肯降心辱志的执着精神。二人诗作别具独特的风貌:刘诗昂扬,柳诗沉重;刘诗外扩,柳诗内敛;刘诗气雄,柳诗骨峭;刘诗风情朗丽,柳诗淡泊简古。

刘禹锡(772—842)　字梦得,洛阳(今河南洛阳)人。其诗雅健清新,善用比兴寄托手法。他写得最好的诗歌有三种:

一是表现诗人豪强个性的感怀诗。其中包括一些情思凄楚的感怀诗,如《元和十年自朗州至京戏赠看花诸君子》;还有表现他不服老迈的兀傲精神的感怀诗,如《秋词》《酬乐天扬州初逢席上见赠》。

二是用宏大的视域洞观古今、反思历史,感慨深沉而富有哲理意味的咏史怀古诗。其中有借古讽今、讥刺现实之作,但更多的是表达人生哲理的作品,如《西塞山怀古》《金陵五题》。

三是乐府民歌风味的诗歌。他学习地方民歌的情调和手法,写了许多形象鲜明、格调清新的七绝,如《竹枝词》《杨柳枝词》等。这类诗深入浅出、雅俗共赏,富有新鲜的朝气。

柳宗元(773—819)　字子厚,河东解县(今山西运城)人,世称柳河东。与韩愈倡导古文运动,并称"韩柳"。又工诗,风格清峭,与韦应物并称"韦柳"。诗人无法摆脱抑郁酸楚的心境,他的大量诗作充满浓郁的幽清悲凉色彩,他的酬赠、感怀乃至山水田园诗中大都弥漫着或淡或浓的愁绪。他的山水田园诗有的表露出超越的意趣,如《渔翁》;而更多的流露出其寻求超越而不得的心绪,如《南涧中题》。他的作品显露出一种荒寒之境,意象偏凄冷峭厉,如残月、寒松、寒露、幽谷;色彩偏青、翠、碧等冷色调;词语多形象尖利之词,形成冷峭的风格。而有的作品则表现出诗人孤直寂寞、忧愤激切的心性情怀,闪现着深沉凝重而孤傲高洁的生命情调,如《江雪》。

刘长卿(?—约789)　字文房,宣城(今安徽宣城)人。长于五言,其诗作被称为"五言长城"。其作品多写迁谪之怨和离别之情。他善于用精工简约的白描手法写景,并通过把落寞的情思融入所写的景物中,形成一种清空秀雅的风调。一些写景的诗句,虽然视野开阔,却充满黯淡萧瑟的情调。

韦应物(约737—791)　字义博,京兆万年(今陕西西安)人。其作品多表现隐逸情怀,以及仕与隐的矛盾。其早期的部分诗作不乏昂扬开朗的人生意气,带有刚健明朗的盛唐余韵;后期诗作向往隐逸宁静,有意效法陶渊明的冲和平淡,气貌高古,清雅闲淡,自成一家之体。他的七绝中最脍炙人口的作品是《滁州西涧》。

六、白居易、元稹与元白诗派

【知识点精讲】

元白诗派　中唐以元稹、白居易为代表的诗歌流派,他们重写实、尚通俗,以讽喻时事的乐府诗著称,他们进一步发展了杜甫写时事的创作道路。他们自觉地向民歌学习,致力于通俗晓畅、指事明切的乐府诗的创作,他们除在诗歌语言通俗方面做出了巨大贡献外,还通过诗歌咏唱促进了格律技巧的纯熟。白居易的代表作有《长恨歌》《琵琶行》《新乐府》等,元稹的代表作有《乐府古题》等。

新乐府运动　在唐代诗人白居易、元稹等人倡导下开展的一场以创作新题乐府诗为中心的诗歌革新运动。"新乐府"一名,是白居易相对汉乐府而提出的,

其含义就是以自创的新的乐府题目咏写时事,故又名"新题乐府"。这类诗的特点是:自创新题,咏写时事,体现汉乐府的现实主义精神。代表作家及作品有白居易的《新乐府》五十首、《秦中吟》十首,元稹的《田家词》《织妇词》,张籍的《野老歌》,王建的《水夫谣》等。

白居易(772—846)　字乐天,晚年号香山居士。太原(今山西太原西南)人。有《白氏长庆集》。

《长恨歌》　白居易作于元和元年(806),主要根据唐明皇和杨贵妃的故事传说来结构全篇,受到佛教变文、道教仙化故事的影响和作者感情的投射,是一篇以咏叹李、杨爱情为主,充满感伤情调的"风情"诗。作者在叙事过程中一再使用想象和虚构手法,使浓烈的抒情贯穿于叙事的全过程;为情而作,使得全诗风情摇曳,生动流转,极富艺术感染力。

《琵琶行》　白居易作于元和十一年(816)江州贬所。作者通过亲身见闻,叙写了琵琶女的沦落命运,并由此关合到自己的被贬遭际,发出"同是天涯沦落人"的深沉感慨,诗情哀婉苍凉。在表现手法上,诗人通过对秋天的枫叶、荻花和三次江月的精彩描写来烘托人物感情,并通过人物的动作、神态来展示其性格、心理;用情把声和事紧紧联结在一起,声随情起,情随事迁,使诗的进程始终伴随着动人的情感力量;以精选的意象来营造恰当的氛围,烘托诗歌的意境。

白居易的诗歌题材

讽喻诗:这些诗歌都用浅近通俗的语言写成,不用乐府旧题,而是用新题写时事,文学史上把这些诗歌称为"新乐府"。其作目的在于补察时政、泄导人情。有的诗中有溢美之词,而最有价值的是写民生疾苦的作品,如《上阳白发人》《卖炭翁》。每一首诗集中写一件事、表现一个主题,主题思想非常显豁。

闲适诗:这类诗以闲适生活中的种种感受和身边琐事为表现对象。这些诗歌宣扬的知足保和的思想及超然世外的人生态度,表现了诗人在政治生活遭受打击之后寻找内在超脱的心理历程,对后世文人特别是失意文人产生了极为深远的影响。白居易还有一些抒写亲情、友情,描述自然风光的诗篇,如《钱塘湖春行》《大林寺桃花》。

感伤诗:长篇抒情诗《长恨歌》《琵琶行》,是中唐时期雅俗文学相互融合、相互渗透的产物,代表白居易诗歌艺术的最高成就,也堪称中国诗歌史上最为杰出的长篇抒情诗。

白居易的诗歌主张

由重写实、尚通俗、强调讽喻到提倡为君为民而作,白居易提出了系统的诗歌理论。

1.诗歌写得既真实可信,又浅显易懂,还便于入乐歌唱,才算达到极致。强调语言须质朴通俗,议论须直白浅露,写事须绝假纯真,形式须流利畅达,具有歌谣色彩。

2.提倡为君为民而作,即提倡"文章合为时而著,歌诗合为事而作"的创作宗旨。他主张为时为事而作,首先还是"为君"而作。他创作了大量反映民生疾苦的讽喻诗,但总体指向是"惟歌生民病,愿得天子知",因为他认为只有将民情上达,皇帝开壅蔽达人情,才能使政治趋于清明。

3.诗歌应为现实政治服务,强调其"补察时政""泄导人情"的社会功能。他认为诗歌的功能是惩恶劝善,补察时政;诗歌的手段是美刺褒贬,主张"立采诗之官,开讽刺之道";反对离开内容单纯追求宫律高、文字奇,更反对齐梁以来的艳丽诗风。

白居易讽喻诗的艺术特色

1.深刻反映下层民众的苦难生活,尖锐揭露上层达官贵人的腐化生活和欺压人民的恶行。

2.组诗《秦中吟》共十首,集中暴露了官场的腐败、权贵们的骄横奢侈及对劳苦民众的多重欺压。

3.《新乐府》五十首,是一组有明确政治目的、经过严密组织构建的系统化诗作,内容颇为广泛,涉及王化、治乱、礼乐、任贤、时风、边事、宫女等诸多方面。

4.一篇专咏一事,篇题即所咏之事,篇下小序即该篇主旨,使得诗作中心突出、意旨明确。

5.不少篇章形式灵活,多以三字句起首,后接七字句,富有民歌咏叹情调。

6.语言运用方面力避典雅的书面语,将口头语或俗语穿插其间,浅显流利,朗朗上口。

7.一些优秀诗篇善于生动地描绘人物,感情浓烈。

8.缺憾:(1)往往不惜以丧失艺术性为代价,给诗篇添加一个议论的尾巴;

(2)有些诗篇所写事件,诗人本无深感,用理念结构全篇,真情实感相对不足,写得枯燥乏味,不耐咀嚼;

（3）在语言使用上，因一意追求浅显务尽而失之直露无隐，有时一件简单的事理也要反复陈说，不够精练含蓄。

元稹（779—831） 字微之，洛阳（今河南洛阳）人。其最好的诗是悼念妻子韦丛的悼亡诗。《遣悲怀》三首（谢公最小偏怜女）是其代表作。其还有爱情诗，如《忆事》。

张籍（约767—约830） 字文昌，苏州（今江苏苏州）人。他多写民生疾苦，能够把感情融化在语调平淡的叙写中，不摆出讽喻的姿态，却有很强的讽刺力量，如《野老歌》。他的诗贴近日常生活，不务高调，不求怪异，看似平淡，而实不乏锤炼之功，如《秋思》。

王建（约767—约830） 字仲初，许州（今河南许昌）人。擅长乐府诗，与张籍齐名，世称"张王"。他的诗贴近百姓的日常生活，感同身受地体验他们的欢乐与痛苦，不言讽喻，而以声情动人，这是张王乐府胜过元白之处。

【拓展延伸】

文章合为时而著，歌诗合为事而作 这是白居易在《与元九书》中提出的文学主张，是新乐府运动的创作纲领。所谓为时为事而作，也就是白居易在《新乐府序》中说的"为君、为臣、为民、为物、为事而作，不为文而作也"。为时为事而作，首要的还是"为君"而作。他也认为"但伤民病痛，不识时忌讳"，并为此创作了大量反映民生疾苦的讽喻诗，但总体指向却是"惟歌生民病，愿得天子知"。因为他认为只有将民情启达天听，皇帝开壅蔽、达人情，政治才会趋向清明。由此可见白居易的诗歌主张是重写实、尚通俗、强调讽喻。

七、李商隐、杜牧与晚唐、五代诗坛

【知识点精讲】

李商隐（813—858） 字义山，号玉谿生，怀州河内（今河南沁阳）人。擅长七律、七绝，其诗富于文采，构思精密，情致婉曲，具有独特风格。

李商隐的诗歌类型

1.感慨深重的政治诗。他不仅继承了杜甫以律诗写时事的方法，其沉重的忧患意识、沉郁顿挫的格调也与杜甫近似，代表作品如《风雨》。

2.咏物诗。他把自己的身世之感和悲酸之情赋予无情之物，使咏物诗具有了咏怀的性质，代表作品如《流莺》。

3.咏史怀古诗。他以尖锐冷峻的讽刺见长,特别是当其将矛头指向最高统治者时,代表作品如《华清宫》。

4.无题诗。这些诗大都与爱情有关,少数篇章是别无寄托的,而大多数篇章则表现了作者比爱情更为丰富的人生体验。

李商隐诗歌的艺术特色

1.感伤的情调。

以个人感伤为主。诗人起初醉心李贺诗风,写了许多歌唱爱情的诗篇,屡次下第、被人谮毁的际遇与甘露之变后的黑暗政局使其诗作题材扩大到家国沉沦、民生疾苦。

2.诗境朦胧多义,缥缈难寻。

(1)表达方式幽微隐约、迂回曲折,善于把心灵中的朦胧图像化为恍惚迷离的诗的意象。

(2)诗中的意象多富非现实的色彩,它们被诗人心灵化,是多种体验的复合;它们往往错综跳跃,不受现实生活中时空与因果顺序限制,内涵复杂多变。

(3)大量用典,诗人着眼于原典所传达或所喻示的情思韵味,并擅长对典故的内涵加以增殖改造。

3.风格凄艳浑融,深情绵邈。

(1)其意象在色调、气息、情意指向上有其一致性。

(2)事典的巧妙组织,形式上的整齐规范,增加了诗脉的圆融畅适。

(3)诗中弥漫着寥落、伤感的复杂情绪,浓郁而深厚,使各部分得以融合、贯通,浑然一体。

4.诗歌语言华美而精于锤炼。

(1)声调和谐、虚字斡旋控驭,情调幽美,深婉精丽。

(2)致力于情思意绪的体验、把握与再现,用以状其情绪的多是一些精美之物。

杜牧(803—853)　字牧之,京兆万年(今陕西西安)人。其诗在晚唐成就颇高,其与李商隐并称"小李杜"。有《樊川文集》。

杜牧诗歌主要内容

1.诗中常有怀才不遇、抑郁不平的感慨,如《感怀诗》。追求洒脱又不能真正超越,使他的一些感怀诗篇在豪迈俊爽中流露出苍凉意味,如《齐安郡晚秋》。

2.伤春悲秋、离情别恨之作,这类诗大都写得情思凄婉、艺术风貌"轻情秀艳",如《惜春》。

3.咏史怀古诗。有的发表对历史人物与历史事件的独到见解,如《赤壁》;有些表现出冷峻的讽刺力量,如《过华清宫绝句》;更多的还是借怀古来书写人生感慨、思索人生哲理。

4.杜牧最擅长的诗体是七律和七绝,其七绝深入浅出、富有情韵,风格以清丽俊爽为主。

杜牧诗歌的艺术特色

1.主要抒写理想抱负、关心国计民生、慨叹壮志难酬,立意高远,内容充实。

2.大量创作怀古咏史诗,多抒写对历史上繁荣昌盛局面消逝的伤悼情绪;或借题发挥,表现自己的政治感慨与识见。

3.笔意超脱,在广阔远大的时空背景下展开诗境,以丽景写哀思,含思悲凄,流情感慨。

4.豪迈不羁的风格和缠绵的情思相结合,清丽俊爽而又绰约含蓄。

5.尤多七绝名篇,即景抒情中带有历史的慨叹或缥缈的幻想与追忆,含蓄蕴藉,言有尽而意无穷。

苦吟诗派 盛行于晚唐的一个诗歌创作群体,代表诗人是贾岛和姚合,在创作态度上的共同表现是苦吟。他们大多是社会上被冷落的文人,"以刻琢穷苦之言为工",他们多方面审视自己的贫穷、窘困、闲散,对情与景进行深刻挖掘与雕琢,从而创作出"清新奇僻"的诗。其诗歌内容都比较狭窄,很少反映社会问题;把力量倾注在近体诗(尤其是五律)上,着力于音律、对偶、字句的推敲锤炼;通过对情与景深刻的挖掘与琢磨,于工整中见清新奇僻。缺点是诗境狭窄,有句无篇;内容不足而一味苦吟,不免琢伤元气,减损诗美,露出小家习气。该流派对宋初的"晚唐体"和南宋的永嘉四灵、江湖诗派有深远影响。

贾岛(779—843) 字浪仙,范阳(今河北涿州)人。以五律见长,注重词句锤炼,"推敲"的典故即由其斟酌诗句"僧敲月下门"或"僧推月下门"而来。贾岛刻意苦吟,诗风与孟郊相近,都工于摹写穷愁苦寒的生活。如《客喜》《朝饥》都用奇异幽僻的联想形容自己的寒窘生活,新奇的构思完全得自苦吟。他的诗歌特点可以用苏轼评价的"郊寒岛瘦"来形容,所谓"瘦",是指通过一丝不苟的锤炼所形成的诗句的瘦硬怪异的特点。

姚合（777—843）　字大凝，陕州硖石（今河南三门峡）人。善写五律，其诗句平淡文雅，朴直中寓工巧，以幽折清峭见长。与贾岛风格相近，并称"贾姚"。他们清僻的诗境，与缺乏热情、在苦吟中寻求精神安慰的末世诗人的心态相合。

温李　指晚唐诗人温庭筠和李商隐。两人的诗在当时齐名，诗风也有近似之处，因而并称"温李"。金人元好问在《黄金行》中写道："笔头仙语复鬼语，只有温李无他人。"就二人诗歌创作的艺术成就而言，温庭筠不如李商隐，李商隐以其诗歌情调的朦胧幽美、内涵的多义性和风格的凄艳浑融，卓然而立，成为诗国开疆辟土的大家；而温庭筠的诗多在艳丽中带有浓厚的世俗乃至市井色彩，鲜明地表现出晚唐风尚。

【拓展延伸】

李商隐无题诗的特点

1. 从感情格调来看，李商隐所写的爱情诗大都是描述刻骨铭心的相思。而且他的无题诗都不是写一时一地、由某一具体事件而引起的单一的感情，诗中相思之情经过了提纯和升华，略去一切具体细节，只剩下浓郁的情思氛围，表现为深挚缠绵的感情境界，但感情的深挚和凄伤的氛围使这些诗艳而不冶、艳而不佻，如《无题》二首。

2. 曲折隐约的表现手法。他不用显直的叙事，也很少直接站出来抒情，而是将一系列精选的意象组合起来，以比喻、象征、暗示等曲折含蓄的手法传达心理活动的一些片段，代表作品如《锦瑟》。

3. 精美浑融的艺术风貌。他的"无题"之作大都是律诗或绝句，无论是意象、结构，还是声韵、节奏，都经过作者的精心锤炼，极其精美而又浑融一体。

> 注：中唐后期的诗歌走向：1. 情爱和绮艳题材增长，齐梁声色渐渐潜回唐代诗苑；2. 追求细美幽约的情致、绮艳清丽的诗风；3. 重主观、重心灵世界的表现。

八、古文运动与唐文的成就

【知识点精讲】

古文运动　唐代中期韩愈、柳宗元等人发起的一场以恢复先秦和汉代散文内容充实、长短自由、质朴流畅的传统，反对浮华文风的文学革新运动。他们所提倡的散文实际是一种新型的散文,既有所继承,又具有鲜明的个性特色和时代特点:自内容言,是明道载道,把散文引向政教之用,这和当时的政治形势有密切的关系;自形式言,是由骈体而至散体,是散文自身发展的一种要求。这是一场有目的、有理论主张、有广泛参与者并且有深远影响的文学革新。

韩愈的散文观念

1.文以明道。他认为文章应以儒家之道为本,宗法儒家经典,有裨于教化,他还明确提出道统说,指出所谓"道"的主要内涵是"仁义"。在韩愈看来,道是本、文是末。这是一种重实用、重功利的文学观念,从学术的角度说,它促进了儒学复兴的历程,成为后来新儒学(理学)的先声;从文学的角度说,它加强了文章与社会现实的联系。在当时的政治条件下,这种文学观念有一定的积极意义。

2.不平则鸣。所谓不平,是指作者的感情波澜。鸣其不平、鸣其不幸,都是强调抒发个体的感情,包括哀怨牢骚、忧愁愤懑。

"明道"说贯彻的是理性精神,以道为本,容不下个体情感;而强调"不平则鸣",则把个体情感置于关键位置,以情为本,便不必考虑它是否完全合乎儒家"道统"。这种重情的观念,是韩愈的前辈们所缺乏的。

韩愈在散文上的开拓

从形式上,韩愈主张文辞的创新。他提倡学习古文,对前人文学艺术特点要兼收并蓄,但他又不主张模仿先秦两汉散文的词句,主张"师其意,不师其辞"。

追求创新,有时难免走向怪奇,但他又主张"文从字顺各识职",认为用语应该符合语言自身的规律。提出"气盛言宜"说,所谓"气盛",一是要加强自身修养,力行仁义;二是强调作家与社会现实碰撞冲突产生的感情波澜,也就是他说的"不平则鸣"。

韩愈的文章类型

1.论说文。一类是以宣扬儒家道统为目的,以说理为主,义正词严,虽然也有现实针对性,但今天看来,它们思想陈腐,缺乏动人力量。另一类如《师说》《谏迎佛骨表》等,针对现实中的具体事件而发,排抑流俗,见解新颖,甚至一定程度上表现出锐利的思想锋芒。

2.杂文。大多不从正面立论,而是庄谐并陈,夹叙夹议,以长短不拘、灵活多变的形式,嘲讽现实,书写牢骚不平。如《进学解》。

3.史传散文。如《张中丞传后叙》。

4.赠序文。如《送李愿归盘谷序》《祭十二郎文》。

韩文中最能体现他个性的是基于入世精神与现实关注的大气磅礴的感情。韩文的主导风格是雄奇奔放。

韩愈散文的艺术成就

1.吸收骈文的优长,将整齐有力的四字句夹杂于散体文句之间,造成长短错落、音调铿锵的声情效果。

2.语言准确生动、凝练独创,时而运用或长或短的连锁句造成一气直下的浑灏气势,时而兼收前人语言和时下词语,熔铸成精警独到、别具一格的新词。

3.善用变化多端的构思方法组织文章,通过比喻、排比、细节描写来丰富文章的形象性和感染力,气势抑扬起伏,开阖照应。

4.以感激怨怼奇怪之辞,发其穷苦愁思不平之声,自我形象在波涛翻卷的情感激流和气势夺人的滔滔雄辩中得以自然展现。

柳宗元的散文观点

前期:"辅时及物",即针对现实、经世致用。这就是他所追求的道,以经世致用为道,便不需要以文来"明道"。被贬之后:提出"文以明道"的主张,但他所要明的道,仍然是针对现实,思考如何裨于时政、益于民生,这就比韩愈所要继承和重建的儒家道统更实际,也更宽泛,改变了他的前辈们空言明道的性质。

论及文章,他所取法的对象也很宽泛,主张师法古代文章的各种风格,这对于散文的发展具有更为积极的价值。

柳宗元的散文类型

1.作不平则鸣、带有一定寓言性质、讽刺和抨击黑暗现实的杂文。寓言性杂文虽然篇幅短小,却能抓住常见事物的典型特征,并加以想象和发挥,将其比况社会人生中的某些丑恶现象,形象生动,有极强的讽刺效果,代表作品如《黔之驴》。

2.其山水游记更为著名,《永州八记》是其代表作。八篇游记各记一景,描写细腻,生动传神,绝无雷同。在这些景物描写中所蕴含的感情主要是愉悦,但愉悦背后仍然深藏着悲哀。在他的笔下,明秀的美景总是被蒙上一层清冷的色调,景物描写中所蕴含的感情,也绝不是欢快和热烈。

3.传记文。有不少出色的名篇,如《童区寄传》《捕蛇者说》。

与雄奇刚健、以气势见长的韩文相比,柳宗元的散文以冷静沉着、犀利峻洁取胜,语言简洁凝练、结构缜密而曲折。

柳宗元散文的艺术成就

1.博采众长而自铸伟词,重视遣词造句和文势的营造,用字精准,文辞严格。

2.风格简古峭拔,立意精警。

3.杂文多正话反说,借问答体抒发自己被贬弃的一怀幽愤;巧借形似之物,抨击政敌和现实,语言辛辣,笔无藏锋。

4.寓言文大都结构短小,用笔精到,细节刻画非常生动,极富哲理意味。

【拓展延伸】

晚唐小品 晚唐时期,古文走向衰落,在尖锐的社会矛盾下,皮日休、陆龟蒙、罗隐等人写了大量优秀的小品文。其特点为:

1.篇幅短小精悍,"随所著立名,而无一定之体";

2.多为刺时之作,有的放矢,批判性强;

3.情感炽烈,生气贯注。

晚唐小品以其鲜明的时代特征受到后人的喜爱和称赞。

九、唐传奇与敦煌变文

【知识点精讲】

唐传奇 指唐代流行的文言小说,晚唐裴铏有小说集名《传奇》,后即以此名之。唐传奇作者大多以记、传名篇,以史家笔法传述奇闻逸事。它从六朝志怪小说发展而来,在艺术上更加成熟,且作者具有明显的创作意识,因此,唐传奇是中国古典小说成熟的标志,对后代的文学创作有较大的影响。

与前代的笔记小说相比,唐传奇有其显著特征:其一,不再是对奇闻异说的简单记录,而是在获得素材的基础上,有意识地对其加以想象、虚构。其二,改变了粗陈梗概的写法,丰富其情节,增益其波澜,叙事更为生动活泼,结构更加曲折、精巧,并且更加注重人物塑造与细节描写。其三,虽用文言,但篇幅增长,铺叙详尽,文辞华美。此外,与笔记体的客观陈述笔调不同,唐传奇大都统合着作者的感情,富有艺术感染力。

三大传奇

1.白行简的《李娃传》写荥阳生赴京应试,与名妓李娃相恋,几经波折后他们最终圆满结合。小说成功地塑造了李娃这一人物形象。

2.元稹的《莺莺传》凄婉动人地描写了莺莺与张生相见、相悦、相欢,而以张生的"始乱终弃"作结的爱情悲剧的全过程,细致地展现了莺莺具有鲜明个性特征和深刻社会内涵的典型性格,塑造了一个冲破封建礼教藩篱、争取爱情自由的叛逆女性形象。

3.蒋防的《霍小玉传》善于选择能反映人物性格和心态的典型场景,用饱含感情色彩的语言加以精细的描写和刻画,从李益与霍小玉的初会、两次立誓到李益背约、二人的最后相见,无不婉曲深细,妙笔传神。此外,其在语言运用、气氛渲染、枝节穿插等方面都颇有独到之处。

变文　简称"变",为中国唐代俗讲底本,是寺院僧侣向听众做通俗宣传的一种文体,"变"是奇异之意,因其文讲唱佛经中神的奇异之事,故称"变文"。这种文体盛行于唐代,因清光绪年间才从甘肃敦煌藏经洞发现,故又称"敦煌变文"。

以题材分,变文大体有四类:1.宗教性变文,通过佛经故事的说唱,宣传佛家基本教义,常选佛经故事中最有趣味的部分,铺陈敷衍,渲染发挥,较少受佛经的拘束。

2.讲史性变文,多以某个历史人物为主,撷取轶事趣闻,吸收民间传说,加以渲染。

3.以民间传说为题材的变文,虽假借历史人物,但所讲故事了无历史根据。

4.取材于当地当时重大事件与人物的变文,如《张议潮变文》《张淮深变文》。变文对我国通俗讲唱文学的发展有一定影响,其也是研究我国说唱文学和民间文学的重要资料。

变文的艺术特点

唐代变文作为"转变"的底本,供艺人说唱表演时使用,因其并非用于案头阅读,所以一般都比较粗糙,但还是有许多可供借鉴之处:

1.受到充满幻想的宗教艺术的启迪,佛教题材的变文以丰富离奇的想象构造出变化瑰奇的境界。其直接影响到后来的《西游记》等神魔小说。

2.取材于历史故事和民间传说的变文,往往通过发挥想象,选择一些合乎情理的细节,将所述人物放在特定的氛围之下,塑造出血肉丰满、性格鲜明的形象。

3.变文的语言,无论是口语还是浅近的骈体,都富有浓厚的生活气息,通俗易懂,且杂以俚语方言、谚语成语,其比之唐传奇更为生动活泼、流畅明快,开了宋元通俗文学特别是说唱文学的先河。

【拓展延伸】

唐传奇的发展历程

1.发展期(初唐至盛唐):此期是六朝志怪小说向唐传奇的过渡阶段,唐传奇作品数量少,艺术表现也不够成熟,内容上带有志怪痕迹。

(1)王度的《古镜记》以古镜为线,将12个小故事连缀在一起,记古镜伏妖等灵异事件。

(2)无名氏的《补江总白猿传》在人物刻画和结构安排上有了较大提高,描写也更为生动。

(3)《游仙窟》是唐传奇中字数最多的一篇,也是此期作品中艺术成就较高的一篇,诗文交错,韵散相间,于华丽的文风中杂有俚俗气息,颇具后来成熟期传奇作品的体貌。

2.繁荣期(中唐):名家名作蔚起,大部分作品产生于斯,此时期的作品重叙事、重情节,具有诗意化的特点,题材多取自现实生活,涉及面广阔,尤以爱情题材的传奇成就最高。

(1)陈玄祐的《离魂记》是传奇步入兴盛期的标志性作品。小说运用浪漫手法,幻设奇妙情节,赞扬婚姻自主,谴责背信负约,对自由爱情的主题作了突出的渲染描绘。

(2)沈既济的《任氏传》是又一爱情佳作,情节曲折丰富,对任氏形象的刻画出色,在使异类人性化、人情化方面取得了开创性的成就。

(3)李朝威的《柳毅传》写人神相恋故事,通过形神兼具的人物形象塑造和波澜起伏的情节描写,将灵怪、侠义、爱情三者成功地结合在一起,展现出奇异浪漫的色彩和清新峻逸的风神,风华悲壮,别具特色。

(4)还有一些借寓言、梦幻以讽刺社会的佳作,其中最具代表性的是沈既济的《枕中记》和李公佐的《南柯太守传》。在以历史故事为题材的传奇作品中,陈鸿的《长恨歌传》较为突出。

3.衰落期(晚唐):此期虽然作品数量仍然不少,并出现了不少传奇专集,但作品大多篇幅短小,内容单薄。

此时期出现了一批描写豪侠之士及其侠义行为的传奇作品,内容涉及扶危济困、除暴安良、快意恩仇、安邦定国等方面,突出豪侠人格的坚韧刚毅和卓荦不群、武功的出神入化、功业的惊世骇俗,展现出高蹈不羁、奔腾流走的生命情调。

诸如《甘泽谣》之《红线》、《传奇》之《聂隐娘》《昆仑奴》、《集异记》之《贾人妻》等，其中以杜光庭所作的《虬髯客传》成就最著。

十、词的兴起及晚唐五代词

【知识点精讲】

词　就是歌词，在晚唐五代及北宋时期又称"曲子词"或简称"曲子"，是一种配乐歌唱的文艺形式。在配乐歌唱这一点上，词与乐府歌辞性质相同，因此，唐五代词实际是乐府文学的一种新形式。

从艺术形式上讲，词与近体诗的差异主要有三点：

一是词按调填写而成，调有调名，如"菩萨蛮""蝶恋花""念奴娇"等，每种调的句数、每句的字数，以及押韵的位置、每字的平仄，都有一定的格式。

二是绝大多数词调的句式都是长短不齐的杂言，因而词又称"长短句"。

三是为配合乐曲的反复演唱，每种词调一般都分为上下两章，称上片、下片，或上阕、下阕，也有不分片的单调和分三片、四片的长调，但比较少见。

词于初盛唐即已在民间和部分文人中开始创作，中唐词体基本建立，晚唐以至五代，词的文人化程度不断加强，其艺术越来越趋于成熟。

敦煌词　是近代在甘肃敦煌石窟发现的唐及五代词，主要是民间词作，也有少数文人作品。这些词最早写于盛唐时期，大部分为中晚唐作品。敦煌词的题材广泛，艺术成就很不一致。其中少数优秀作品想象丰富，比喻贴切，语言通俗，生活气息浓厚，如写歌伎不幸遭遇的《望江南》《抛球乐》等。敦煌词对研究词的发展具有重要意义。

敦煌词在体制上，属粗备型体，未臻完全成熟。其字数不定，韵脚不拘，平仄通押，兼押方音，常用衬字，处于草创阶段。此外，敦煌词所咏内容，一般与词调大致相符，这种所谓"咏调名"的现象，与其后词在内容上离调愈来愈远不同，亦属词调初创时的特征。

《花间集》　是我国历史上第一部文人词总集，由后蜀赵崇祚编，收录晚唐至五代词人温庭筠、皇甫松、韦庄等18家词500首。欧阳炯作《花间集序》，指出这些词人把视野完全转向裙裾脂粉、花柳风月，写女性的姿色和生活情状，特别是她们的内心生活；在艺术上则是文采繁华、轻柔艳丽，崇尚雕饰，追求婉媚，充溢着脂香腻粉的气味，形成了缛采轻艳的花间词风。花间词的这种特点对词体文学的特征影响极大,"诗庄词媚"一说的成因即与它有很大关系。

温庭筠(约801—866) 原名岐,字飞卿,太原(今山西太原)人。词多写闺情,风格秾丽。词号花间鼻祖,以小令写柔情的婉约词传统就是由温庭筠奠定的。

温庭筠词的特点

1.站在旁观者的立场上,以观赏的态度,来描摹刻画深闺女子的容貌、体态、服饰、动作及其室内陈设,并委婉含蓄地传达她们内心的情思,如《菩萨蛮》。

2.善于运用对居处及自然环境的描写,烘托抒情的氛围,形成情景交融的审美意境,从而含蓄地传达抒情主人公的感情世界,如《更漏子》。

3.语言秾丽,而且其意象之间,还呈现出时间与空间上的跳跃,如《菩萨蛮》。

韦庄(约836—910) 字端己,长安杜陵(今陕西西安)人。与温庭筠齐名,二人合称"温韦"。他的词较温词主观抒情性更强,风格也更疏朗明快。如《思帝乡》。韦庄词的表现领域明显较温词更广阔,除男女柔情外,还涉及记游、送别、咏史等题材,尤其值得重视的是,他还有几首直接抒写个人感慨的作品,显示出五代文人词抒情性的加强。

冯延巳(903—960) 五代南唐词人。一名延嗣,字正中。他的词着力表现词人心灵中曲折幽深的情感境界,如《鹊踏枝》;他的词最大的特点是用风华流美的语言,把敏感的心灵、幽微的深情表现得鲜明如画而又委婉曲折,从而表现出情感的境界。他还善于借景抒情,用景色来烘托气氛、渲染感情,其往往可以把难状之景写得如在眼前,把难言之情写得沁人心脾,如《谒金门》。

李璟(916—961) 本名景通,改为瑶,后名璟,字伯玉,徐州(今江苏徐州)人,南唐中主。其词蕴藉含蓄,深沉动人,意境较高。他的作品以《浣溪沙》(菡萏香销翠叶残)最为著名。

李煜(937—978) 字重光,初名从嘉,号钟隐,南唐后主。他的词以亡国前后为界,分为前后两期。前期词写听歌看舞、饮酒赋诗的宫廷享乐生活,写偷情、调情的生活片段及欢乐体验,也写相思离别,题材内容与西蜀词人相近。后期词追念故国,疏泄忧愁,突破了以往词人的表现领域,字字血泪、首首精绝,代表了晚唐五代词的最高成就。

李煜词的艺术特色

王国维说:"词至李后主而眼界始大,感慨遂深,遂变伶工之词而为士大夫之词。"李煜词的艺术风貌,前期与后期有所不同,前期华贵而清越、后期朴素而沉

郁,他的词对后来词人产生了深远的影响,具体来说有以下几个方面:

1.一任真实情感倾泻,因纯情而缺少理性节制。李煜率性任情,缺乏自我反省的精神,感情一旦兴发,便不加节制。他的前期词沉溺于享乐而不能自拔,后期词沉溺于痛苦而不能自拔,这都是一任感情的奔涌,不加任何羁束。

2.李煜不但强化了词的抒情特质,而且加深、加厚了词的感情容量。亡国以后的词,既能准确表现他个人处境的凄凉,又能够在此基础上向"人生长恨"的主题进一步升华,使读者产生强烈的共鸣,如《浪淘沙令》。

3.就艺术表现而言,李煜不重修辞设色,而是洗尽铅华,以自然素朴取胜。他善用白描,无论是写景、言情,还是写人,都能用简约之笔勾勒而出,使之生动鲜活,如《捣练子令》。

4.李煜敏于感受,长于表现,善于把抽象无形的情思,化为鲜明生动的形象。他善于捕捉与特定感情紧密相关的眼前景物,又善于使用新鲜贴切的比喻,如相传为其亡国之前所作的《清平乐》(别来春半)。

5.李煜词的语言一方面自然如话,另一方面又极为警策,有很强的情感表现力。

第五章 宋、辽、金文学

第一部分 学前重点讲解

　　宋、辽、金文学,指从公元960年北宋建国,至1279年南宋灭亡,宋与辽、金政权并存时期的文学。宋代分两个历史阶段,以靖康之变、徽钦二帝被掳北国为分界点,分为北宋与南宋。北宋起于960年终于1127年,南宋起于1127年终于1279年,两宋共三百一十九年。

　　1. 宋朝文学主要涵盖了词、诗、散文、话本小说、戏曲剧本等等,其中词的创作成就最高,诗、散文次之,话本小说又次之。

　　2. 宋朝的文学作品在北宋初期秉承了晚唐风格,用词浮艳,常作唱和酬答之用。随着王禹偁关注民生,朝廷又偏重儒学,文学作家开始注重儒家说教功能,但成就不高。直到欧阳修带起的第二次古文运动,文人才以平实的语言来创作,加上作品内容多反映生活时弊,雅俗共赏,文学创作进入了高峰期。

　　宋代文学在我国文学发展史上有着特殊的重要地位,它处在一个承前启后的阶段,即处在中国文学从“雅”到“俗”的转变时期。

　　辽、金两代虽为少数民族掌握的地区政权,在文学方面亦有一些值得关注的地方。辽、金文学以其鲜明的民族特色成为中华文化的重要组成部分。

第二部分　核心考点汇总

一、北宋初期文学

【知识点精讲】

北宋初期出现了白体、晚唐体与西昆体三大诗歌流派,史称"宋初三体"。白体因师法白居易而得名,代表人物有李昉、徐铉与王禹偁。诗作内容多写流连光景的闲适生活,风格浅切清雅、平易流畅,代表作品为王禹偁的《山行》。晚唐体因师法贾岛、姚合而得名,代表人物有九僧(九位僧人的合称,其中以惠崇成就最高)、林逋与寇准。他们所作的诗,继承了贾岛、姚合反复推敲的苦吟精神,内容大多为描绘清邃幽静的山林景色和枯寂淡泊的隐逸生活,代表作品为林逋的《山园小梅》二首。西昆体是宋初诗坛上声势最盛的一派,以《西昆酬唱集》而得名。《西昆酬唱集》为杨亿编著,共收录有杨亿、刘筠、钱惟演等十七位诗人的诗。《西昆酬唱集》主要有三类题材的作品:一是怀古咏史,二是咏物,三是描写流连光景的生活内容。西昆体师法李商隐,诗作多对仗工稳,用事深密,文字华美,但缺乏真挚情感,题材狭窄,缺乏自立精神。

北宋初期在散文创作上成就较高的作家是王禹偁。他的散文言之有物,清丽疏朗,如《黄州新建小竹楼记》《待漏院记》等。宋初在散文领域提出鲜明的复古主张的,首推柳开。柳开之后,穆修等人继续倡导韩、柳的古文。姚铉则编选《唐文粹》,其文章部分摒弃骈体,专录古文。穆修的弟子,如尹洙、苏舜钦等人后来成了古文运动的中坚人物。

古文运动　唐代中叶及北宋时期以提倡古文、反对骈文为主张的文体改革运动,因同时涉及文学的思想内容,所以兼有思想运动和社会运动的性质。这一运动在中唐由韩愈、柳宗元等人发起,但它的成功实践却出现在北宋。北宋的古文运动是以复古为号召的文学革新运动,在欧阳修、王安石和"三苏"的大力倡导之下,诗人们继承了韩、柳文章的传统,使古文成为文学主流,蔚为风气。他们所提倡的散文实际是一种新型的散文,既有所继承,又具有鲜明的个性特色和时代特点。就内容言,是明道载道,把散文引向政教之用;就形式言,是由骈体而散体,体现了散文自身发展的一种要求。

二、欧阳修与北宋诗文革新

【知识点精讲】

欧阳修（1007—1072） 字永叔，号醉翁，晚号六一居士，吉州永丰（今江西吉安）人，是北宋古文运动的领袖。欧阳修博学多才，诗文创作与学术著述都成就卓著。他又是一代名臣，在政治上很有声望。他以这双重身份入主文坛，团结同道，培养后进。在当时的著名文学家中，梅尧臣与苏舜钦是他的好友；苏洵与王安石受到他的引荐；而苏轼、苏辙与曾巩更是他一手提拔的文坛新秀。欧阳修倡导的诗文革新在本质上是针对五代文风和宋初西昆体的，同时又反对险怪艰涩的"太学体"。他以散文、议论等手法入诗，诗风委婉平易。他提出了"诗穷而后工"的说法，所作的诗歌理论批评著作《六一诗话》，开文人诗话之风。他还对文与道的关系提出新的观点：

1. 儒家之道是与现实生活密切相关的。

2. 文道并重。这大大地提高了文学的地位。

他的散文以《秋声赋》为代表，内容充实，形式多样，语言简洁流畅，风格平易自然，文气纡徐委婉，有很强的感情色彩，创造了一种平易自然的美学风格，被后人称为"六一风神"，他还与唐代的韩愈、柳宗元及宋代的王安石、曾巩、苏洵、苏轼、苏辙一起，被后人称为"唐宋八大家"。

其好友北宋初期的梅尧臣与苏舜钦，并称为"苏梅"，这两人的诗作开宋诗之先。梅尧臣的诗作，题材世俗化，风格平淡，为宋诗开辟了更加贴近日常生活的题材走向，代表作品为《鲁山山行》。苏舜钦的诗作，风格雄豪奔放，多抒发强烈的政治感慨，宋诗畅尽而伤直露的特点，在他的诗中已见端倪，代表作品为《淮中晚泊犊头》。

王安石（1021—1086） 字介甫，号半山，谥"文"，封荆国公，世人又称王荆公，抚州临川（今江西抚州）人。北宋政治家、文学家、改革家。他的诗作可分早、晚两期。王安石晚期的诗风脱离了早期直截刻露的宋诗特征而独具一格，他晚期的诗歌描写细致，修辞巧妙，韵味深永，代表性作品如《书湖阴先生壁》，是写景抒情的绝句。其晚期诗以丰神远韵的风格体现出向唐诗的复归，因此人们称王诗为"王荆公体"，又称为"半山诗"或"半山绝句"。

曾巩（1019—1083） 字子固，谥"文定"，江西抚州南丰（今江西抚州）人，世称"南丰先生"。北宋文学家、史学家、政治家,曾任齐州(今山东济南)知州。他的古文长于议论且议论委曲周详,文字简练平正,结构严谨而又舒缓。代表作品为《墨池记》。

三、柳永与北宋前期诗坛

【知识点精讲】

北宋前期词发生了两点演变。第一,对五代词风的因革。词体进入晚唐五代以后渐趋成熟,确立了以小令为主的文本体式、以柔情为主的题材取向和以柔软婉丽为美的审美规范。晏殊、欧阳修的词作,主要继承的就是五代这种词风,但他们在继承中又有革新求变的一面。

晏殊(991—1055)　字同叔,北宋政治家、文学家。他以词著于文坛,尤擅小令,著作集《珠玉词》清丽淡雅,情中有思,被推为"北宋倚声家初祖",代表作品为《浣溪沙》。与其第七子晏几道并称"二晏"或"大小晏",又与欧阳修并称"晏欧"。晏殊加深了词中情感的浓度,即词中渗透着理性沉思的特质;欧阳修则扩大了词的抒情功能,改变了词的审美趣味。由此,二人被称为"晏欧词风"。第二,对词境的开拓。范仲淹的《渔家傲》沉郁苍凉,成为后来豪放词的滥觞。张先通过物影来表现景物的动态美和朦胧美。他因善写"影"而得"张三影"的美名(因"云破月来花弄影""帘压卷花影""堕絮飞无影"各有一影字而得名)。王安石的词颇具开创性。如《桂枝香·金陵怀古》,标志着词风向诗风靠拢。其中,柳永对北宋词的新变发挥了巨大的作用。

柳永(约987—约1053)　原名三变,字景庄,后改名柳永,字耆卿,因排行第七,又称柳七,崇安(今福建武夷山)人,生于沂州费县(今山东费县),北宋词人,是婉约派代表人物。他对北宋词的新变主要体现在六个方面。第一,柳永大力创作慢词,打破了唐五代以来小令一统天下的局面,使小令与长调平分秋色、齐头并进。同时,他又是创用词调最多的词人。词至柳永,体制始备。第二,柳永从创作方向上改变了词的审美内涵与审美趣味,变"雅"为"俗",着意运用通俗化的语言表现世俗化的市民生活情调。第三,在词的语言表达方式上,柳永充分运用现实生活中的日常口语与俚语。第四,在表现手法上,柳永创造性地运用了铺叙与白描的手法。第五,柳永词多表现羁旅之感,注重抒情的自我化。第六,作为第一位对宋词进行全面革新的大词人,柳永对后世影响深远。不但黄庭坚与秦观的俗词与他一脉相承,而且北宋中后期各开一派的苏轼与周邦彦的词作更是从柳词分化而出。

【拓展延伸】

1. 令、引、近、慢

唐宋词的四种体制。"令"为令曲,即小令,每片四拍。"引",本来是一个琴曲名词,宋人取唐五代小令,曼衍其声,别成新腔,名之曰引。"近",是近拍的省文。"慢",古书上写作曼,亦是延长引申的意思。引、近每片六拍,慢每片八拍。由于拍子多少不同,令词一般短小,引、近接近中调,慢词较长。但它们之间的区别,并不在字数多少,而在于音乐的节奏不同。

2. 慢词、长调、中调、小令

慢词是依慢调填写的词,字句较多。长调指长词,是从体制上划分,明代《类编草堂诗余》以九十一字以上为长调。慢词和长调虽然字句都比较多,但一着眼于曲调节奏,一着眼于体制,意义上有区别。中调是词调体式之一,因其长短适中,故名。明代《类编草堂诗余》以五十九字至九十字为中调。小令指词的短小者,《类编草堂诗余》以五十八字以内为小令。小令也指散曲体式之一,一般以一支曲子为独立单位。

四、苏轼及其文学家族

【知识点精讲】

苏轼(1037—1101) 字子瞻,一字和仲,谥"文忠",号铁冠道人、东坡居士,世称苏东坡、苏仙,眉州眉山(今四川眉山)人。他以儒学体系为根本而浸染释、道思想的人生观对他的生活态度与文学创作产生了极为深远的影响。苏轼把儒家固穷的坚毅精神、老庄轻视有限时空和物质环境的超越态度,以及禅宗以平常心对待一切变故的观念,有机结合起来,从而即使在遭受两次严重的政治迫害时依然能保持乐观旷达的人生态度。苏轼曾被分别贬谪至黄州、惠州与儋州,正是在这屡遭贬逐的逆境之中,他更深刻地理解了社会与人生,他的创作也更深刻地表现出内心情感的波澜,也正是在这种逆境之中,作为文学家的苏轼创造了他的"平生功业"。苏轼的诗、词、文既有对社会的干预又有对人生的思考。

苏轼是北宋后期元祐诗坛的代表人物,他的诗歌对仗精妙,用典精当,富有理趣,风格清远雄丽,代表作品有《题西林壁》等。继柳永之后,苏轼对词体进行了全面的改革，提高了词的文学地位，使词从音乐的附属品转变为一种独立的抒情诗体。在理论上，苏轼破除了诗尊词卑的观念，认为词为诗之苗裔，自是一家。在词风上，"以诗为词"的手法是苏轼变革词风的主要武器。所谓"以诗为词"，是将诗的表现手法移植到词中。这主要体现在用词序和用典故两个方面。

从本质上说，苏轼"以诗为词"是要突破音乐对词体的制约和束缚，把词从音乐的附属品变为一种独立的抒情诗体。在词体上，扩大词的表现功能，开拓词境是苏轼改革词体的主要方向。苏轼词中已有相当数量的作品体现出豪放的新风格。代表作品有《水调歌头·明月几时有》《江城子·乙卯正月二十日夜记梦》等。苏轼是"唐宋八大家"之一，他认为文章不仅仅是载道的工具，还具有独立的艺术价值，而所载之道亦不应限于儒家之道，而应泛载事物的规律。苏轼的散文气势雄放，语言平易自然，其善于翻新出奇，将叙事、抒情、说理完美结合。苏轼的辞赋和四六文成就也很高，代表作品有《赤壁赋》等。

苏轼在当时还注重发现和培养文学人才，许多青年作家围绕在他周围，其中成就较大的有黄庭坚、张耒、晁补之、秦观四人，此四人合称为"苏门四学士"。再加上陈师道和李廌，又合称为"苏门六君子"。黄庭坚、陈师道长于诗，秦观长于词，李廌以古文名世，张、晁则诗文并擅。

苏轼与其父苏洵、其弟苏辙并称为"三苏"。苏洵与苏辙亦擅长散文创作，其中，苏洵尤擅长政论，他的文章议论明畅，笔势雄健，代表作品有《六国论》等。苏辙擅长政论和史论，苏轼称其散文"汪洋澹泊，有一唱三叹之声，而其秀杰之气终不可没"，代表作品有《黄州快哉亭记》等。

五、黄庭坚与江西诗派

【知识点精讲】

在苏轼周围的作家中，黄庭坚的诗歌成就最为突出，他最终与苏轼齐名，二人并称"苏黄"。

黄庭坚（1045—1105）　字鲁直，号山谷道人，严羽在《沧浪诗话》中将黄庭坚的诗列为"山谷体"，其诗总体风格特征是生新瘦硬，主要艺术特点是喜欢用拗句，所谓"拗句"，主要是将律诗中的句式和平仄加以改变，有意造成一种打破平衡、和谐的效果，给人以奇峭倔强的感觉。这种刻意求奇而造拗句、作硬语的做法，是形成山谷体生新瘦硬风格的重要因素。代表作品有《寄黄几复》等。黄庭坚的山谷体诗歌是元祐时期宋诗发展到高峰期的产物。黄庭坚提倡"无一字无来处""点铁成金"和"夺胎换骨",并开创了江西诗派。

江西诗派 是宋代影响最大的一个诗歌流派,是中国历史上第一个自发且有组织、有理论宗旨的诗歌流派。宋徽宗初年,吕本中作《江西诗社宗派图》,把黄庭坚、陈师道为首的诗歌流派取名为"江西诗派",并尊黄庭坚为师派之祖,下列陈师道等二十五人。到了南宋,方回因为诗派成员多数学习杜甫,就把杜甫称为江西诗派之祖,而把黄庭坚、陈师道、陈与义三人称为诗派之"宗",提出了江西诗派的"一祖三宗"之说。江西诗派的创作主张及特色是:重视句法、喜用拗句;用典以故为新、变俗为雅;风格生新瘦硬,但兼有浏亮芊绵。吟咏书斋生活,推敲文字技巧,是江西诗派的创作倾向。其中,吕本中提出了"活法"说,所谓"活法",是主张摆脱既有的法则而自有所得。这意味着江西诗派内部的新变。江西诗派自身的演变同时也代表着北宋诗风向南宋诗风的转变。江西诗派是宋诗发展过程中的重要环节。

六、周邦彦与北宋后期诗词

【知识点精讲】

周邦彦(1057—1121) 字美成,号清真居士,宋词"婉约派"的代表词人之一。他曾与曹组、万俟咏、田为、徐伸、江汉等供职于大晟乐府,故又被称为"大晟词人"。在大晟词人中,周邦彦的成就最高。他的词作长于铺叙,其擅长使用拗句,善于融化前人诗句入词,他的词调美、律严、字工、章法严密,多抒发羁旅感伤之情。音律上做到拗怒与和谐的矛盾统一,是清真词的独创,故王国维在《清真先生遗事》中说,读清真词,"文字之外,须兼味其音律",称赞他"两宋之间,一人而已"。代表作品如《兰陵王·柳》。

婉约词派 是我国古代词人的两大流派之一。该派的特点是多以男欢女爱为题材,善于抒写委婉细腻的情思,风格含蓄蕴藉、委婉曲折。晚唐、五代以温庭筠为代表的"花间派"可谓最早的婉约词派。宋代晏殊、秦观、周邦彦、李清照、吴文英等都是婉约词派的著名词人。周邦彦是北宋婉约词集大成者。婉约词派一直延续到晚清,影响很大。

北宋后期的著名词人还有晏几道与秦观。

晏几道(1038—1110) 字叔原,号小山,有《小山词》一卷。《小山词》未离恋情相思和别恨离愁范围,但因作者经历巨变,故以"追忆"为特点。《小山词》语言精美,内核主要是"工于言情"。晏几道的独特之处在于,他在对男女相思情爱的追忆中,融入了自己的身世之感,抒发了人世无常、欢娱难再的哀愁。代表作品有《鹧鸪天·彩袖殷勤捧玉钟》等。

秦观(1049—1100)　字少游,一字太虚,号淮海居士,别号邗沟居士,著有四十卷《淮海词》,婉约派词人。他排行第七,人称秦七,与排行第九的黄庭坚一同称为"秦七黄九"。《淮海词》情感真挚,语言优雅,意境深婉,音律谐美,符合词体的本色和当时文人士大夫的审美趣味。

七、李清照与南宋前期文学

【知识点精讲】

李清照(1084—1155)　号易安居士,济南章丘人,婉约词派代表。李清照在理论上确立了词体的独特地位,提出了词"别是一家"之说。所谓"别是一家",指词是一种与诗不同的独立的抒情文体,词对音乐性和节奏感有更独特的要求。李清照以女性词人特有的细腻纤巧写闺情词而有丈夫气,创立了独具一格的"易安体"。"易安体"有很高的艺术成就,在当时广为流行,主要艺术特色有:一是用通俗易懂的文学语言和明白流畅的音律声调作词。以寻常语度入音律是"易安体"最突出的特点,李清照所作词无一字不协律,而且能"化俗为雅"。二是融入了家国兴亡的深悲巨痛,同时又不失婉约词的本色,具有凄婉悲怆的格调。三是温婉中透出刚健、洒脱。"易安体"之称始于宋人。如辛弃疾在《丑奴儿近》调下题曰:"博山道中效李易安体。"

与李清照齐名的朱淑真亦是此期一位杰出的女词人。

朱淑真(生卒年不详)　号幽栖居士,著有《断肠词》。朱淑真的词,主要是表现没有爱情的婚姻所引发的忧愁怨嗟、孤独寂寞,深层里却是她自我独特的生命体验,是一位孤立无援地与不幸婚姻抗争的才女心灵深处的呐喊和呻吟。

朱敦儒(1081—1159)　字希真,号岩壑,又称伊水老人、洛川先生。有"词俊"之名,与"诗俊"陈与义等并称为"洛中八俊"。他的词继承和发展了苏轼抒情自我化的传统,具有鲜明的自传性特点。代表作品有《鹧鸪天·西都作》等。

南渡以后,词人的创作直面苦难的社会现实,表现民族的悲剧和社会的苦难,从而加强了词的时代感和现实感,柔丽婉转的词体也变成了具有战斗性和批

判性的精神武器。张元幹的词直面山河残破的苦难现实,充满了时代感和现实感,如《贺新郎·送胡邦衡待制》。叶梦得的词虽洋溢着老当益壮的战斗豪情,但在权奸当道的社会现实中,亦充满一种被压抑感。陈与义的词表现出战乱时代普通人的种种体验,充满了漂泊感与怀旧情绪。

八、陆游与中兴四大诗人

【知识点精讲】

陆游(1125—1210)　字务观,号放翁,汉族,越州山阴(今浙江绍兴)人。陆游存诗九千多首,他的诗作内容丰富、题材多样,多爱国诗篇,充满慷慨激昂、为国立功的壮志和以身报国的牺牲精神,也反映了民生疾苦,描写了自然山水和日常生活。其诗风气势奔放、境界壮阔,以现实主义为主,也有浓厚的浪漫主义色彩。陆游擅长的诗体是七言诗,其七律尤以对仗工整而著称。他的代表诗作有《书愤》《剑门道中遇微雨》等。陆游不但在南宋诗坛上占有非常重要的地位,还对后世影响深远。

陆游与杨万里、范成大、尤袤并称为"中兴四大家"。

杨万里(1127—1206)　字廷秀,号诚斋,自号诚斋野客。因其诗自成一格,故严羽在《沧浪诗话》中称之为"杨诚斋体"。诚斋体的风格特征是活泼自然,饶有谐趣。如《小池》:"小荷才露尖尖角,早有蜻蜓立上头。"诚斋体的要素之一是诗人笔下的草木虫鱼充满生机和灵性,给诗歌带来活泼的风格;要素之二是想象奇特,语言流畅,近于口语。虽然杨万里作诗无拘无束,信手拈来,很有特色,但也产生了粗率、浅俗的缺点。

范成大(1126—1193)　字至能,一字幼元,早年自号此山居士,晚号石湖居士。谥"文穆",后世遂称其为"范文穆"。范成大的诗题材广泛,以田园诗最为突出,语言自然清新,风格温润委婉,只有少数作品风格峭拔。范成大退隐石湖期间,写了许多田园诗,其中以《四时田园杂兴》最为著名。这组诗共六十首七言绝句,每十二首为一组,分咏春日、晚春、夏日、秋日和冬日的田园生活。《四时田园杂兴》全面、真切地描写了农村生活的各种细节,使田园诗成为名副其实的反映农村生活之诗。

尤袤(1127—1194)　字延之,小字季长,号遂初居士,晚号乐溪、木石老逸民。他在当时也是著名的诗人,但他未能自成一家,作品大多已经散佚。

九、辛弃疾与辛派词人

【知识点精讲】

辛弃疾（1140—1207）　原字坦夫，后改字幼安，中年后别号稼轩，山东东路济南府历城县（今山东济南）人。豪放派词人，有"词中之龙"之称。与苏轼合称"苏辛"，与李清照并称"济南二安"。其词风格多样，多抒写爱国主义热情，他以文人词独创出"稼轩体"，确立了豪放一派，影响十分深远。

辛弃疾写词，有着自觉而明确的创作主张，即弘扬苏轼的传统，把词当作抒怀言志的"陶写之具"，用词来表现自我的行藏出处和精神世界。首先，辛弃疾的词拓展了词的意境，展现出气势豪迈的英雄形象。其次，他的词是对心灵世界的深广开拓与对社会的理性批判。再次，辛弃疾拓展词境的另一个层面是他的词对农村田园生活和隐逸情趣的表现，给词世界增添了一道极富生活气息的清新自然的乡村风景线。

辛弃疾的词在艺术上也取得了很大的成就。首先，辛弃疾以其特有的眼光观物，他可以将任何普通的景物幻化、创造成军事意象。抒情意象的军事化，是稼轩词所独具的艺术特色。其次，稼轩词在苏轼"以诗为词"的基础上，"以文为词"，将古文辞赋中常用的章法和议论、对话等手法移植于词。以文为词，既是方法的革新，也是语言的变革。稼轩独创性地用经史子等散文中的语汇入词，雅俗并收，骈散兼行。最后，稼轩词具有多样的风格：刚柔相济和亦庄亦谐。《四库全书总目》卷一九八《稼轩词提要》说："其词慷慨纵横，有不可一世之概，于倚声家为变调，而异军特起，能于剪红刻翠之外，屹然别立一宗，迄今不废。"

南渡前后，存在一些词风与辛弃疾相似或相近的作家。他们或与稼轩为同志，或追慕稼轩。他们词的主题多为抒发爱国感情，风格豪放激切，从而形成了风格相近的"辛派"。辛派词人有张孝祥、陆游、陈亮、刘过等。

张孝祥（1132—1170）　字安国，别号于湖居士，是南渡词人与中兴词人之间的过渡人物。他作诗填词以苏轼为典范而自成一家。代表作如《六州歌头·长淮望断》。

陈亮（1143—1194）　原名陈汝能，字同甫，号龙川，人称龙川先生。他的词几乎可以说是"以词为文"，风格雄放恣肆，词风与辛词相似。代表作如《水调歌头·送章德茂大卿使虏》。

刘过（1154—1206） 字改之，号龙洲道人。他有意效法稼轩，并将其词的主人公塑造成一位自傲自负又自卑自弃、狂放不羁又落魄寒酸的江湖狂士。著有《龙洲词》。

十、姜夔、吴文英与南宋后期文学

【知识点精讲】

姜夔（1154—1221） 字尧章，号白石道人。他少年孤贫，屡试不第，终生未仕，一生转徙江湖，靠卖字和朋友接济为生。他多才多艺，精通音律，能自度曲，其词格律严密。姜夔词善于从侧面着笔、虚处传神，通过使用幽冷悲凉的意象，而营造一种"清空"的意境。清人刘熙载曾用"幽韵冷香"四字来概括姜词的境界。姜夔作词，下字运意，力求醇雅。因而姜夔词被奉为雅词的典范，自成一派。至清代，浙西词派更奉姜词为圭臬。

姜夔词作还往往配有精心结撰、韵味隽永的小序。代表作品有《扬州慢·淮左名都》《暗香·旧时月色》等。史达祖，字邦卿，号梅溪，可视作姜夔的羽翼。史达祖作词既致力于炼句，也工于咏物。他最负盛名的自度曲《双双燕》堪称是咏燕的绝唱。

吴文英（约1200—约1260） 字君特，号梦窗，晚年又号觉翁。梦窗词的词境似真似梦，具有梦幻境界。词的结构错综复杂，意境迷离，类似于现代的意识流手法。词的语言生新奇异，密丽深幽。梦窗词题材较为狭窄。

成就较高的诗人除姜、吴二人外还有"宋末四大家"。此四人为王沂孙、周密、蒋捷与张炎。其中，王沂孙的成就较高。

王沂孙（？—约1290） 号碧山，又号玉笥山人，故他的词被称为"碧山词"，其中咏物词占多数。王沂孙往往于咏物词中隐晦地抒发故国之思、遗民之痛，从而使词中具有了沉郁的气质和深度。

周密（1232—约1298） 号草窗，融汇白石、梦窗两家之长，形成了典雅清丽的词风。他一方面取法姜夔，追求意趣的醇雅，另一方面与吴文英交往密切，词风也受其影响，因此与之并称"二窗"。

蒋捷（约1245—1305后） 字胜欲，世称竹山先生。其词清新舒朗、鲜明自然，以《虞美人·听雨》《一剪梅·舟过吴江》等较为著名。

张炎（1248—1314后） 字叔夏，号玉田、乐笑翁。有词集《山中白云词》。

其词风清雅疏朗,与白石相近,故与白石并称为"双白"。《解连环·孤雁》最能代表他入元后的心境和词境,为他赢得"张孤雁"的雅号。

南宋后期的诗坛以"永嘉四灵"与"江湖诗派"为代表。

"永嘉四灵"　是指南宋后期永嘉地区的四位诗人:徐照、徐玑、赵师秀和翁卷。这四人都出于叶适之门,各人的字中都带有一个"灵"字,因此叶适把他们合称为"四灵"。"四灵"作诗以贾岛、姚合为宗,以五律为主要诗体,他们的诗作多描写景色和隐逸生活,艺术上精雕细琢,玲珑雅洁。"永嘉四灵"对稍后的"江湖诗派"诗人产生了很大的影响。

南宋后期,一些没能入仕的游士,成为江湖谒客。杭州书商陈起为这些诗人刻印诗集,总称为《江湖集》。以江湖谒客为主的这些诗人就被称为江湖诗派。这是一个十分松散的作家群体。江湖诗人最擅长的题材是写景抒情,他们长于白描,他们的诗字句精丽。如叶绍翁的《游园不值》。其中,刘克庄与戴复古成就最为突出。江湖诗派的风格倾向是不满江西诗风而仿效"四灵",学习晚唐,这基本上代表着南宋后期诗坛的风尚。

此外,文天祥亦在南宋后期的诗坛上独树一帜。

文天祥(1236—1283)　初名云孙,字宋瑞,又字履善。自号浮休道人、文山。他晚期诗作的一种重要形式是"集杜诗",即把杜甫的诗句重新组合成诗。他在燕京狱中写了《集杜诗》一卷,共200首五言绝句。集句诗向来被视为文字游戏,但文天祥的集杜诗却是具有独立文学价值的创作。其情真词挚,意境完整,如出己手,写出了宋亡前后的历史过程,且掺入了诗人自己的感受。这也从侧面说明杜甫对宋末诗坛具有深刻的影响。

十一、辽金诗歌

【知识点精讲】

在契丹人的诗作中,篇幅最大且最具典型意义的莫过于《醉义歌》。此诗署为"寺公大师"作,作者当是一位僧人。原诗用契丹文写成,后由元初的耶律楚材译为汉文,今即保存于他的《湛然居士文集》中,译文为七歌行体,长达120句。此诗从重阳节饮酒入手,多方面地抒写了对人生的感慨,表示出对隐逸生活的喜爱,也表现出要以佛道思想来消解人生烦恼的意愿。此诗议论众多,结构开阖有致,脉络鲜明,是辽诗中最出色的长篇歌行。此期的著名诗人为元好问。

元好问（1190—1257）　　字裕之，号遗山，世称遗山先生。他的代表著作为《论诗绝句三十首》与《中州集》。

元好问在古代文学批评史上占有重要的地位。其《论诗绝句三十首》评论了上自汉魏下迄宋季的重要诗人及诗派，表达出重视自然天成的意境和雄放壮伟的风格的诗学主张。他的论诗绝句自身也是优美的诗歌作品。如其二和其七："曹刘坐啸虎生风，四海无人角两雄。可惜并州刘越石，不教横槊建安中。""慷慨歌谣绝不传，穹庐一曲本天然。中州万古英雄气，也到阴山敕勒川。"其堪称历代论诗中最具有艺术性的作品之一。

金亡之后，元好问为了保存金源一代的文献，编成《中州集》十卷，附《中州乐府》一卷。全书收录金代的 251 位诗人的 2026 首诗作，且每人名下各系小传，或叙生平事迹，或评所作诗文，旨在以诗存史。《中州集》不仅在文学史上具有重要的文献价值，而且是研究金代历史的宝贵史料，是元好问一生文学业绩的重要组成部分。

十二、《沧浪诗话》

【知识点精讲】

《沧浪诗话》　　是一部中国诗歌理论著作，南宋严羽著。严羽是南宋诗论家、诗人，字丹丘，一字仪卿，自号沧浪逋客，世称严沧浪。

《沧浪诗话》是宋代最负盛名、对后世影响最大的一部诗话。全书分为五门：《诗辨》提出"别材别趣"之说；《诗体》专讲中国古代诗歌发展的线索和轮廓、作家的风格和流派；《诗法》讲诗歌作法和诗的艺术特征；《诗评》主要评析宋以前的作家作品；《诗证》是对某些诗篇的作者、分段、异文等的考辨。全书系统性、理论性较强，其对诗歌的形象思维特征和艺术性方面的探讨，对中国古代诗歌的发展是有重要贡献的。

第六章　元代文学

第一部分　学前重点讲解

　　元代的历史不长,自 1271 年忽必烈将蒙古王朝改国号为大元(其时南宋尚未灭亡)算起,至 1367 年元亡,只有 96 年;自蒙古王朝灭金、统一北方到元亡,则为 133 年。

　　1.和前代文学相比,元代文学中最突出的成就在戏曲方面,后人常把"元曲"和"唐诗""宋词"并称。元曲在很大程度上成为元代文学的代表。而元代的诗、词、散文等文学形式则相对衰微。由于小说的题材大都取自人民群众所关心和熟悉的生活,同时作者多数出身于社会中下层,他们看问题、谈人论事时,也都和人民群众好恶接近,所以戏曲小说,特别是杂剧成了元代文学创作中最受欢迎的剧艺。

　　2.在元代,诗词只是在少数文人学士之间传播,散文多经世、酬世应用之作,不像戏曲小说在大庭广众的勾栏中说唱演出。

　　3.元代文学的基本特点有两个:一是叙事文学的兴盛,二是抒情文学的衰退。一般说来,元代文学中无论是占少数的诗词、古文,还是占多数的小说、散曲、杂剧、南曲戏文等等,它们中的一个共同东西,就是或多或少反映出同情民生疾苦和抗议民族压迫的忧国忧民思想。

　　总之,元代文学创作从各个方面、各种角度,全面反映了那个时代中个人的得丧悲欢和社会生活面貌。

第二部分　核心考点汇总

一、说唱艺术与诸宫调

【知识点精讲】

在宋代,"说话"分为四家,即小说、说经、讲史、合生。说经讲演佛禅道理;合生属即兴性的滑稽伎艺;小说讲述脂粉灵怪、传奇公案故事;讲史讲述前代历史、兴废争战。其中,小说、讲史属有情节有人物的叙事文学。《都城纪胜》说:"最畏小说人,盖小说者,能以一朝一代故事,顷刻间捏破。"可见话本的作者和艺人,已能运用虚构、提炼等技巧,把复杂的历史画龙点睛地加以叙述。

宋元时期说话人演讲故事所用的底本,称为话本。话本分小说、讲史两类。小说多为白话短篇,主要讲爱情故事和公案故事;讲史多用接近口语的浅近文言,初具长篇规模。宋元小说话本的体制,大体由入话(头回)、正话、结尾几部分构成。入话是小说话本的开端部分,它有时以一首或若干首诗词"起兴",往往与故事发生联系;有时先以一首诗点出故事题旨,然后叙述一个与题旨相关的小故事,其行话是"得胜头回",实则这个小故事与将要细述的故事有着某种类比关系。正话,则是话本的主体,情节曲折,细节丰富,人物形象鲜明突出。正话之后,往往以一首诗总结故事主题。宋元小说话本描写细致,生动逼真,字里行间留存说书艺人的风致,表现出叙事的口语化、声口的个性化、谈吐的市井化等特点。宋元的讲史话本,又称"平话"。

说经　其原意是演说佛书。今存的宋元说经话本,只有无名氏的《大唐三藏取经诗话》,其中有诗有话,故得此名。《取经诗话》叙述唐僧师徒往西天求请大乘佛法的故事。描述生动,情节奇异。《取经诗话》在一定程度上反映出说经话本的风貌,也反映出中土文化与印度佛教文化的交流、融会的情况。

诸宫调　一种说唱文学,主要流行于宋金时期。诸宫调由多种宫调串接而成,其间插入一定的说白,与唱词配合,叙述有人物、情节的长篇故事。南方的诸宫调主要以笛子伴奏,北方的诸宫调多以琵琶和筝伴奏,故北诸宫调也称"搊弹词"。《西厢记诸宫调》又称《董西厢》,是现存唯一完整的诸宫调作品。《董西厢》

改编自唐元稹的《会真记》，并在原作基础上做了大幅修改。其中，张生的形象与《会真记》中的大不相同；崔莺莺的形象，较之《会真记》，则显得更为鲜明丰满。它还塑造了红娘、法聪、老夫人三个人物形象。《董西厢》充分发挥了诸宫调说与唱相辅相成的特点，将叙事与抒情结合起来，语言既不太文，也不太俗，呈现出质朴奇俊的独特风格。后来王实甫的《西厢记》，在语言方面也受到它的影响。

二、杂剧与元曲四大家

【知识点精讲】

元代的戏剧，有杂剧和南戏两种类型。这两个剧种的剧本虽然也都包括曲词、宾白、科范（介）三个部分，但体制又有不同。杂剧风行于大江南北，它一般由四折组成一个剧本，演剧角色可分末、旦、净三类。在音乐上，一折只采用一个宫调，不相重复。而全剧只能由正末或正旦一人主唱，正末主唱的称"末本"，正旦主唱的称"旦本"。

元明清三代评论家对元曲四大家有不同提法，但关汉卿、白朴、马致远总是被列入四大家之内，有争议的只是王实甫与郑光祖。现一般将关汉卿、白朴、郑光祖、马致远称为"元曲四大家"。

关汉卿（约 1220—1300）　号已斋叟。所作杂剧今知有六十余种。其杂剧的类型主要有三类：第一，历史剧类，如《单刀会》《西蜀梦》；第二，爱情喜剧类，如《救风尘》《望江亭》；第三，现实悲剧类，如《窦娥冤》。《单刀会》敷演三国时关羽应鲁肃邀请到江东赴宴的故事，风格泼辣沉雄。《单刀会》在构思上很有特色：前两折戏，关羽尚未出场，但反复渲染、铺垫，先声夺人；关羽第三折才出场；第四折，关羽单刀赴会，面对着滔滔江水，他唱出了脍炙人口的《新水令》和《驻马听》。《救风尘》写赵盼儿智斗周舍，拯救妓女宋引章，颇有英豪之气。《望江亭》写谭记儿摆脱杨衙内，救出丈夫白士中。关汉卿的杂剧具有鲜明的剧场性，是名副其实的"场上之曲"。他尽量做到使剧情尽快"入戏"，注意处理戏剧冲突的节奏，注意场面的冷热调剂，张弛交替。关汉卿擅于设置悬念，其语言本色当行，自然真切。

白朴（1226—1306 以后）　或云初名恒，字仁甫、太素，号兰谷先生。其代表作是《梧桐雨》。《梧桐雨》是描写杨玉环、李隆基爱情生活和政治遭遇的历史剧。此剧的楔子写李隆基给安禄山加官晋爵；第二折写李隆基与杨玉环长生殿乞巧，海誓山盟；第三折写杨玉环自缢；第四折是全剧最精彩的部分，写李隆基追忆、惊

梦,烘托出李隆基凄楚悲凉的心境。《梧桐雨》把梧桐与杨、李的悲欢离合联系起来。梧桐的形象,包含着伤悼、孤独、寂寞的意蕴。《梧桐雨》的戏剧冲突生动跌宕,笔墨酣畅优美,而构筑的意境则深沉含蓄,具有浓重的抒情性以及醇厚的诗味。

马致远(约 1251—1321 以后)　号东篱,一说字千里,有"曲状元"之称,代表作为《汉宫秋》。《汉宫秋》以昭君出塞故事为题材,作者着重抒写在乱世中失去美好生活的困惑、悲凉的人生感受,与白朴的《梧桐雨》有异曲同工之妙。《汉宫秋》写汉元帝宠爱昭君,满朝文武却劝他割恩断爱,以美人换取和平。汉元帝身不由己,被迫舍弃昭君。马致远构拟帝王"不自由"的戏剧情境,表现其无力主宰自身命运的悲剧。该剧第四折写汉元帝对昭君的思念,传达出人生落寞、迷惘莫名的意境。剧中的王昭君,身入异邦,义不受辱,投江自尽。《汉宫秋》以"秋天"的意境作为结撰全剧的背景,突出秋的萧瑟悲凉,更使整个戏笼罩着灰暗荒漠的气氛,这又表达出作者对时代的体验和认识。

此外,马致远还创作了一些神仙道化剧。马致远的神仙道化剧吸取了全真教的思想主张,《黄粱梦》《岳阳楼》《任风子》是其依据全真道统而结撰的一组系列戏。《陈抟高卧》是马致远一部耐人寻味的神仙道化戏。剧中的主人公陈抟,指点未遇之时的赵匡胤,而当赵匡胤得了天下,陈抟便飘然引退。陈抟既有用世之意,又有避祸之心,是封建时代知识分子思想矛盾的一种反映。

郑光祖(？—1324 之前)　字德辉,其是南方戏剧圈中成就最为突出的杂剧作家。其作品今存《倩女离魂》《㑇梅香》《王粲登楼》等。元杂剧作家用同一题材作剧,后出者为次本。郑光祖的剧作即大多系翻用前人旧作而为次本。

《倩女离魂》是郑光祖的代表作。该剧本事出于唐代陈玄祐的传奇小说《离魂记》。宋代人将其改编为话本,金代人则编为诸宫调。元杂剧初期作家赵公辅有同名剧本。郑光祖的《倩女离魂》杂剧当是参照赵作及有关说唱材料改编而成的。剧本写张倩女与王文举系指腹为婚,王文举长大后,应试途经张家,欲申旧约。倩女的母亲嫌文举功名未就,不许二人成婚。文举无奈,只得独自上京应试。倩女忧思成疾,卧病在床,她的魂灵悠然离体,追赶文举,一同赴京,相伴多年。文举状元及第,衣锦还乡,携倩女回到张家。当众人疑虑之际,倩女魂魄与病躯重合为一,遂欢宴成婚。这是一个富于浪漫色彩的爱情故事。郑光祖让离魂与躯体有不同表现,给明代汤显祖《牡丹亭》的创作以有益启迪。

《倩女离魂》辞藻俊美,刻画人物细致入微。此外,郑光祖的《㑇梅香》是一部模仿《西厢记》而作的爱情剧。郑光祖的《王粲登楼》,据东汉王粲的《登楼赋》虚构而成。它的情节平淡,人物塑造一般,但曲文挺拔,颇具感人的力量。

三、乔吉与秦简夫

【知识点精讲】

乔吉(? —1345) 字梦符,号笙鹤翁,又号惺惺道人。他的代表作是《两世姻缘》。该故事本于唐范摅的《云溪友议》。主要讲述书生韦皋与洛阳名妓韩玉箫相爱的两世姻缘。剧中男女双方对爱情的追求热烈而执着,生死不渝,奇情动人。曲辞也跌宕生姿,颇多丽词佳句。此外,乔吉的《金钱记》写唐代大历十才子之一的韩翃与京兆尹王辅之女柳眉儿的爱情纠葛,《扬州梦》讲述了唐代诗人杜牧的故事。

秦简夫(生卒年不详) 是元代后期关汉卿本色一派作家的代表。杂剧今存《东堂老》《赵礼让肥》《剪发待宾》三种,其中以《东堂老》最具特色。《东堂老》写扬州富商赵国器,因儿子扬州奴不肖,忧思成疾,临终前把黄金和管教儿子的责任,交托给好友李实。李实人称“东堂老”。赵死后,扬州奴结交非人,肆意挥霍,不久即将田产荡尽,沦为乞丐,备尝生活的艰辛。东堂老看准时机,苦心教海,终于使得浪子回头。东堂老随后告诉其原委,将用赵国器所寄之金购得的赵家财产奉还,让扬州奴重振家业。《东堂老》第一次正面塑造了李实这样诚恳可信的商人形象。

四、北方戏剧圈的杂剧创作

【知识点精讲】

元代,北方地区共有四个作家群:**大都**、**真定**、**东平**、**平阳**。

大都杂剧作家包括关汉卿、马致远、王实甫等一流作家。成就较著者还有纪君祥、杨显之、石子章、王仲文等人。纪君祥的代表作为《赵氏孤儿》,该剧是一部具有浓郁悲剧色彩的剧作。剧中奸臣屠岸贾的残暴狠毒与程婴、公孙杵臼等人冒死历险、慷慨赴义的自我牺牲精神构成了尖锐激烈的戏剧冲突。《赵氏孤儿》的人物形象塑造也颇具特色。剧中正面人物性格的完成,是在剧情的展示和尖锐的矛盾冲突中加以凸显的,因而显得真实感人。《赵氏孤儿》是我国最早流传到国外的古典戏剧著作之一。杨显之的《潇湘雨》是一部以男子负心为题材的作品。石子章的《竹坞听琴》写道姑郑彩鸾与书生秦翛然的爱情故事。

河北**真定**作家群的代表作家作品主要有李文蔚的《燕青博鱼》,尚仲贤的《柳毅传书》,戴善甫的《风光好》,郑廷玉的《看钱奴》。其中,《看钱奴》是我国现存的第一部讽刺喜剧,在戏曲史上占有重要的地位。

山东作家群以**东平**人居多。康进之的《李逵负荆》主要叙述杏花村酒店东主王林之女满堂娇,被假冒宋江、鲁智深的贼人宋刚、鲁智恩抢走。李逵闻知后怒不可遏,大闹聚义堂。真相大白后,李逵向宋江负荆请罪,最后擒住贼人,使王林父女团圆。此剧成功地塑造了李逵这个农民英雄的生动形象,刻画了他戆直、天真又不无小聪明的可爱性格,写出了李逵豁达的胸怀和勇于认错的品质,多角度地展示了李逵的性格和丰富的内心世界。此剧的另一特色是喜剧手法的成功运用。从人物性格出发的误会性冲突,使此剧充溢着浓郁的喜剧气氛。高文秀的《双献功》写李逵奉宋江之命保护孙荣赴泰安进香。孙荣之妻郭念儿与白衙内有私情,白衙内遂将孙荣陷害入狱。李逵入监探视,并巧救孙荣出狱。最后李逵杀死白衙内、郭念儿,携人头回梁山献功。水浒故事中的李逵本是个粗豪莽撞的人物,然而此剧刻画了李逵性格中细心机敏的一面,给人以别开生面之感。此剧关目紧凑,曲白质朴自然,切合人物身份又富有生活气息。高文秀被时人称为“小汉卿”。在山东作家群中,李好古的《张生煮海》、武汉臣的《老生儿》亦较有特色。

山西作家群居于**平阳**,兼及太原、大同等地区。其中以石君宝、李潜夫、吴昌龄等人的创作较有特色。石君宝《秋胡戏妻》的故事源自汉代刘向《列女传》。石君宝对这个故事作了进一步加工改造,成功地塑造了勤劳、善良,具有坚贞的操守和顽强的反抗精神的劳动妇女罗梅英的艺术形象。他的《曲江池》讲述妓女李亚仙与书生郑元和的爱情故事。这个故事产生于唐代,原名《一枝花》,白行简将它改写成传奇《李娃传》,宋以后又被改为话本、唱本流传。《曲江池》无论是思想性还是艺术性都比《李娃传》大大提高了。李潜夫《灰阑记》是一出公案剧。此剧最为人称道的还是包拯断案的情节,针对两个妇女共争一个孩子的棘手案件,包拯巧设灰阑计,最后成功破案。故事不落俗套,剧情悬念丛生,有很强的戏剧性。吴昌龄是元代写西游戏最多的作家。现存《西天取经》的两个残折,我们得以窥见《西游记》小说成书之前取经故事在民间流行的情况。吴氏的作品中还保留了一些宋元习俗。如宋元说话有“说参请”一类。吴自牧《梦粱录》谓:“说参请者,谓宾主参禅悟道等事。"可知其内容为僧人师徒之间或僧俗之间参禅悟道、问难斗智。吴氏杂剧《东坡梦》所写苏东坡访佛印的情节,完整地保留了一段说参请,这是研究宋元说话艺术的宝贵资料。

五、南方戏剧圈的杂剧创作

【知识点精讲】

元世祖至元十三年(1276),元军占领南宋都城临安(今杭州),杂剧的重心遂向以杭州为中心的南方戏剧圈转移。南方戏剧圈的杂剧,大致可以分为三个发展阶段。第一阶段是元世祖至元十三年至大德(1297—1307)年间。这期间杂剧初入南方,擅风骚者是在北方已经享有盛名的作家。关汉卿在《望江亭》杂剧中插入了南戏片段,表明了这部喜剧极有可能作于南方。第二阶段为元武宗至大(1308—1311)到元文宗天历(1328—1330)、至顺(1331—1332)年间。领风骚的是郑光祖、乔吉、宫大用、秦简夫等人。这一时期的作品明显体现出南方的人文色彩,辞藻华美,对舞台性有所忽视。第三个阶段,为元顺帝朝(1331—1368)到明初,北方戏剧圈杂剧创作日见沉寂,南方戏剧圈的杂剧也萎靡不振。

杂剧体制上的缺陷,是导致它日益衰微的重要原因。南方杂剧的体制特点为一人主唱与一本四折,相比之下,南戏在体制上较杂剧更合于戏剧的本质,故其逐渐取代了杂剧,成为剧坛的主流。

六、南戏与《琵琶记》

【知识点精讲】

南戏流行于东南沿海。剧本由若干"出"组成,"出"数不做规定。曲词的宫调也没有规定。南戏角色分为生、旦、净、末、丑等,他们均可歌唱,不似杂剧只能由一人独唱到底。南戏和杂剧在唱腔上有明显的区别:杂剧曲调是北方曲调,南戏的曲调则由东南沿海的民间音乐与中原传统的音乐结合而成。北方戏剧圈以大都为中心。南方戏剧圈以杭州为中心,包括温州等东南地区。南戏产生于浙江永嘉(今温州)一带,所以又被称为"永嘉杂剧"。

早期南戏《张协状元》《宦门子弟错立身》《小孙屠》被收入《永乐大典》里,从而得以保存,人们统称为《永乐大典戏文三种》。《张协状元》是唯一完整保留下来的南宋戏文,该剧是谴责书生负心婚变的戏文。《宦门子弟错立身》写金国完颜寿马与走江湖的艺人王金榜的爱情故事。《小孙屠》是一部公案戏,揭露了官府的糊涂和吏胥的不法,最后由包公昭雪。剧中曲调出现了一支南曲间插一支北曲的"南北合套"的体制,说明南戏已注意吸收杂剧的乐曲来丰富自己。

高明(约1305—约1371) 字则诚,号菜根道人。他是著名的南戏作家,有"南戏之祖"的美誉。撰有《琵琶记》《闵子骞单衣记》(已佚)。《琵琶记》是其代表作。此剧在人物塑造上取得了较大的成功,在人物心理刻画方面的成就尤为突出。此剧成功塑造了赵五娘、蔡伯喈的形象,并注意多角度地展示人物个性和内心世界。其中,蔡伯喈的形象体现了知识分子的软弱性格和复杂心理。此剧采用双线交错发展的结构。《琵琶记》的情节沿着两条线索发展:一条写蔡伯喈离家后的件件遭遇;一条写赵五娘在家中的种种苦难。此剧交错使用本色和华丽的语言。赵五娘一线,语言本色;蔡伯喈一线,辞藻华丽。这表明作者充分注意到语言与环境、性格、心理的关系。《琵琶记》在中国戏剧史上影响深远:首先,它的双线结构成为传奇创作的固定范式;其次,它的曲律成为各家曲谱选录的主要对象;最后,该剧成为演剧的典范,成为每一个演员必须学习的入门戏本,且每一种新的戏曲声腔的兴起,往往以成功改编《琵琶记》等作品为开端。《琵琶记》实为元代剧坛之殿军,明代戏曲之先声。

元代南戏著名的作品除《琵琶记》外,还有《荆钗记》、《白兔记》(又名《刘知远白兔记》)、《拜月亭记》、《杀狗记》,后人称后四者为四大南戏,又称为"荆刘拜杀"。《荆钗记》叙王十朋和钱玉莲的夫妇之爱,情节精巧,戏剧性强,荆钗这一道具贯穿全剧。《刘知远白兔记》写刘知远全家团圆的故事,富有民间文学的特色。《拜月亭记》根据关汉卿同名杂剧改编而成的。《杀狗记》写兄弟重归于好,颂扬孝悌观念。

【拓展延伸】

1. 宫调

古代戏曲、音乐名词。近人吴梅曾解释说:"宫调者,所以限定乐器管色之高低也。"我国历代均依十二律高下的次序,定宫、商、角、徵、羽、变宫、变徵七声,它们是乐律之本。以宫声为主的调式称"宫",以其他各声为主的称"调"。以七声配十二律,可得十二宫、七十二调,共为八十四宫调。但俗乐多不全用,常用的有五宫(仙吕、南吕、中吕、黄钟、正宫)和四调(大石、双调、商调、越调),合称九宫调。元曲中一套宫调须得一定的曲牌配合,其所用曲牌大多出于金院本之大曲、唐宋词以及隋唐以来雅乐诸宫调的各曲。

2. 楔子

元杂剧在四折以外的短小的独立段落。一般用在最前面,作为剧情的开端;有时也用在折与折之间,用以衔接剧情。每本杂剧一般只用一个楔子,个别剧本也有用两个的。楔子的曲牌名多用北曲仙吕宫的《赏花时》或《端正好》。古代小说中有时也有楔子,类似话本的"入话",通常加在故事开始之前,起着引起正文的作用。

3. 宾白、科、介

"宾白"指古代戏曲剧本中的说白,是戏剧演出时须注意的各种安排的术语。徐渭在《南词叙录》中写道:"唱为主,白为宾,故曰宾白,言其明白晓畅也。"单宇《菊坡丛话》则说:"北曲中有全宾全白。两人对说曰宾,一人自说曰白。""科"又称"科范""科泛",指元杂剧剧本中关于动作、表情或其他方面的舞台指示,如笑科、打科、见科等。"介"与"科"含意相同,但一般用于南戏、传奇中。

七、元代散曲

【知识点精讲】

散曲 元人称为"乐府"或"今乐府"。散曲的体制主要有小令、套数以及介于两者之间的带过曲等。

小令 又称"叶儿",是散曲体制的基本单位。单片只曲、调短字少是其最基本的特征。但小令除了单片只曲外,还有一种联章体,又称重头小令,它由同题同调的数支小令组成,最多可达百支,用以合咏一事或分咏数事。

套数 又称"套曲""散套""大令",是由唐宋大曲、宋金诸宫调发展而来。套数的体式特征主要有三点,即它由同一宫调的若干首曲牌连缀而生,各曲同押一部韵,通常在结尾部分还有《尾声》。带过曲由同一宫调的不同曲牌组成,曲牌最多不能超过三首。带过曲是介于小令和套数之间的一种特殊体式。

散曲的艺术个性和表现手法,这主要表现在以下三个方面:第一,灵活多变、伸缩自如的句式;第二,以俗为尚和口语化、散文化的语言风格;第三,明快显豁、自然酣畅的审美取向。

以元仁宗延佑年间(1314—1320)为界,元代散曲的创作历程可分为前后两个时期。前期的创作中心在北方,后期则向南方转移。元前期散曲作家分为三类。第一类是书会才人作家,以关汉卿、王和卿为代表。第二类是平民及胥吏作家,以白朴、马致远为代表。马致远是元代创作最丰的散曲作家之一,其代表作品有脍炙人口的《天净沙·秋思》等。第三类是达官显宦作家,以卢挚、姚燧为代表。后期散曲创作成就最高的是张可久与乔吉。

后期散曲的题材内容被不断开拓,思想情调趋于感伤,追求形式美。总体而言,散曲从前期以豪放为主转变为以清丽为主。乔吉在散曲创作上与张可久齐名,有"曲中李杜"之誉。

后期散曲比较重要的作家还有张养浩、睢景臣、贯云石、徐再思等。张养浩的代表作为《潼关怀古》。睢景臣的代表作为《高祖还乡》。贯云石号酸斋,风格豪放中见清逸。徐再思号甜斋,风格婉约清丽。后人把两人的作品合辑,称《酸甜乐府》。

八、元代诗歌

【知识点精讲】

元代诗坛最值得关注的是"元诗四大家"与杨维桢。

元诗四大家　是指虞集、杨载、范梈、揭傒斯四人。四人的诗歌创作,在题材内容上大致相同,在艺术上也比较相近,皆雄浑流丽、多模往局、少创新规。"四大家"的艺术风格同中有异,各人也还有一些自己的特征。明人胡应麟评四家,说虞集"典而实"、杨载"整而健"、范梈"刻而峭"、揭傒斯"丽而新",指出四家诗风各异。"元诗四大家"中最优秀的诗人是虞集。

虞集(1272—1348)　字伯生,号道园,世称邵庵先生。他擅长律诗,他的诗作意境浑融,风格深沉。

元末最具艺术个性的诗人是杨维桢。

杨维桢(1296—1370)　字廉夫,号铁崖、铁笛道人,又号铁心道人、铁冠道人、铁龙道人、梅花道人等,晚年自号老铁、抱遗老人、东维子。他打破元代中期缺乏生气、面目雷同的诗风,追求构思的超乎寻常和意象的奇特不凡,从而创造了元代诗坛上独一无二的"铁崖体"。最能体现"铁崖体"特色的,是他的乐府诗。杨维桢的乐府诗多半是咏史、拟古之作,融汇了汉魏乐府以及李白、杜甫、李贺等人的长处,以气势雄健的奇思幻想突破了元代中期诗歌甜熟平稳的畦径,给人以石破天惊的感觉。例如《鸿门会》。"铁崖体"以雄奇飞动、充满力度感的特征,与元代中期诗风背道而驰,所以特别引人注目。然而,杨维桢有时一味求奇,其作品不免诡异晦涩。

九、《录鬼簿》

【知识点精讲】

《录鬼簿》 是元末钟嗣成撰写的戏曲史专著,此书记载了元曲作家生平事迹及其作品目录,著录作家 152 人,作品名目 400 余种,书中最早对元杂剧创作进行了时间分期,从整体上对元杂剧的发展演变做了一次系统的考察。《录鬼簿》给每个作家写有小传和悼词,对作家里籍、生平、著述做了简要介绍及评价,此书为元曲研究提供了珍贵的第一手资料。

第七章　明代文学

第一部分　学前重点讲解

　　明代文学的发展历程大致可分成两个阶段：前期作为元代文学的余波和明代中后期文学突变的准备，可以视作中国中古文学的最后阶段；嘉靖以后，文学变革迅猛异常，中国文学正式步入近古的新时代。

　　元明之际的社会动荡，形成了一股人心思治、崇拜英雄的思潮，涌现了一批精神上比较解放而且富有时代使命感的文人。文学作品在崇尚酣畅雄健的阳刚之美时，常常浸透着作家深沉的忧患意识。

　　1. 前期以《三国演义》《水浒传》的编著，南戏的中兴和宋濂、刘基、高启等诗文作家的出现为代表，文学创作领域出现了一时的繁华景象。

　　2. 明代中叶，文学逐步走出了沉寂枯滞的局面。特别是在嘉靖以后，文学很快由复苏而大踏步地向前迈进。小说方面，兴起了编著章回体通俗小说的热潮；戏曲方面，戏曲创作被推向了继元杂剧之后的又一高峰；诗文方面，不论是唐宋派、后七子，还是公安派、竟陵派等，都分别从不同的角度为文学的变革作出了努力。

　　总的说来，明代中期以后，文学急剧向着世俗化、个性化、趣味化流动，从内在精神到审美形式，都鲜明而强烈地打上了这种转变的色彩。

第二部分　核心考点汇总

一、明代前中期诗文

【知识点精讲】

明初的高启、杨基、张羽、徐贲四人均为吴人,人称"吴中四杰",以比拟"初唐四杰"。其中,高启成就最高。《四库全书总目提要》中称他为"天才高逸,实据明一代诗人之上"。

高启(1336—1374)　字季迪,号槎轩,因元末隐居吴淞青丘而自号青丘子。他的诗作多表现当时战乱生活。如《吴越纪游·过奉口战场》云"白骨横马前""前行尽空村"。高启诗中多表现出自己的生活理想和精神境界。如《青丘子歌》将自己塑造成降谪人世的"仙卿",放达孤傲,体现出强烈的个人主体意识。高启的登览怀古之作较有特点。《登金陵雨花台望大江》是其代表作。

袁凯(约 1310—?)　字景文,号海叟。其少时因赋《白燕》诗而得名,人称"袁白燕"。诗风浑厚而含蓄。有《海叟集》。

宋濂(1310—1381)　字景濂,号潜溪,被称为"开国文臣之首"。宋濂提倡"以道为文",他的文章具有简朴清雅的特点。其代表作品《王冕传》就写出了一个元末"狂士"的精神面貌。

刘基(1311—1375)　字伯温,著有《郁离子》一书。此书是刘基在元末弃官归田后所著的一部寓言散文集。书中,作者通过寓言故事的形式揭露反省现实生活中的弊端,表达愤世嫉俗的态度和拯救时弊的治世意图。如《卖柑者言》,讥讽了元末"金玉其外,败絮其中"的达官贵人。这些寓言散文吸取了先秦历史与诸子散文中寓言故事的艺术传统,形象生动、深入浅出,体裁短小活泼,文字简洁质朴。

自明永乐至成化年间,在文坛占主导地位的是"台阁体"。台阁体指以当时馆阁名臣杨士奇、杨荣、杨溥等为代表的一种文学创作风格。台阁体诗文内容贫乏,多为应制之作,题材常是"歌太平",艺术上追求平正典丽。

从成化到弘治年间,台阁体诗文创作趋向衰落与消退,这一时期对文坛有着

重要影响的是**茶陵诗派**。茶陵诗派以李东阳为首,成员有谢铎、张泰、邵宝等人。茶陵诗派的出现是对明初卑冗委琐的台阁体文学的一次冲击。李东阳提出"诗学汉唐"的复古主张,在如何学古方面,强调对法度声调的掌握,从文学本身的立场出发去探讨文学的艺术审美特征,这对当时的文坛产生了很大的影响,体现了从台阁体到前后七子的过渡。李东阳的有些作品已经摆脱了台阁体的束缚,刻画了作者个人的真情实感,表现出了更为广阔的生活视角。

前七子的主要活动时间在弘治、正德年间,故又称"弘正七子",它是一个以李梦阳为核心的文学群体,核心成员有李梦阳、何景明、王九思、边贡、康海、徐祯卿与王廷相。前七子反对台阁习气与理学风气,主张"文必秦汉、诗必盛唐"。其中,李梦阳提出文学应重视真情表现的主情论调,以为"真诗乃在民间",故前七子多重视时政题材,表现民间生活。这反映了前七子文学观念由雅向俗转变,散发出浓烈的庶民化气息。但前七子过分重视古人诗文的法度格调,这束缚了他们的创作,影响了作品中作家情感的自由流露,有"守古而尺尺寸寸之"的毛病。

明代嘉靖年间,文坛出现了以王慎中、唐顺之、茅坤、归有光为代表的文学复古流派——**唐宋派**。唐宋派推崇韩愈、曾巩等唐宋古文名家,提倡唐宋文风。王慎中、唐顺之对曾巩推崇备至,茅坤编成《唐宋八大家文钞》一书,通过选录八家之文来宣扬唐宋派的文学观点。唐宋派主张文以明道,"道"是指儒家道德原则。他们创作了许多富有文学意味的篇章,如唐顺之的《叙广右战功》。唐宋派中成就较高的首推归有光。

归有光(1507—1571) 字熙甫,又字开甫,别号震川,又号项脊生,世称"震川先生"。他的散文善于捕捉日常生活,富有感情色彩,如《先妣事略》《寒花葬志》《项脊轩志》等。

明代嘉靖中期,以李攀龙、王世贞为首的后七子重新在文坛举起了复古的大旗,其成员除李、王外,还有谢榛、吴国伦、宗臣、徐中行、梁有誉。其中,王世贞的影响最大。王世贞主张诗文创作都要重视"法",要将其落实到辞采、句法和结构中;又强调格调要"本于情实""因意见法",重视作家的思想感情在创作中的主导作用。故后七子在学古过程中对法度格调的讲究更趋于强化和具体化。他们重视"篇法""句法",对当时的唐宋派文人"惮于修辞,理胜相掩"(李攀龙《送王元美序》)的现象提出了批评。但其创作弊病也是过于重视对古体的揣度摹拟,一直难脱蹈袭的窠臼。

二、明代后期诗文

【知识点精讲】

明代后期,李贽提出了"童心说"这一文学观念。他在《童心说》中称,天下之至文皆出于童心。所谓"童心"即是"绝假纯真,最初一念之本心"。因此李贽提倡创作要保持"童心",要割断与道学的联系。"童心说"对公安派的性灵说产生了直接的影响。

在晚明文学领域,公安派是一个具有相当影响的文学派别,主要人物有袁宗道、袁宏道、袁中道三兄弟,袁宏道的影响尤为突出。他们是湖北公安人,所以人称公安派。公安派提出"性灵说"。袁宏道在《叙小修诗》中主张"独抒性灵,不拘格套",主张摆脱儒家道理的束缚。这一说法受到了李贽"童心说"的影响。公安派反对拟古蹈袭,注重有感而发、直写胸臆,如袁宏道《戏题斋壁》诗、袁中道《感怀诗》。但也有一些作品过于率直浅俗。除诗歌之外,公安派的散文创作成就也较高,这些作品是晚明小品的代表。

【拓展延伸】

晚明小品文代表了晚明散文的时代特色。小品文体制短小,不拘一格,在晚明时期趋向兴盛。晚明小品文内容题材上的一个显著特点是趋于生活化、个人化。公安派的作品具有代表性。如袁宏道的《晚游六桥待月记》,显示出作者清雅闲适的审美情调。晚明小品文的另一个特点是率真直露,注重真情实感。如张岱的《自为墓志铭》笔法坦露、王思任的《让马瑶草》词意慷慨。此外,晚明小品文对后世产生了很大的影响,如对现代作家周作人与林语堂的创作产生了较大的影响。

继公安派之后,以钟惺、谭元春为代表的竟陵派崛起于文坛。钟、谭均为湖北竟陵人,因名竟陵派。竟陵派看重向古人学习,希望能达到一种所谓"灵"而"厚"的创作境界,提出了"幽情单绪,孤行静寄"的创作要求。如钟惺《宿乌龙潭》诗。竟陵派对纠正明中期复古派拟古流弊起着一定的积极作用。但他们缩小了文学表现的视野,显示出晚明文学思潮中激进活跃精神的衰落。

崇祯初年,张溥、张采发起复社。与此同时,松江人陈子龙和夏允彝、徐孚远等创建几社,与复社彼此呼应。他们皆以"兴复古学"为宗旨。陈子龙是复社与几社文人中的重要代表。他注重复古,要求学古与求真相统一。陈子龙的创作以诗见长,他的作品具有浓烈的感情色彩,如《岁暮作》。

三、《三国演义》与历史小说

【知识点精讲】

《三国演义》（全名《三国志通俗演义》，又称《三国志演义》），是我国第一部长篇章回小说，也是历史演义小说的开山之作。所谓"历史演义"，就是用通俗的语言，将历史题材，敷演成完整的故事，表明一定的政治思想、道德观念和美学理想。罗贯中的《三国演义》为世所尚，效颦者日众，形成了创作历史演义的传统。如冯梦龙的《东周列国志》，秦淮墨客校阅、烟波钓叟参订的《杨家府演义》，褚人获的《隋唐演义》等。

《三国演义》的成书经历了一个漫长的历史过程。陈寿《三国志》和裴松之的注，为其提供了丰富的素材。隋代文艺表演中已有"三国"的节目，据杜宝《大业拾遗记》载，隋炀帝看水上杂戏，就有曹操谯水击蛟、刘备檀溪跃马等内容。李商隐有《骄儿》诗云："或谑张飞胡，或笑邓艾吃。"到晚唐，连儿童也熟悉三国的故事。宋代的"说话"艺术，已有"说三分"的专门科目和专业艺人，已有明显的尊刘贬曹的倾向。元至治年间刊印的《三国志平话》和内容大致相同的《三分事略》，其故事已粗具《三国演义》的轮廓。金元时期搬演了大量的三国戏，且拥刘反曹的倾向已十分鲜明。最后，在众多的群众传说和民间艺人创作的基础上，罗贯中创作了《三国演义》。

现存最早的刊本是明嘉靖壬午年（1522）刊刻的《三国志通俗演义》。该书24卷、240则，每则前有七言一句的小目。《李卓吾先生批评三国志》本，将240则合并为120回，回目也由单句变为双句。清康熙年间，毛纶、毛宗岗父子以李卓吾评本为基础，参考了"三国志传"本，对回目和正文进行了较大的修改、增删，作了详细的评点。毛本《三国》成为后来最流行的本子。

《三国演义》的思想内容较为丰富。首先，此书推崇"仁政"，刘备就是仁德明君的代表，与之相对的曹操则是一个残暴形象的代表。其次，此书宣扬"忠义"，关羽就是忠义的化身，被称为"义绝"。再次，此书歌颂"智勇"。诸葛亮就是智的代表，被称为"智绝"，而张飞则堪称是勇的代表。复次，此书具有明显的"拥刘反曹"倾向。最后，此书带有一种悲怆情绪。

《三国演义》的故事内容有虚有实、虚实结合。清代的章学诚则认为它是"七分事实，三分虚构"（《丙辰札记》）。此书的结构详略得当、主次分明，可归纳为五条线:以汉亡为引线,以晋国一统天下为终局,中间的主线是魏、蜀、吴三方的兴衰。这几条线,交互联络,建构成一个完整的艺术整体。此书的内容以描写战争为主,是一部"全景性军事文学"作品。此书创造了具有特征化性格的艺术典型,如关公之义、诸葛之智。此书所用的语言是"文不甚深,言不甚俗"的浅近文言,雅俗共赏,简洁明快,洋溢着阳刚之气。

【拓展延伸】

章回小说是中国古代长篇小说的主要体裁。它是在宋元讲史等话本的基础上发展而成的。它的特色是分章叙事,分回标目,每回故事相对独立,但又前后勾连,全书构成统一的整体。章回小说保存了宋元话本中开头引开场诗、结尾用散场诗的体制。正文常以"话说"两字起首,往往在情节开展的紧要关头煞尾,用一句"欲知后事如何,且听下回分解"的套语,中间又多引诗词曲赋来作场景描写或人物评赞等。明代章回小说在体制上得以定型的同时,在艺术表现方面也日趋成熟。以《三国志通俗演义》《水浒传》《西游记》《金瓶梅词话》"四大奇书"为主要标志,清晰地展示了长篇小说艺术发展的历程。

四、《水浒传》与英雄传奇小说

【知识点精讲】

施耐庵作、罗贯中编次的《水浒传》通常被称为英雄传奇,而有别于《三国演义》。这两类小说既有共同点,即主要人物和题材都有一定的历史根据,又有相异点:前者一般是从宋元小说话本中的"说公案"之类发展而来,而后者是由"讲史"话本演化而成;前者以塑造英雄人物为重点,而后者着眼于描写历史;前者的故事虚多于实,甚至主要出于虚构,后者比较注重依傍史实。这些不同也就使前者将目光移向民间日常的生活和普通的人。

《水浒传》的成书过程亦较为复杂。《水浒传》所写宋江起义的故事源于历史真实。《宋史》及其他一些史料都曾提及。从南宋起,宋江的故事就在民间广泛流传。宋末元初人龚开作《宋江三十六人赞》已完整地记录了 36 人的姓名和绰号。同时代罗烨的《醉翁谈录》,已著录了如"花和尚""武行者"等说话名目。这显然是一些独立的水浒"小说"。《大宋宣和遗事》写了杨志卖刀等,已把水浒故事连缀起来,展现了《水浒传》的原始面貌。元代出现了大批"水浒戏"。在这些作品的基础上,最终产生了长篇小说《水浒传》。

《水浒传》的版本较为复杂，有繁本与简本之别。繁本系统中，最早的是《忠义水浒传》一百卷，已佚。今存最早的百回本是康熙时补修的万历本。另有万历容与堂刊《李卓吾先生批评忠义水浒传》，也是百回本。繁本中的120回本，增加了平田虎和王庆的故事，在文字上与百回本略有不同，也附有"李卓吾"的评语，故称《李卓吾先生批评忠义水浒全传》。明末金圣叹将120回本"腰斩"成70回本，砍去了大聚义后的内容，而以卢俊义一梦作结，名为《第五才子书施耐庵水浒传》。简本是繁本的节本，现存较早而完整的简本是双峰堂刊《水浒志传评林》。

《水浒传》能娴熟地运用白话来写景、叙事、传神，是白话语体成熟的标志。《水浒传》塑造了一系列神态各异、同而不同的英雄形象。此书能将性格相近的一类人物写得各不相同，并注重多层次地刻画人物的性格。《水浒传》作者把超凡的人物放置在现实生活的背景上，注意细节真实，逼近生活；使传奇性与现实性结合起来，增强了作品的生活气息和真实感。《水浒传》的情节结构是以单线纵向进行的。上半部以人为单元，下半部则以事为顺序，连环钩锁，层层推进。前半部犹如长江的上游百川汇聚，形成主干；下半部则如长江的主流奔腾而下，直泻东海。

五、《西游记》与神怪小说

【知识点精讲】

明代后期，通俗小说领域兴起了编著神怪小说的热潮。其主要特征是尚"奇"贵"幻"，以神魔怪异为主要题材。明代神怪小说以吴承恩的《西游记》为代表，此外还包括许仲琳的《封神演义》及《西游记》的续书、仿作与节本等。

《西游记》的演化过程是将历史的真实不断地神化、幻化，最终以"幻"的形态定型。玄奘（602或600—664）取经是唐代的一个真实的历史事件，他曾奉诏口述所见所闻，并由其门徒辩机辑录成《大唐西域记》一书。早在玄奘的弟子慧立、彦悰撰写的《大唐大慈恩寺三藏法师传》中，就已经不时地出现了一些用夸张神化的笔调写就的离奇故事。唐代末年一些笔记如《独异志》《大唐新语》等，也记录了玄奘取经的神奇故事。北宋年间的《大唐三藏取经诗话》，大致勾画了《西游记》的基本框架，且书中出现了猴行者的形象。至元代，唐僧、孙悟空、猪八戒、沙僧师徒四人取经故事才渐趋定型。现一般认为，明代的吴承恩是《西游记》的最后写定者。

《西游记》在艺术表现上的最大特色，就是以诡异的想象、极度的夸张，突破时空,突破生死,突破神、人、物的界限,创造了一个光怪陆离、神异奇幻的境界。作者将奇人、奇事、奇境熔于一炉,构筑成了一个统一和谐的艺术整体,展现出一种奇幻美。这种奇幻美,看来"极幻",却又令人感到"极真"。与小说在整体上"幻"与"真"相结合的精神一致,《西游记》塑造人物形象自有其特色,即能做到物性、神性与人性的统一。如孙悟空,长得一副毛脸雷公嘴的猴相,具有机敏、乖巧、好动等习性。他神通广大,有七十二般变化的本领,但即便千变万化,却往往还会露出"红屁股"或"有尾巴"的真相。他是一只神猴,却又是人们理想中的人间英雄。他有勇有谋、无私无畏、坚忍不拔、积极乐观,而又心高气傲、争强好胜、容易冲动、爱捉弄人,具有凡人的一些弱点,乃至如信奉"一日为师,终身为父",遵守"男不与女斗"的规则,等等,其被深深地打上了社会的烙印。他是一只在神化与人化的交叉点上的石猴,是创造出来的"幻中有真"的艺术典型。此书在艺术表现上的另一个特点,就是能"以戏言寓诸幻笔",作者在中间穿插了大量的游戏笔墨,使全书充满了喜剧色彩和诙谐气氛。

六、《金瓶梅》与世情小说

【知识点精讲】

世情小说 就是以"极摹人情世态之歧,备写悲欢离合之致"(笑花主人《今古奇观序》)为主要特点的一类小说。兰陵笑笑生的《金瓶梅》是世情小说的开山之作。明清两代的世情小说,或着重写情爱婚姻,或主要叙家庭纠纷,或广阔地描绘社会生活,或专注于讥刺儒林、官场、青楼,内容丰富,色彩斑斓。

《金瓶梅》在创作上最显著的特点,就是"寄意于时俗"。所谓"时俗",就是当代的世俗社会。此书所描写的现实是家庭生活中的日常琐事,人物是生活中的平凡人物。受题材转变的影响,作品的立意也有所变化。以前的长篇小说总的立意在歌颂,它们热情歌颂了一些明君贤臣和英雄豪杰,直接宣扬了某种理想和精神。《金瓶梅》则立意在暴露。作者用冷静、客观的笔触,描绘了人间的假、丑、恶。《金瓶梅》的这种立意和笔法,在后世的《儒林外史》《官场现形记》等小说中有所继承和发展。《金瓶梅》比之《三国演义》《水浒传》等从"说话"的基础上发展起来的小说,在塑造人物形象方面也迈进了新的一步。这首先表现在小说描写的重心开始从讲故事向写人物转移。另一大进步是注意多色调、立体化地刻画人物的性格。以往长篇小说中的人物性格一般是单色调、特征化的,而在《金瓶

梅》中,更多的形象就像生活中的人物一样有恶有善,色彩斑驳。《金瓶梅》从说话体小说向阅读型小说的过渡,也反映在其文章结构从线性结构向网状结构的转变上。《金瓶梅》的语言多用"市井之常谈,闺房之碎语",在口语化、俚俗化方面做出了可贵的尝试。中国古代的小说,从文言到白话是一大转折。此书大量吸取了市民中流行的方言、行话、谚语、歇后语等等,并将它们熔铸成一篇市井的文字,此书的语言是在富有地方色彩的家常口头语上提炼出来的文学语言。

【拓展延伸】

《金瓶梅》最早的续书名《玉娇李》(或作《玉娇丽》)。明末遗民丁耀亢曾作有《续金瓶梅》。《金瓶梅》以后的世情小说主要有两大流派,一派是以才子佳人的故事和家庭生活为题材来描摹世态的,另一派是以社会生活为题材、用讥刺笔法来暴露社会黑暗的。前者以《红楼梦》为代表,后者以《儒林外史》为代表。

七、"三言二拍"与话本小说

【知识点精讲】

现知最早的话本小说总集是嘉靖年间洪楩编刊的《清平山堂话本》。原书分《雨窗》《长灯》《随航》《欹枕》《解闲》《醒梦》六集,每集上下二卷,每卷五篇,故又称《六十家小说》。今仅残存 29 篇。学者一般认为它们基本上保存了宋元明以来的一些话本小说的原貌,有较高的研究价值。继《清平山堂话本》之后,万历年间书商熊龙峰也刊印了一批话本小说,今仅存四种,名为《熊龙峰刊四种小说》。

明中叶以后,随着话本小说的流行,一些文人在润色、加工宋元明旧篇的同时,开始有意识地模仿"话本小说"的样式而独立创作一些新的小说。这类白话短篇小说有人称之为"拟话本"。一般将"三言"之后的白话短篇小说都归属于"拟话本"一类。

"三言"是明代冯梦龙编著的《喻世明言》《警世通言》《醒世恒言》三部小说集的总称。《喻世明言》亦称《古今小说》,但"古今小说"实为"三言"的通称。"三言"每集 40 篇,共 120 篇。"三言"包容了旧本的汇辑和新著的创作,是经过文人的整理加工到文人进行独立创作的开始。它"极摹人情世态之歧,备写悲欢离合之致",是宋元明三代最重要的一部白话短篇小说的总集。"三言"的出现,标志着古代白话短篇小说整理和创作高潮的到来。

在"三言"的影响下,凌濛初编著了《初刻拍案惊奇》和《二刻拍案惊奇》,人称"二拍"。"二拍"与"三言"不同,基本上都是个人创作。它已经是一部个人的白话小说创作专集,标志着中国短篇小说的创作进入了一个新的阶段。

至明末,有署"姑苏抱瓮老人"者,见"三言"与"二拍"共200种,"卷帙浩繁,观览难周"(笑花主人《今古奇观序》),故从中选取40种成《今古奇观》。后三百年中,它成为一部流传最广的白话短篇小说的选本。

"三言""二拍"的艺术成就主要有三点。首先是其将平凡的故事写得曲折工巧,即在日常题材、平凡故事中显示出小说的传奇性。这种艺术,被称为"无奇之所以为奇"。为了达到这种目的,书中采取了以下手法:第一,在表现上常常采用巧合误会的手法,把情节弄得迷离恍惚,波澜起伏。例如《十五贯戏言成巧祸》。第二,为了使情节巧妙多变,作者运用一些"小道具"贯穿始终,使整个故事既结构完整,又波澜迭起。如《蒋兴哥重会珍珠衫》中的珍珠衫。第三,作者将悲剧性与喜剧性的情节交互穿插,创造了一种"奇趣",这也是"三言""二拍"常用的手法。如《玉堂春落难逢夫》。其次是细致入微的写心艺术。中国古代的小说不大习惯于直接描摹人物的心理活动,而在"三言"中,则可比较多地看到生动、细致的心理描写。再次是体式和语言的变化。冯梦龙在加工、编写"三言"的过程中,实际上已经超越了说话人的话本模式,而重塑了一种专供普通人案头阅读的、名为白话短篇小说的文体,使作品语言更加通俗贴切。

八、明代戏曲

【知识点精讲】

明代戏曲包括杂剧和传奇戏曲,它们分别在金元杂剧和宋元南戏的基础上发展衍化而来。

徐渭(1521—1593)   初字文清,后改字文长,号青藤老人、青藤道士等,明杂剧的代表作家。他的代表作为《四声猿》与《南词叙录》。《四声猿》语出于郦道元《水经注》中的"猿鸣三声泪沾裳",鸣四声则更属断肠之歌。王骥德《曲律》称其"是天地间一种奇绝文字"。作为一组杂剧,《四声猿》包括了《狂鼓史》《玉禅师》《雌木兰》《女状元》四本短戏。《狂鼓史》和《玉禅师》是对黑暗政权和虚伪神权的猛烈抨击和尽情戏弄。《雌木兰》和《女状元》是对女性的赞歌,也是对人才遭埋没的惋惜与哀叹。徐渭的杂剧创作活泼畅快,嬉笑怒骂,开辟了讽刺杂剧的新路。他又精通声律,《女状元》杂剧全用南曲,也具备开创意义。《南词叙录》一书,一般认为是徐渭所作,这是第一部研究宋元南戏和明初戏文的专著,对传奇作家们也产生过极大的鼓舞作用。

"传奇"最早特指唐代的短篇文言小说,宋代话本小说中也有"传奇"一类,但元末明初的学者们也有人将元杂剧称为"传奇",原因之一在于许多唐传奇都曾被元杂剧改编成剧本,而大部分杂剧也都带有浓郁的传奇色彩。自从宋元南戏在明代被规格化、文雅化、声腔化和全国化之后,传奇便渐渐成为不包括杂剧在内的明清中长篇戏剧的总称。

明初百余种传奇中,较少受道学气和八股味污染的有《精忠记》《金印记》《千金记》《别姬》《连环记》等知名剧作。姚茂良的《精忠记》讴歌了抗金名将岳飞的爱国精神。苏复之的《金印记》写苏秦拜相前后的人情冷暖。沈采的《千金记》以韩信为主线,描摹楚汉相争。《别姬》是一出非常动人的情感戏。王济的《连环记》演王允施美人计。

明代传奇在嘉靖时期成为剧坛上的主流艺术,出现了被称为"明代中期三大传奇"的《宝剑记》《浣纱记》和《鸣凤记》。李开先的《宝剑记》取材于小说《水浒传》,写林冲落草的故事。梁辰鱼的《浣纱记》叙述了范蠡与西施的悲剧。署名王世贞的《鸣凤记》铺陈当朝首辅严嵩的罪恶,是几乎与时事同步的政治活报剧,其是传奇作品中时事戏的先锋。《鸣凤记》一直到明末还盛演不衰,以致出现了如侯方域《马伶传》中所载的严嵩扮演专家李伶和马伶。

【拓展延伸】

从明初到嘉靖前夕约两个世纪内,在南方的众多地方声腔中,弋阳腔、余姚腔、海盐腔、昆山腔脱颖而出,流播广远。嘉靖中叶时,魏良辅推进了昆山腔的发展。新昆腔体制全备,成为四大声腔中声势最大的一种。嘉靖后的大多数传奇剧本都是为昆腔而作或者尽量向昆腔靠拢,昆腔传奇从此树立了权威和示范的地位。梁辰鱼的《浣纱记》是第一部用改革后的昆山腔谱曲并演出的传奇剧本。

明代后期传奇的代表作品有高濂的《玉簪记》、孙钟龄的《东郭记》及周朝俊的《红梅记》。爱情喜剧《玉簪记》将潘必正与陈妙常的恋爱故事作为全剧主体情节。孙钟龄所作的《东郭记》和《醉乡记》,合称为《白雪楼二种曲》。《东郭记》撷取《孟子》中"齐人有一妻一妾"的故事,再汇之以王欢、淳于髡、陈仲子等人的事迹衍化而成。《红梅记》由两条爱情线索交织而成:一条线叙裴舜卿与卢昭容的婚恋关系,另一条线则写李慧娘与裴舜卿的生死之爱。

明代后期,随着传奇的不断繁荣,出现了吴江派与临川派两大竞争流派。吴江派以沈璟为代表。沈璟后半生以"词隐生"自署,进行了长达 20 年的戏曲创作和研究,他一共改编创作了 17 本昆剧,这些作品合称为《属玉堂传奇》。其剧作中影响较大的剧目是《义侠记》。该剧根据《水浒传》中的武松故事改编。沈璟的曲学主张在思想倾向上偏于保守,倡导封建伦理道德。其曲论要点有二:一是推崇"本色论",强调语言的通俗自然;二是推崇"声律论",极度讲究声律,因律害意也在所不惜。吴江派主要昆曲作家有余姚人吕天成和叶宪祖、苏州人冯梦龙和袁于令、上海人范文若、嘉兴人卜世臣、吴江人沈自晋等。

吕天成的《曲品》是继《南词叙录》之后第二部著录和评论明代传奇的专书。沈璟和汤显祖,在书中被并列为上上品。对于"沈汤之争",他提出:"倘能守词隐先生之矩矱,而运以清远道人之才情,岂非合之双美者乎?"这是十分公允的评判。王骥德的《曲律》则是明代最重要的曲学理论成果,是关于中国戏曲创作规律的比较系统的总结。关于"沈汤之争",《曲律》也同样作了公允而完整的总结。

戏曲史上将师法汤显祖的剧作家们称为"临川派"或者"玉茗堂派"。临川派以男女至情反对封建礼教,以奇幻之事承载浪漫风格,以绮词丽语体现无边文采。受汤显祖影响最深、成就也最大的应数孟称舜。《娇红记》是孟称舜的代表作,该剧源于宋梅洞的《娇红传》小说和刘东生的《娇红记》杂剧。此外,吴炳所作传奇有《西园记》《绿牡丹》《疗妒羹》《情邮记》《画中人》,合称"粲花斋五种曲"。阮大铖所作传奇《春灯谜》《燕子笺》《双金榜》和《牟尼合》,合称"石巢四种"。从文采斐然、辞情华赡上看,阮大铖确实是在竭力追步汤显祖。

九、汤显祖与《牡丹亭》

【知识点精讲】

汤显祖(1550—1616)　江西临川人,字义仍,号海若、若士、清远道人。他创作的《牡丹亭》《南柯记》《邯郸记》《紫钗记》,合称为"临川四梦"或"玉茗堂四梦"。《紫钗记》主要以唐传奇《霍小玉传》为本事,也借鉴了《大宋宣和遗事》中的部分情节,着重塑造了霍小玉和黄衫客两个令人敬重的人物形象。《南柯记》取材于唐传奇《南柯太守传》。《邯郸记》本事源于唐沈既济的传奇《枕中记》。从题材内容上看,《紫钗记》和《牡丹亭》属于儿女风情戏,《南柯记》和《邯郸记》属于官场现形戏或曰政治问题戏。从哲学主张和理想皈依上看,汤显祖的风情戏时刻高举真情、至情的旗帜,而政治戏则反映出矫情、无情的可憎可恶。汤显祖的传奇完整地展示了他的"至情"论。"至情"论主要源于泰州学派，其渗透着佛道的"因缘"思想，这大致表现在三个方面：从宏观上看，世界是有情世界，人生是有情人生；从程度上看，有情人生的最高境界是"至情"；从途径上看，最有效的"至情"感悟方式是借戏剧之道来表达。

汤显祖认为自己"一生'四梦'，得意处唯在《牡丹》"。他以《杜丽娘慕色还魂》话本为蓝本创作出了代表作《牡丹亭》，并成功塑造了杜丽娘这一人物形象。杜丽娘的性格经历了三度发展：杜丽娘在昏然梦幻中，经由花神的引点，得到了书生柳梦梅的抚爱，由千金小姐变为深情女郎，这是杜丽娘性格的第一度发展；杜丽娘为情而死，为情而复生，与柳梦梅成婚，这是杜丽娘性格的第二度发展与升华；杜丽娘性格的第三度发展表现在对历经劫难、终得团圆之胜利成果的保护与捍卫。《牡丹亭》在艺术上呈现出浪漫主义的绚丽色彩。奇幻与现实的紧密结合，强烈的主观精神追求，浓郁的抒情场面，典雅绚丽的曲文铺排，都体现出《牡丹亭》较为典型的浪漫主义风格和多重艺术魅力。此外，《牡丹亭》又是一部兼悲剧、喜剧、趣剧和闹剧因素于一体的复合戏。悲喜交融、彼此映衬的戏曲风格，正是其富有中国戏曲特色的浪漫精神的具体呈现。

十、词曲与民歌

【知识点精讲】

明朝的散曲，初期的代表作为朱有燉的散曲集《诚斋乐府》。中期，散曲创作开始走向兴盛，像北方的王九思、康海，南方的王磐、陈铎等人，都是当时具有代表性的作家。王九思和康海分别有散曲集《碧山乐府》《沜东乐府》。王磐有散曲集《王西楼乐府》。陈铎有《秋碧乐府》《梨云寄傲》《滑稽余韵》等。嘉靖年间以来，散曲创作进一步繁荣，金銮、冯惟敏、梁辰鱼、施绍莘等都是当时较有成就的人物。冯惟敏有散曲集《海浮山堂词稿》。金銮有《萧爽斋乐府》。梁辰鱼有散曲集《江东白苎》。施绍莘有散曲集《秋水庵花影集》。

明代民歌在文学史上有着重要的地位。明代晚期，冯梦龙编辑了两部民歌专集《童痴一弄·挂枝儿》和《童痴二弄·山歌》。这两部民歌专集在明代通俗文学发展史上具有重要地位，其内容与艺术形式大致体现出这样几个特点：一是描绘世情俗态；二是歌咏爱情生活；三是形象刻画、语言运用等艺术手法的使用。这显示出明代民歌创作技巧越来越趋于成熟。

第八章　清代文学

第一部分　学前重点讲解

　　清代是中国最后一个封建王朝，中国文学历史悠久，到清代已经经过数度变迁，产生数度形态各异的辉煌成就，有着丰厚而多彩的历史积累。社会的和文化的种种背景，造就了有清一代文学独具的历史特征。

　　清代文学较之以往各代异常繁富，甚至可谓驳杂。原因一方面是元明以来新出现的小说、戏曲，入清之后依然蓬勃发展，另一方面是元明以来已经呈现弱势的诗、古文，乃至已经衰落下来屈居于陪衬地位的词、骈文，入清之后又重新振兴起来。举凡以往各代曾经盛行过、辉煌过的文学样式，它们大都在清代文坛上占有一席之地。各类文体大都拥有众多的作者，这些作者写出了大量的作品，数量之多超过以往各代，包括它们盛行的那个时代。各类文体曾经有过的类型、作法，出现过的风格，清代作者也大都承袭下来。有人学习效法，也有人另辟蹊径，相当多的作者达到了很高的造诣，写出了许多优秀的乃至堪称珍品的传世之作。

　　郭绍虞在其《中国文学批评史》中论及清代学术时说："即以文学论文，周、秦以子称，楚人以骚称，汉人以赋称，魏、晋六朝以骈文称，唐人以诗称，宋人以词称,元人以曲称,明人以小说或制艺称,至于清代的文学则于上述各种中间,或于上述各种之外,没有一种足以代表清代的文学,却也没有一种不成为清代的文学。盖由清代文学而言,也是包罗万象兼有以前各代的特点的。"

清代文学可以说是以往各类文体之总汇,呈现出一种蔚为大观的集大成的景象。

第二部分 核心考点汇总

一、清代诗坛

【知识点精讲】

清初诗坛以遗民诗人为主力。遗民诗歌的代表人物是以气节高尚而被后世敬仰的顾炎武、王夫之、黄宗羲三大学者。他们三人各有特点:顾炎武学习杜甫,王夫之受楚辞影响较大,黄宗羲受宋诗影响较大。

屈大均在清初影响颇大,和陈恭尹、梁佩兰号称"岭南三大家"。屈大均的诗歌是其心灵历程的写照,他以屈原后代自居,学屈原兼学李白、杜甫,诗歌奔放纵横,激荡昂扬,于雄壮中飞腾驰骋,豪气勃勃,在遗民中乃至整个诗界独树一帜。陈恭尹擅长七律,梁佩兰诗多写景,其七古苍凉伉爽。

清初诗坛沿袭明季余绪,云间派、虞山派、娄东派鼎足而三,后虞山派和娄东派因钱谦益和吴伟业主领,出现了新的局面,进而影响进一步扩大。钱谦益在明朝所著《初学集》中的诗歌痛心内忧外患,如《狱中杂诗三十首》。其入清后的诗歌除了悲悼明朝、反对清廷和恢复故国的主调外,还弥漫着"羁囚"哀音。如《有学集》中的《书梅村艳诗后四首》等,哀感顽艳,沉郁苍楚;《后秋兴》(结集时题名《投笔集》)诗,为郑成功反清复明的胜利唱起嘹亮的凯歌;《投笔集》笼罩了沉郁悲凉的情调,表现出"不成悲泣不成歌"的愤慨。钱谦益提倡性情、世运、学养三者并举。其主张转益多师,兼采唐宋,对确立有清一代诗风,起了"开导先路"的作用。他的代表作品《后秋兴》是大型的七律组诗,十三组诗浑然一体,连叠杜诗原韵,无斧凿凑韵之痕,显示出其炉火纯青的艺术造诣。受钱谦益的影响,在其家乡常熟产生了虞山诗派，主要成员有冯舒、冯班、钱曾、钱陆灿等。

清初吴伟业以唐诗为宗，尤所擅长七言歌行。他在继承元稹与白居易歌行体诗的基础上，辅以初唐四杰的藻采缤纷，温庭筠、李商隐的风情韵味，融合明代传奇曲折变化的戏剧性，自成一种具有艺术个性的叙事诗体——"梅村体"（梅村乃吴伟业的号）。梅村体的题材、格式、语言、情调、风格、韵味等具有相对稳定的规范，其以表现故国怆怀和身世荣辱为主，《圆圆曲》是"梅村体"的代表作。该曲情节波澜曲折，富于传奇色彩。其中的"恸哭六军俱缟素，冲冠一怒为红颜"，精警隽永，成了传颂千古的名句。吴伟业歌行成绩突出，誉满当世，影响深远。清末王闿运《圆明园词》、王国维《颐和园词》等，都是"梅村体"的遗响。

钱谦益去世后，王士禛成为一代正宗。他论诗以神韵为宗。所谓神韵，是要求诗歌具有含蓄深蕴、言尽意不尽的特点。他对清幽淡远、不可凑泊而富有诗情画意的诗特别推崇，唐代王维、孟浩然的诗正是其创作的典范。王士禛的诗歌创作，早年从明七子入手，"中岁事两宋"，晚年又转而宗唐，但风神独绝的神韵诗占了主流，尤其是"山水清音"，冲和淡远，风致清新。如《秦淮杂诗》《再过露筋祠》等。而其入蜀使粤诗的变异，则是王士禛宗宋的反映和结果。如《登白帝城》声情悲壮，风格接近杜甫。

康熙时期的诗坛上，朱彝尊和王士禛并称"南朱北王"，施闰章、宋琬并称"南施北宋"，四人由明入清，在新朝应举仕进，统领诗坛。朱彝尊的成就主要在词，诗也卓然名家，被尊为浙派开山祖。他的诗以学力、辞藻见长，用笔雄健，叹息故国沦亡，感慨民生疾苦。施闰章宗法唐人，工于五言，其诗格调平缓，风格空灵淡泊。宋琬擅写七言诗，其诗多伤时叹世之感，风格雄深磊落。

清中叶，沈德潜论诗尊唐抑宋，主张雄浑阔大的风格。他原本叶燮，提出了"格调说"。所谓"格调说"，就是用唐诗的格调去表现封建政治和伦理思想，实际上是让诗歌为封建政治和伦理道德服务。为达此目的，沈德潜认为诗歌在表现上要恢复儒家"温柔敦厚""忠正和平"的诗教传统，并用唐诗的格调将这种意图落到实处。为此，他以唐人为楷式，以古诗为源头，选辑《古诗源》《唐诗别裁集》《明诗别裁集》等，树立了学习的范本，影响颇大。

翁方纲认为王士禛"神韵说"的问题在于空泛，沈德潜"格调说"的毛病在于食古不化，所以他主张"为学必以考证为准，为诗必以肌理为准"，从而提出了"肌理说"（"肌理"二字源于杜甫《丽人行》"肌理细腻骨肉匀"之句）。所谓"肌理说"

包括以儒学经典为基础的"义理"和结构辞章方面的"文理"。翁方纲的肌理说实际上就是要求以学问为根底,以考证来充实诗歌内容.使义理和文理统一,融辞章、义理、考据为一,从而弥补"神韵""格调"等说法的不足。袁枚批评他是"错把抄书当作诗"(《仿元遗山论诗绝句》)。

清乾隆时期,袁枚宣扬性情至上,标举"性灵说",与沈德潜、翁方纲的格调说和肌理说相抗衡,影响甚大,形成了性灵派。"性灵",其含义包括性情、个性和诗才。性情是诗歌的第一要素,诗生于情,性情是诗的本源和灵魂,而这种性情要表现出诗人的独特个性。同时,在艺术构思中,还要做到灵机与才气、天分与学识结合并重。袁枚作诗具有感情奔放、议论新颖、笔调活泼、语言晓畅、句法灵巧等特点,代表作品为《马嵬》。

与袁枚并称"乾隆三大家"的是赵翼和蒋士铨。赵翼论文崇性灵,更重创新。属于性灵派,和"乾隆三大家"对称的"后三家"是舒位、王昙和孙原湘。其中舒位、王昙是龚自珍的先导,后者对其影响更为直接。

二、清代词坛

【知识点精讲】

清初词坛,流派纷纭,高潮迭现,出现了以陈维崧为首的阳羡词派、朱彝尊为首的浙西词派和独树一帜的著名满族词人纳兰性德,纳兰性德又与曹贞吉、顾贞观合称"京华三绝"。

陈维崧(1625—1682) 字其年,号迦陵。他学习苏、辛,使豪放词大放异彩,平生词作有一千八百余首,居古今词人之冠。以豪情抒悲愤,是陈词的风格特征。他的名词《醉落魄·咏鹰》咏物言志,抒发壮志难酬的悲壮襟怀。陈维崧在唐宋之后异军突起,成为清词的一面旗帜,他集结万树、蒋景祁、史唯园、陈维岳等大批阳羡派词人,为词的振兴做出了重要的贡献。

朱彝尊(1629—1709) 字锡鬯,号竹垞。他是浙西词派开创者,与李良年、李符、沈皞日、沈岸登、龚翔麟号为"浙西六家",和陈维崧并称"朱陈"。他推尊词体,崇尚醇雅,宗法南宋,以姜夔、张炎为圭臬,还与汪森辑录《词综》,推衍词学宗趣和主张。其情词为世称颂,独具风韵,如《桂殿秋》情致深婉,是情词的佳作。《卖花声·雨花台》感慨物是人非,精警有力。朱彝尊的论词主张和词作受到浙西词家的认同,后来龚翔遴选朱彝尊、李良年等及他本人的词为《浙西六家词》,

遂有"浙西词派"之名。厉鹗继承了朱彝尊的主张,认为以周邦彦、姜夔为代表的清婉秀丽词风胜过以辛弃疾为代表的慷慨豪放词风,与朱彝尊所不同的是,他的词中孤寂冷峭的情调更为突出。

纳兰性德(1655—1685)　叶赫那拉氏,字容若,号楞伽山人。哀郁凄婉的情调,贯穿了他的全部词作。纳兰论词主情,崇尚入微有致。爱情是其词作的重要题材。如《山花子》写梦见亡妻,透露出无限哀伤。他吸收李清照、秦观的婉约特色,铸造出个人的独特风格。况周颐把他推到"国初第一词人"的位置。

常州派发轫于嘉庆初年,由常州词人张惠言所开创。张惠言是古文"阳湖三家"之一,他与兄弟张琦合编《词选》,开宗立派。他主张尊词体,倡导比兴寄托和"深美闳约"。他的《茗柯词》语言凝练,词旨隐约。常州派至周济(1781—1839)发扬光大,蔚为宗派。周济以艺术审美眼光推尊词体,突出词的"史"性和与时代盛衰相关的政治感慨;对词的比兴寄托,从创作与接受角度上,阐明词"非寄托不入"和"专寄托不出"。在正变理论上,周济以"宋四家"周邦彦、辛弃疾、吴文英、王沂孙为学词途径,使学周邦彦、吴文英成了时尚,笼盖晚清时期的词坛。

三、清代文章

【知识点精讲】

散文在清初回到了讲求"载道"的唐宋古文传统上。写作文学散文的有被称为"清初三大家"的侯方域、魏禧和汪琬。侯方域的影响最大,他的散文继承韩、欧传统,融入小说笔法,流畅恣肆,委曲详尽,被推为第一,代表作品有《马伶传》《李姬传》。魏禧以观点卓越、析理透辟见长,《大铁椎传》是其名篇。汪琬写人状物笔墨生动,代表作品为《周忠介公遗事》。"清初三大家"是桐城派的嚆矢。

桐城派在康熙年间由安徽桐城人方苞开创,后由同乡刘大櫆、姚鼐等继承发展。他们在散文理论上前后相承,发展了明代"唐宋派"的散文传统,形成了清代影响最大的散文派别。

桐城派先驱戴名世,主张为文以"精、气、神"为主。桐城派的开山祖师是方苞,他继承了归有光"唐宋派"的古文传统,提出了古文的"义法"说。所谓"义即《易》之所谓'言有物',法即《易》之所谓'言有序'"(《又书货殖传后》),合起来说是言之有物而文有条理。"义"指文章的内容,"法"指文章的作法,义决定法,而法则体现义。他讲文章作法,用语典雅、古朴简约,适应清统治者"清真古雅"的衡文要求。"义法"说成了桐城派遵奉的论文纲领。方苞最著名的古文是《左忠毅公逸事》。

刘大櫆上承方苞、下启姚鼐，是桐城派"三祖"之一。他对方苞的古文理论作了进一步的补充。他认为"义理、书卷、经济者"，是"行文之实"，是文章的内容，而"神、气、音节者"，是写作方法与技巧。他又提出"因声求气"说，主张由音节以求声气。

到了姚鼐，对方苞、刘大櫆的古文理论又有进一步的发挥和补充。他认为只有把"义理""考据""词章"合而为一，才能写出好文章。他又认为"神、理、气、味者，文之精也；格律声色者，文之粗也"。其主张把属于思想内容范畴的"神、理、气、味"和属于语言表现艺术范畴的"格、律、声、色"统一起来。姚鼐建立了一个完整的散文理论，这比刘大櫆又大大进了一步。他纂辑《古文辞类纂》，以 13 类体裁选辑 700 余篇自战国、秦汉、唐宋八大家到归有光、方苞、刘大櫆的古文，以为示范，确立古代散文发展的"正宗"文统，被桐城古文家奉为圭臬，影响甚广。姚鼐的古文以韵味胜，偏于阴柔，其《登泰山记》颇有文采。

桐城派以"义法"为基础，发展成具有严密体系的古文理论，形成纵贯清代文坛的文派。姚鼐之后的管同、梅曾亮、方东树、姚莹被称为姚门"四大弟子"，梅曾亮在姚鼐后"最为大师"，方东树继续鼓吹"义法"理论，使桐城派声势更甚。许多"文宗桐城者"并非都是桐城人，其规模之大，持续时间之久，为我国文学史所少见。

桐城派分支是阳湖派，代表人物恽敬和张惠言均为阳湖（今江苏武进）人。他们专志古文，不愿受桐城文论束缚，于是他们在本于六经之外，兼收子史百家、六朝辞赋，以博雅放纵取胜。恽敬《游庐山记》等，比"正统"古文要恣肆不拘，富有辞采。

在散文呈现繁荣局面的同时，骈文也显示出复兴的迹象。作为一种讲究俪偶和典实的文体，骈文繁盛于六朝时期，唐、宋经历了两次古文运动，散文占据上风，骈文逐渐衰落。入清后，随着文化界复古趋势的增强、学术界注重考据风气的推助，骈文于是再度兴起。清代吴鼒选辑袁枚、邵齐焘、刘星炜、孙星衍、吴锡麒、洪亮吉、曾燠和孔广森八人骈文为《国朝八家四六文钞》。与洪亮吉并称"汪洪"的汪中，在整个清代的骈文作家里，公认是成就最高的一位。汪中的《哀盐船文》是骈文中的绝作。

李兆洛与恽敬、张惠言合称"阳湖三家"。他主张骈散并行,编有《骈体文钞》一书,有与姚鼐《古文辞类纂》一争高低之意。该书共分 32 类,选录了战国至隋代李兆洛自己认为属于骈体范围的 774 篇文章。此书在骈文选集中流行较广,影响也大。李兆洛把有些散文也当作骈文看,具有扬骈抑散的倾向。他对桐城派后学兼采骈文之长,重视诸子百家文章,产生了启迪和影响。

四、清代戏曲与《长生殿》《桃花扇》

【知识点精讲】

以李玉为代表的苏州剧作家大都跨越明清两代,代表作家还有朱素臣、朱佐朝、叶雉斐、毕魏、丘园等。他们剧作的基本倾向、风格大体一致,多取材于"三言"和其他历史传说故事,他们把戏剧结构放到了重要位置,以增强作品的戏剧性。明清易代使他们创作出了许多历史剧。朱素臣最著名的是《十五贯》。李玉早年的剧作以《一捧雪》《人兽关》《永团圆》《占花魁》为最著,称为"一人永占"。《一捧雪》脱胎于严嵩构陷王抒的故事;《人兽关》谴责忘恩负义;《永团圆》演一个嫌贫爱富的故事;《占花魁》演《醒世恒言》里《卖油郎独占花魁》的故事。李玉晚期的代表作是《清忠谱》,苏州剧作家群的主要人物都参与了此剧的创作。《清忠谱》表现的是晚明天启年间魏忠贤阉党迫害东林党人周顺昌等人,引发了苏州市民暴动的政治事件。《清忠谱》将纷繁的历史事件经过艺术的选择、提炼,着意于表现人物的性格、精神,构成了谨严有序、形象鲜明又有激情贯注的艺术世界。

清初剧作家李渔擅写风情趣剧。李渔作剧 10 种,总题《笠翁十种曲》。《风筝误》是李渔的代表作。

洪昇(1645—1704)　字昉思,号稗畦,又号稗村、南屏樵者,与《桃花扇》作者孔尚任并称为"南洪北孔",代表作为《长生殿》。《长生殿》演的是天宝遗事,即唐明皇与杨贵妃的历史故事,它是洪昇在继承白居易诗(《长恨歌》)和白朴剧(《梧桐雨》)的内容和意蕴的基础上,加以改编而成。《长生殿》长达 50 出,以唐明皇和杨贵妃的故事为主线,以朝政军国之事为副线,脉络清晰,紧凑自然。《长生殿》前一部分是写实,是爱情的悲剧,后一部分是写幻,是鼓吹真情。从结构上说,两者是对立的,但又是互相依存的。《长生殿》结构细密,场面安排上轻重、冷热、庄谐参错,都是出于匠心经营,从而将传奇剧的创作推向了艺术的新高度。《长生殿》上半部表现出尊史重真的精神,塑造出具有高度艺术真实的宠妃的形

象。《长生殿》以精神的"长生"消解了现实的"长恨",表现出对至真之情的崇尚,重新弘扬晚明尚情的思想,前人称《长生殿》是一部"热闹的《牡丹亭》"(《长生殿·例言》引语),便是就此说的。《长生殿》的曲文清丽流畅,叙事简洁,写景如画。

孔尚任（1648—1718）　字聘之,又字季重,号东塘,别号岸堂,自称云亭山人,山东曲阜人,代表作为《桃花扇》。《桃花扇》是一部最接近历史真实的历史剧。孔尚任在创作中采取了证实求信的原则,全剧以清流文人侯方域和秦淮名妓李香君的离合之情为线索,展示弘光小王朝兴亡的历史面目。《桃花扇》中塑造了几个社会下层人物的形象,最突出的是妓女李香君和艺人柳敬亭、苏昆生。《桃花扇》在艺术构思上是非常成功的,孔尚任在力求遵守历史真实的原则下,独具匠心地选择用侯方域和李香君的离合之情连带显示弘光小王朝的兴亡之迹。全剧从一开始便将儿女之情与兴亡之迹紧紧结合在了一起,弘光小朝廷覆灭后,侯、李二人重聚,双双入道,表现的是二人儿女之情的幻灭,以及国家的灭亡。弘光小王朝的兴亡始末,被艺术地再现了出来。《桃花扇》创作的成功还表现在人物形象众多,但大都人各一面,性格不一,即便是同一类人也不雷同。《桃花扇》在清代传奇中是一部思想和艺术达到完美结合的杰出作品。

蒋士铨（1725—1785）　字清容、苕生,号藏园。作有杂剧、传奇十六种,均存。其剧作以《红雪楼九种曲》(又名《藏园九种曲》)最有名,犹以《桂林霜》《冬青树》《临川梦》三种受人重视。《冬青树》取材于文天祥以身殉国的史料;《桂林霜》歌颂忠义气节;《临川梦》写汤显祖的主要生平事迹。

桂馥（1736—1805）　字冬卉,号未谷。其代表作品为杂剧《后四声猿》,包括四个短剧:《放杨枝》《投溷中》《谒府帅》《题园壁》。这四个短剧分别以白居易、李贺、苏轼、陆游四位诗人的故事抒发文人不得意的苦情和烦恼,这些杂剧注意刻画人物心理,曲词华丽流畅,尚有戏剧性。

五、蒲松龄与《聊斋志异》

【知识点精讲】

蒲松龄（1640—1715）　字留仙,一字剑臣,别号柳泉居士,世称聊斋先生,自称异史氏。济南府淄川(山东淄川)人,代表作品为文言短篇小说集《聊斋志异》。蒲松龄大半生在科举中挣扎,直到年逾古稀,方才援例取得了个岁贡生的科名,不数年便与世长辞了。蒲松龄对科举考试的热衷和失败,使他对科举考试的弊端和腐败和对落第士子的痛苦有深刻的体会,这使得揭露和批判科举制度成为《聊斋志异》的重要内容。《聊斋志异》虽谈鬼说狐,却最贴近社会人生,故郭沫若评为:"写鬼写妖高人一等,刺贪刺虐入骨三分。"此书反映的社会内容主要有五个方面:第一,抨击黑暗政治,揭露封建统治阶级的罪恶,如《席方平》;第二,歌颂青年男女纯洁真挚的爱情,如《婴宁》;第三,揭露讽刺科举考试制度的腐败和弊端,揭露试官的昏庸无能和贪鄙,揭示热衷功名的士子痛苦空虚的精神世界,如《司文郎》;第四,热情歌颂普通人的种种美好的品德,如不屈不挠的反抗精神以及热情无私、诚实淳朴、勇敢机智的品格等,如《田七郎》写知恩必报;第五,总结社会人生的经验教训,对人进行教育和劝诫,如《张诚》。

《聊斋志异》的体式为一书而兼二体,用传奇法以志怪。该书有两种结构故事的模式,其一为人入于异域幻境,即神怪、梦幻的艺术形式化,其二为狐、鬼、花妖、精怪幻化进入人世间,即狐、鬼、花妖的人情化和意象化。书中的故事情节丰美,叙述语言平易简洁,人物语言多样,具有诗化倾向。

《聊斋志异》对后世产生了深远的影响。乾隆末年以来陆续问世的文言小说,大都受到《聊斋志异》的影响。这些文言小说既有仿效《聊斋志异》而作,如袁枚《子不语》,又有为抗衡《聊斋志异》而作,如纪昀《阅微草堂笔记》、俞樾《右台仙馆笔记》。《聊斋志异》自20世纪中叶流传国外,迄今已有英、法、德、俄、日等20多个语种的选译本、全译本。日本作家多效仿之作,最有名的一篇是《酒虫》。

【拓展延伸】

1.铸雪斋抄本是一部现存能确定具体年代的时代较早的《聊斋志异》抄本,抄者是历城张希杰,"铸雪斋"是他的斋名。此抄本现藏北京大学图书馆,全书共12卷,收目488篇,其中有目无文的14篇,实收作品474篇,较后来的赵氏青柯亭刻本多出49篇,在文字和各篇的编排次序上,与原稿基本一致,是研究《聊斋志异》的重要参考资料,也是目前保存较完整的抄本之一。

2.三会本《聊斋志异》是由张友鹤先生编校的会校、会注、会评本《聊斋志异》,简称为三会本,1962年由中华书局上海编辑所出版第一版,1978年由上海古籍出版社再版。三会本以手稿本和铸雪斋抄本为基础,在版本、注释、评点三方面都带有总成的性质,做了一次在今天看来还只能说是初步的然而却是规模宏大的总结,为研究工作者提供了一个资料丰富的新版本。全书共收作品494篇,是目前《聊斋志异》收文最多、最完备的本子。

六、吴敬梓与《儒林外史》

【知识点精讲】

吴敬梓（1701—1755） 字敏轩，号粒民，因家有"文木山房"，所以晚年自称"文木老人"，又因自家乡移居至江苏南京秦淮河畔，故又称"秦淮寓客"。代表作品为《儒林外史》。

《儒林外史》对科举持批判态度，它既批判科举制度，又批判被科举扭曲的社会和文人形象，还批判科举派生的"名士"。基于此，《儒林外史》写了与魏晋风度相似和对立的两类人物：一类是以牺牲自我与个性为代价追求功名富贵的利禄之徒。如范进中举后变疯，写出了士子因迷恋举业而完全被动地失去了自我。另一类是保持独立人格，讲究文行出处的潇洒人士。他们的共同特征是鄙弃功名富贵，不热衷科举考试，不愿意出来做官；自由独立、狂放不羁，不为封建礼教所束缚；承袭了传统的思想道德，坚持所谓真正的正统儒家思想，特别是德治仁政的思想。《儒林外史》中与魏晋风度相似的文人以王冕为代表。

《儒林外史》具有长篇结构的新形式。全书无主干，虽云长篇，颇同短制。作者根据亲身经历和生活经验，以此为线索把"片段的叙述"贯穿在一起，构成了《儒林外史》的整体结构。

1. 此书还具有叙事艺术的新特点。《儒林外史》摆脱了传统小说的传奇性，淡化故事情节，通过精细的白描来再现生活、塑造人物。作者不但写出了人物性格的丰富性，而且写出了人物内心世界的复杂性。如王玉辉劝女殉节。

2. 此书达成了讽刺艺术的新成就。《儒林外史》将讽刺艺术发展到新的境界，"戚而能谐，婉而多讽"，"无一贬词，而情伪毕露"。鲁迅先生评价《儒林外史》时曾说："于是说部中乃始有足称讽刺之书"，又说"讽刺小说从《儒林外史》而后，就可以谓之绝响。"

3. 《儒林外史》还具有悲喜交融的美学风格。吴敬梓能够真实地展示出讽刺对象戚谐组合、悲喜交织的二重结构，显示出滑稽的现实背后隐藏着的悲剧性内蕴，从而给读者以双重的审美感受，使讽刺具有巨大的文化容量和社会意义。

《儒林外史》将中国讽刺小说提升到与世界讽刺名著并列而无愧的地位，这是吴敬梓对中国小说史的巨大贡献。

七、曹雪芹与《红楼梦》

【知识点精讲】

曹雪芹（约 1715 或 1721—约 1764） 名霑，字梦阮，号雪芹，又号芹溪、芹圃，中国古典名著《红楼梦》的作者。曹家的祖上本是汉人，后被编入满洲正白旗。他的曾祖曹玺的妻子当过康熙的保姆，而祖父曹寅小时又做过康熙的伴读。由于这种特殊的关系，康熙登基后，曹家得到格外的恩宠。康熙死后，曹家的境况发生了急剧变化。乾隆初年，曹家遂彻底败落，子弟们沦落到社会底层。在生命的最后十几年，曹雪芹流落到北京西郊的一个小山村，生活更加困顿，已经到了"举家食粥酒常赊"的地步。乾隆二十六年（1761）秋，爱子夭亡，不久，他也伤感谢世，留下一部未完成的书稿。曹雪芹的家世从鲜花着锦之盛，一下子落入凋零衰败之境，使他深切地体验到人生悲哀和世道的无情，也使他摆脱了原属阶级的庸俗和褊狭，看到了封建贵族家庭不可挽回的颓败之势，同时也给他带来了幻灭感伤的情绪。只有亲身经历这种剧变的人，才会对人生、对社会、对世情产生一种不同寻常的真切感受，这和旁观世事变幻者的感受不同。曹家显赫的家世，使他对贵族阶级的穷奢极侈、腐朽没落以及黑暗罪恶有深刻的认识，这是他创作《红楼梦》的生活基础；曹雪芹家庭的文化传统，使他从小受到很好的文化教育和艺术熏陶，这对《红楼梦》的创作也有很大影响；曹家的衰败使他对世态炎凉、人情冷暖有深切的感受，对社会复杂尖锐的社会矛盾和黑暗丑恶的世道人心有深刻的体察，这使他加深了对社会的认识，积累了丰富的素材。曹雪芹傲岸不屈的性格、满腔的不平之气以及杰出的才华，都在《红楼梦》的创作中有所体现。

《红楼梦》的版本有两大系统。一为"脂本"系统。这是流行于约乾隆十九年（1754）到五十六年（1791）间的八十回抄本。这种钞本除正文外，大多附有各种形式的批注，有回首总批、眉批、夹注、正文下面的双行批注、回末总批等，批注者的署名以脂砚斋和畸笏叟为多。因此，这种八十回的抄本系统，就简称为"脂评本"或"脂本"。现存这一系统的本子有十几种。另一为"程本"系统，即一百二十回刊印本系统。乾隆五十六年（1791），程伟元和高鹗将《红楼梦》前八十回与后四十回合成一个完整的故事，第一次以木活字刊印，开始了《红楼梦》的印本时代。印本全题为《新镌全部绣像红楼梦》，共一百二十回，由程伟元和高鹗序，这就是人们所称的"程甲本"。二人又于次年对"程甲本"重新修订并再次以活字排印(通常称为"程乙本"),以后的各种一百二十回本大抵以以上二本为底本。至此,《红楼梦》传抄的时代结束了。刊印的一百二十回版本由高鹗继八十回后补写了后四十回,故又称"高续本"或"高本"。

《红楼梦》是一部天才的、精心构撰的巨作。"字字看来皆是血,十年辛苦不寻常。"在艺术上,它达到了中国小说前所未有的高度。鲁迅在《中国小说的历史的变迁》中称许它说:"自有《红楼梦》出来以后,传统的思想和写法都打破了。"《红楼梦》对小说传统的写法有了全面的突破与创新,它彻底地摆脱了说书体通俗小说的模式,极大地丰富了小说的叙事艺术,对中国小说的发展产生了深远影响。它的叙事艺术主要体现在以下几个方面:

1.写实与诗话融合,《红楼梦》既显示了生活的原生态又充满诗意朦胧的甜美感,既是高度的写实又充满理想的光彩,既是悲凉慷慨的挽歌又充满青春的激情。

2.浑融一体的网状结构,曹雪芹比较彻底地突破了中国古代小说的单线结构,采取了多条线索齐头并进、交相联结又相互制约的网状结构。

3.叙事视角的变换,《红楼梦》虽然还残留了说书人叙事的痕迹,但它的作者与叙述者分离,作者退隐到幕后,由作者创造的虚拟化以至角色化的叙述人来叙事,其在中国小说史上第一次自觉采用了颇有现代意味的叙述人叙事方式。叙述人叙述视点的自由转换进一步改变了传统的叙事方式。

4.个性化的文学语言。《红楼梦》的语言以北方口语为基础,融会了古典书面语言的精粹,书中的人物语言达到了个性化的高度,书中人物语言能准确地显示人物的身份和地位,能形神兼备地表现出人物的个性特征。

《红楼梦》中两个著名的人物形象是贾宝玉和林黛玉。贾宝玉是《红楼梦》中的主要人物,作者通过这个艺术典型,生动地表现了封建社会后期意识形态领域里尖锐的斗争和矛盾冲突。

贾宝玉是封建贵族内部分化出来的一个叛逆者。那"儿孙一代不如一代"的贾家,对他抱着无限期望,盼他能够读书中举,扬名显赫。可是,他却认为"为官作宦"是"须眉浊物""国贼禄蠹"之流用以沽名钓誉的手段。他不喜欢谈论仕途经济,也不愿和士大夫交谈,对那些以"文死谏""武死战"来沽名钓誉的人物更是予以痛斥。尊卑有序,贵贱有别,封建社会里形成了十分森严的等级制度,贾宝玉却轻视这种等级制度。贾宝玉是个半现实半意象化的人物。贾宝玉的性格特征就是警幻仙姑所说的"天分中生成一段痴情"。他的"痴情",不仅表现在对黛玉的钟情,还表现在他对一切少女美丽与聪慧的欣赏,对她们不幸命运的深切同情。在大观园里,宝玉对女儿们关怀备至,他对遭受欺凌的女儿更为体贴,一有机会便以自己的一腔柔情去抚慰那些受伤的心。他和林黛玉自幼相处在一起,相互了解,产生了爱情。这种爱情和那种"才子佳人"式的爱情有着本质的区别。它是建立在他们共同反对封建主义的基础之上的,具有鲜明的叛逆性质。他和黛玉的爱情在尖锐的矛盾中发展到了"心灵默契"的新阶段,正是这种至死不变的高洁爱情,促使他与封建礼法统治背道而驰,并使他最终成为大观园里的叛逆者。

　　林黛玉是一个美丽而才华横溢的少女,她早年父母双亡,家道中落,孤苦伶仃,在贾府过着寄人篱下的生活,但是她孤高自许,在那人际关系冷漠的封建大家庭里曲高和寡,只有贾宝玉成为她的知音,她遂把希望和生命交付于对宝玉的爱情中。她并没有为了争取婚姻的成功而屈服于环境,也没有迎和家长的期许去劝告宝玉走仕途经济的道路。她我行我素,用尖刻的话语揭露着丑恶的现实,以高傲的性格与环境对抗,以诗人的才华去抒发对自己命运的悲剧感受。她为保持自己的人格尊严和纯洁的爱情而不惜付出生命。林黛玉,是一个情感化的"诗化"的人物。她的现实性格表现为聪慧伶俐,由于寄人篱下而极度敏感,有时显得尖刻。另一方面,正因为她是"诗化"的,她的聪慧和才能,也突出地表现在文艺方面。在诗意的生涯中,和宝玉彼此以纯净的"情"来浇灌对方的生命,便是她的人生理想了。作为小说中人生之美的最高寄托,黛玉是那样一个弱不禁风的"病美人",也恰好象征了美在现实环境中的病态和脆弱。林黛玉的叛逆性格又是与贾宝玉一脉相通的。他俩由"两小无猜"发展到生死相许的情人,其思想基础是对封建主义理想的人生道路的反叛。由于贾府是一个"一年三百六十日,风霜刀剑严相逼"的势利环境,加上封建礼教的压力,因而,伴随着她和宝玉的爱情而来的是忧郁和痛苦。她自怜自叹,触景伤情。大观园中的繁华热闹、别人家的笑语温情,乃至自然界的秋风秋雨、落花飞絮,这一切无不在她心里挑起无限的感伤和凄楚。"多愁善感"便成了她鲜明的性格特征,同时也反映了封建社会妇女的不幸。尽管如此,林黛玉始终保持着和封建势力不妥协的态度和对宝玉坚贞不渝的爱情。她自比"落花"是有感于"风霜刀剑严相逼",是深恐"落花"可能"污浊陷沟渠",这与一般的自悲"命薄"是迥然不同的。在"焚稿断痴情"一回中,林黛玉一面吐血,一面焚稿,以此宣告她与黑暗的封建社会彻底决裂。罪恶的封建势力不仅毁灭了林黛玉的爱情,而且无情地夺走了这个聪明美丽、富有才华的少女的生命。也正是由于封建势力的迫害,注定了他俩的爱情不能得到幸福的结局,只能是一个悲剧。

八、清代其他小说

【知识点精讲】

清初陈忱的《水浒后传》依据原书的结局,叙写梁山英雄中剩存的李俊、燕青等32人再度起义,反抗入侵的金兵。该书寄托了陈忱的亡国之恨。这种借小说人物抒情写意的笔法,使小说带有了抒情写意性,这是通俗小说文人化带来的新的艺术素质。

《醒世姻缘传》署名"西周生",作成于清初顺治年间。《醒世姻缘传》是继《金瓶梅》之后问世的一部长篇世情小说,该小说没有借用旧的故事框架,是一部作家独创的长篇世情小说。《醒世姻缘传》写了两世的两种恶姻缘,有着浓重的荒诞神秘的色彩。该书既描绘出相当丰富的真实而鲜活的世态人情,又用方言俗语描摹人物情状,在字里行间流露出一种诙谐幽默的情趣。

明清之际的拟话本小说,最有特色的是李渔的《无声戏》和《十二楼》。他摆脱了改编、因袭的做法,有自觉的创造意识。他所营造的小说世界,大都与现实世界似是而非,是自己别出心裁的经验之论和游戏人生的意趣体现。在白话小说创作中,李渔是最早勇敢地投入自己、表现自己的作家。李渔的小说创作突出地表现出一种玩世的娱乐性。

清初的才子佳人小说从晚明话本小说发展而来,成为章回式的中篇,书名也多仿照《金瓶梅》,由主要人物姓名中的一个字拼合而成,如《玉娇梨》《平山冷燕》。这类小说的文字比较清顺、规范,中间夹有较多的诗词韵语,大多数是以诗词作为主人公发生爱情的契机。这类小说内容形式较为单调,多叙才子佳人在严守礼教规范的前提下,才色相慕,终成连理。清初才子佳人小说对后世小说创作产生了相当的影响,如它们对《红楼梦》的创作提供了经验。

在《儒林外史》《红楼梦》创作的前后,还有许多长篇小说出现。《绿野仙踪》和《镜花缘》是其中较好的两部作品。《绿野仙踪》的作者是李百川。该书以明嘉靖年间严嵩当政、平倭寇事件为背景,叙写主人公冷于冰愤世道之不良,求仙访道,学成法术,周行天下,超度生灵,斩妖锄怪,最后功成德满,驾鸾飞升的故事。此小说可见李百川的愤世嫉俗之意。成就更高、影响更大的是《镜花缘》,作者是李汝珍。《镜花缘》是一部借学问驰骋想象,以寄托理想、讽喻现实的小说。《镜花缘》表现出了对妇女的地位、境遇的关注与思考。《镜花缘》最富特色的是前半部书写唐敖游海外诸国的经历、闻见。小说后半部分主要是铺排众多才女在两三天里的欢聚。《镜花缘》思想机敏,富有幽默感。该书奇思异想,别开生面,在小说史上占有一定地位。

九、讲唱文学

【知识点精讲】

清人所谓"雅部"即昆山腔;"花部"为京腔、秦腔、弋阳腔、梆子腔、罗罗腔、二黄调,统谓之乱弹。花部即地方戏。

弹词　明清时期的一种曲艺形式。其体制由说、表、唱、弹四部分组成。说(说白),即说书人用书中角色的口吻以第一人称来对白;表(表述),即说书人以第三人称进行叙述;唱(唱句),以七言韵文为主,间或杂以三言而成十言句式;弹(弹奏),以三弦、琵琶为主来伴奏。弹词流行于南方,在语言上有"国音""土音"之分。其文本作为一种文学读物,实际上是一种韵文体长篇通俗小说。弹词在情节上常常叙写才子佳人的悲欢离合。弹词中最优秀的作品首推《再生缘》。

鼓词　是明清时期的一种曲艺形式,主要流行于北方,以鼓板击节,配以三弦伴奏。说用散体,唱为韵文。其唱词一般为七言和十言句。其是有说有唱的成套大书,篇幅较大。后又有与"弹词开篇"相近、只唱不说的小段,称"大鼓书"或径称"大鼓",至今流传。鼓词的内容丰富,或写金戈铁马的英雄传奇,或写公案故事,或写爱情婚姻,甚至还有滑稽讽刺性的调笑作品,更多的鼓词则取材于历史演义或根据以往的文学名著进行改编。现存最早的鼓词是明代天启年间刊行的《大唐秦王词话》。明末清初贾凫西作《木皮散人鼓词》,是首次以鼓词命名的文人创作,该作品剪裁精当,笔锋犀利,语言诙谐活泼,已是鼓词雅化后的佳品。

流行于北方的另一种曲艺形式为子弟书,旧说创始于满族八旗子弟,故此得名(见震钧《天咫偶闻》)。子弟书属于鼓词的一个分支,只唱不说,演出时用八角鼓击节,佐以弦乐。子弟书传世作品有《黛玉悲秋》《草桥惊梦》等。

第九章 近代文学

第一部分 学前重点讲解

　　近代文学以 1840 年鸦片战争为开端,到 1919 年五四运动为止。这一时期从作家身份、文学观念到文学载体、接受对象都逐渐发生改变,显示出与此前封建时代文学明显不同的特色。大体说来,近代文学可以 1894 年中日甲午战争为界,分为前后两期。前期变异尚小,后期则变异突出,向现代新文学过渡的痕迹日益明显。

　　1. 从鸦片战争前后到中日甲午战争为近代前期。这一时期诗、词、文创作流派纷呈,新旧交错,成就显著,反映了时代的新变化,并对后来产生了深远影响,尤其是异军突起了一些经世派作家,他们改变了文坛旧貌,翻开了近代文学的新篇章,龚自珍为其中的佼佼者。近代前期的小说大体可以分为两派:一派是与说话艺术有渊源关系的侠义公案小说,一派是文人创作的人情世态小说。

　　2. 从中日甲午战争前后到五四运动爆发是近代后期。这一时期的显著特点是文学成为资产阶级改良派和革命派进行维新与革命斗争的武器,文学领域激起广泛的革命,涌现了以黄遵宪、梁启超、柳亚子为代表的一批作家。最引人注目的是"诗界革命"与"文界革命"取得的成果,它们使诗文创作面貌一新,将近代诗文的发展推向了高峰,并为五四新文学革命准备了某些条件。

3. 近代后期成为中国小说戏曲转型嬗替的重要时期。一向不登大雅之堂的小说,因其向民众启蒙最为得力,被推为文学的最上乘,占据了中心地位。

近代文学各个方面都呈现出向新的文学时期过渡的征兆,预示着一个新时期的到来。

第二部分　核心考点汇总

一、龚自珍与近代前期诗词文学

【知识点精讲】

龚自珍(1792—1841)　字璱人,号定盦,一作定庵,晚年居住昆山羽琌山馆,又号羽琌山民。他生活在封建社会末期,以高度的敏感性意识到封建国家的危机,对腐朽的封建统治进行了深刻的揭露和批判,并发出改革的呼声。龚自珍的思想必然贯穿到他诗文的创作中去。

他是首开近代新诗风的最杰出的诗人,其诗歌的最大特点是政治思想和艺术概括的统一。具体表现为:其一,龚自珍的诗大都具有非常深刻的思想内容,而且同当时的社会息息相通,他不仅揭露和批判了封建社会中的各种丑恶现象,而且指出新的希望在于未来。其二,龚自珍的诗歌表现出一种强烈的积极浪漫主义精神。他称自己为"庄骚两灵鬼,盘踞肝肠深"。其三,龚自珍的诗歌形式、风格多样。一般来说,龚自珍的古体诗,五言比较凝练,七言则较奔放;而近体诗中,七言律诗含蓄工整,绝句又通脱自然。代表作有《己亥杂诗》《咏史》。

在散文方面,龚自珍受经世思潮的鼓荡,主张摆脱一切束缚,畅所欲言。他直接继承和发扬了周秦诸子散文无所拘忌的创造精神,以自由活泼的体式大胆地抒写自己的真知灼见和真情实感,开创了经世散文的新风,标志着清代散文的转折。龚文的突出内容就是揭露专制统治的腐朽本质及其必然没落的命运,呼号变革,憧憬未来,反映了时代的重大课题。与反对专制束缚相关,龚自珍的散文也表现了追求个性解放的精神。《病梅馆记》是最集中的体现,文章采用比兴

手法,以梅为喻,表现了其反对摧残自然生机、保护个性自由的坚定态度。龚自珍散文的主要特点是识深、气悍而风格瑰奇。他认识深邃,文章发人猛醒,梁启超在《清代学术概论》中称读龚自珍散文的感觉为"若受电然"。

近代在诗歌领域有一个著名的流派——宋诗派。"宋诗派"亦称"宋诗运动",是鸦片战争前后一个较有代表性的诗派,提倡以学为诗,以扩大宋诗影响。道光、咸丰年间,由学者祁寯藻、程恩泽等加以提倡,代表诗人有何绍基、郑珍、莫友芝以及曾国藩等。这个诗派以杜甫、韩愈、苏轼、黄庭坚为宗,主张诗歌要有独创性,自成面目。其中,郑珍成就最高。郑珍的诗词语洗练,朴瘦坚劲,对后来的同光体产生了深刻影响。曾国藩后来自成湘乡派,宗尚更偏于黄庭坚。

桐城文依旧在近代散文领域中占有一席之地。桐城派余脉是道光末叶曾国藩领导的湘乡派和曾门弟子。他们虽然声威重振,呈一时之盛,但已是回光返照的末势。到"桐城嫡派"的严复、林纾,他们虽建立了翻译西方著作的业绩,亦未能挽救桐城派古文的颓势。

姚门诸弟子之后,桐城派为曾国藩及其弟子活动的时期。

曾国藩(1811—1872)　原名曾子城,字伯涵,号涤生,湖南湘乡白杨坪(今湖南双峰)人。主张骈散兼容,提倡"雄奇瑰玮"(《致南屏书》),后人称之为"湘乡派"。曾国藩门下,张裕钊、吴汝纶、黎庶昌、薛福成称四大弟子。海外游记是湘乡派文的一大特色,也是桐城文的新气象。如薛福成的《观巴黎油画记》。

传统词坛上还有项鸿祚、蒋敦复、蒋春霖等一批词人,蒋春霖词作的艺术成就最高,其词宗尚宋人张炎、姜夔,主要是传神地表现大动乱中士子的漂泊离乱的情怀,不用寄托手法而表情含蓄深沉,如《台城路》。

二、黄遵宪、梁启超与近代后期诗词文学

【知识点精讲】

近代后期由资产阶级文化思想更新带来的文学变革之一,是诗歌领域出现的"诗界革命"。提出"诗界革命"口号的是梁启超,"诗界革命"的旗帜、成就最高者则是黄遵宪。反帝卫国、变法图强是黄遵宪诗歌的两大主题。他的诗歌还较早描写了科学新事物,写出了古典诗歌所没有的新内容,如他的《今别离》四首。他的诗歌词汇丰赡,富于表现力,"以旧风格含新意境",体现了诗歌由旧到新的过渡。

资产阶级文化思想催化了文学变革。梁启超既是"文体革命"口号的提出者,

又是新文体的成功创造者。他用新文体来宣传资产阶级文化思想,其《少年中国说》堪称"新文体"的代表作。梁启超新文体散文的特点,首先是比传统的古文语言通俗,条理明晰。其次,它不避俚语俗言,并吸收外国语法,不分骈散与有韵无韵,大大提高了散文的表现力。再次,自由大胆地抒写己见,"纵笔所至不检束",思想新警动人。最后,笔锋充满情感,往往用铺排的笔墨以加强文章的煽动力、感染力。梁启超的新文体散文,以其思想之新颖、形式之通俗、艺术之魅力,几乎影响了整整一代人,也对五四文学革命有着影响。郑振铎说新文体文章"不再受已僵死的散文套式与格调的拘束",是五四时期"文体改革的先导"。

宣统元年(1909)陈去病、高旭、柳亚子发起成立了资产阶级革命文学团体"南社"。以"南"名社,对北而言,寓有对抗清朝政府之意。南社的诗歌创作对鼓吹资产阶级民主革命、反对清朝专制统治起过积极作用,但也有些诗文流于感伤颓废。早期参加者多为同盟会会员,其后社员达千余人,政治思想面貌趋于复杂,1923年因内部分化而停止活动。1910年开始出版《南社》,分文录、诗录和词录三部分,到1923年,共出版22集。南社的成立和发展,标志着文学为革命服务的目的性更明确了,文学的战斗性和群众性也大大地加强了。南社的代表作家是柳亚子。他的诗以近体为主,文辞典雅,富于革命浪漫主义气息。苏曼殊是南社诗人中更富诗人气质的作家。他以小诗见长,他的小说清灵隽永,柔婉动人。

近代后期诗歌的重要流派为"同光体"。"同光体"因陈衍在《石遗室诗话》中把同治、光绪以来"诗人不专主盛唐者"称为"同光体"而得名,代表作家有沈曾植、陈三立、陈衍等。该派是宋诗运动的继续。陈衍是这一派的理论家,他提出了"三元说"(《石遗室诗话》卷一),即上元盛唐之开元,中元中唐之元和,下元北宋之元祐。此后,沈曾植又提出了"三关说"(《与金潜庐太守论诗书》),即作诗要通过宋之元祐、唐之元和、南朝刘宋的元嘉三关。"同光体"诗人宗宋,强调创造,作家当推江西派的陈三立、浙派的沈曾植、闽派的郑孝胥。

近代后期词的代表作家为"清季四大词人"。"清季四大词人"一般指王鹏运、朱祖谋、况周颐与郑文焯。而近代词学大家龙沐勋所撰《清季四大词人》,有文廷式,无朱祖谋。他们继承了常州词派的传统,既讲求词的传统艺术规范,又重视词的厚重内容,不把词视为"诗馀"小道。词的内容多涉及清末时事,寄兴深微,风格柔弱,不乏忧世伤时之慨。辛亥以后,则思想落伍,多有遗老情绪。朱祖谋校辑唐、五代、宋、金、元人词总集与别集179种,成《彊村丛书》,号称精审。况周颐著有《蕙风词话》。

三、近代前期的小说与戏曲

【知识点精讲】

近代以前，侠义小说和公案小说各自独立发展，近代开始合流，究其原委，大抵是由于政治腐败，对于清官与侠客的憧憬和向往成为民众的重要心态。侠义公案小说则将这种心态纳入封建纲常名教所允许的范围之内，由清官统率侠客，既在一定程度上满足了民众的心愿，又适应弘扬圣德的需要。近代侠义公案小说中较为出色的作品，当推《三侠五义》和《儿女英雄传》，前者在粗犷的平民气息中，保留了较多的傲兀不群、英风侠概；后者则堪称京味小说的滥觞，在小说史上别开生面。《三侠五义》是在石玉昆说唱《龙图公案》的基础上发展而成的长篇章回小说，是侠义与公案合流模式的典型作品。书中三侠指南侠展昭、北侠欧阳春、双侠丁兆兰与丁兆蕙兄弟；五义指钻天鼠卢方、彻地鼠韩彰、穿山鼠徐庆、翻江鼠蒋平、锦毛鼠白玉堂。该书是一部"为市井细民写作"的作品，体现了市井细民对于贤明政治的渴望与幻想，具有民间评话的艺术特色。《儿女英雄传》的作者是文康。小说以何、安二家冤案为背景、展开情节，书中较成功地塑造了英风侠概的十三妹形象。《儿女英雄传》具有切近世态人情的长处，所谓"描摹世态，曲尽人情"。小说采用了市井细民喜闻乐见的评话形式，结构翻新出奇，善用伏笔，巧设悬念，作者尤为擅长的是纯熟、流利的北京口语。该书是京味小说的滥觞。

嘉、道以降，迄于同、光年间，文人创作的人情世态小说，诸如陈森的《品花宝鉴》、魏秀仁的《花月痕》、韩邦庆的《海上花列传》等，皆以《红楼梦》《儒林外史》为圭臬，虽精神境界始终不及，但它们上承才子佳人小说之绪，下开谴责小说和鸳鸯蝴蝶派小说之端，为中国小说观念、小说模式转型嬗替的酝酿时期。近代人情世态小说展示了浓厚的市井风情，带有浓郁的主观抒情色彩，笔触多及人文景观，淡化故事情节，追求平淡自然的小说美学风貌。其中，韩邦庆的《海上花列传》是一部反映社会人生底层的力作。作家以平淡自然的写实手法，刻画上海十里洋场光怪陆离的世相，写出了人的堕落与沉沦。该书还是吴语小说的开山之作，人物对话纯用苏白，具有浓郁的地域文化色彩。

四、四大谴责小说与近代后期的小说与戏曲

【知识点精讲】

近代资产阶级改良运动兴起,迫切需要一种有力的宣传工具,他们把小说看作暴露旧社会、宣传新思想的有力武器,并一反前人轻视小说的传统观念,把它提到空前的地位,这就是近代文学史上的小说改良运动——小说界革命。1902年梁启超在《新小说》创刊号上发表《论小说与群治之关系》,提出"小说为文学之最上乘",成为小说界革命的纲领。小说界革命对晚清小说的发展起了积极的推动作用,在其影响下出现了《官场现形记》等谴责小说。

在清末"小说界革命"浪潮中涌现的最具影响力的长篇小说,是被鲁迅称为"谴责小说"的李宝嘉的《官场现形记》、吴沃尧的《二十年目睹之怪现状》、刘鹗的《老残游记》、曾朴的《孽海花》四部作品。这类作品抨击腐败,直抉时弊,形成近代一股强劲的批判现实的文学潮流。《官场现形记》从改良主义的立场出发,抨击了封建社会末期的官僚制度。《二十年目睹之怪现状》是一部带有自传性质的作品,小说通过"九死一生"在二十年中耳闻目睹的无数怪现状,给我们描绘了一幅行将崩溃的清代末年的社会图卷。《老残游记》写了一个江湖医生老残在游历途中的所见所闻,揭露了"清官"之恶。《孽海花》以金雯青和名妓傅彩云的爱情为线索,展开了一幅中国封建社会末期上层社会的图景。

《老残游记》独特的立意和优美的文字,使晚清小说达到了一个新的境界。自鲁迅先生把《老残游记》誉为晚清四大谴责小说的代表作之后,胡适也给予它很高的评价。现代学者夏志清也对《老残游记》评价甚高,他认为《老残游记》文如其题,是主人翁所视、所思、所言、所行的第三人称的游记,这游记对布局或多或少是漫不经心的,又中意貌属枝节或有始无终的事情,使它大类于现代的抒情小说,而不似任何形态的传统中国小说,他认为刘鹗在这方面取得"近乎革命式的成就",所谓"近乎革命式的成就"主要指《老残游记》打破了中国传统的古典小说以情节为中心的叙事模式。《老残游记》的叙事模式由说书人叙事转变成了作家叙事。小说具有浓郁的主观感情色彩,作家的创作个性和主体意识得到充分弘扬。小说视角也由传统的全知叙事转为第三人称限制叙事。此小说心理分析手法的运用,颇有现代心理分析的意味,体现了中国小说由叙事型向描写型的转变。此外,该小说掺入了诗和散文的笔法,开拓了审美空间,其文笔之清丽潇洒,

意境之深邃高远,都达到很高境界。白描自然景色的部分尤见艺术功力,如对大明湖秋色的描写。

鸳鸯蝴蝶派并非组织严密的文学团体,而是文学倾向、艺术趣味相近的一个小说流派。因他们惯写才子佳人,故人们喻之为鸳鸯蝴蝶派,又称其为"礼拜六派"。此派大约形成于1908年左右,辛亥革命后开始兴盛。代表作品是徐枕亚的《玉梨魂》,代表作家还有包天笑、周瘦鹃、陈蝶仙等人,他们以上海《礼拜六》《小说丛报》《小说新报》等期刊为中心,既编辑又创作,有的更兼翻译。鸳鸯蝴蝶派小说反映了民国以后沉滞颓靡的社会风貌,以及在开明与蒙昧杂糅的时代氛围中人们的彷徨、困惑和无奈,具有社会心态史与都市文化史的价值。

近代文学革新运动的另一个组成部分为戏剧改良运动。1902年,梁启超在《新民丛报》创刊号上发表传奇《劫灰梦》,直抒国家兴亡感慨,成为戏剧改良之先声。1904年中国第一个戏剧杂志《二十世纪大舞台》问世,发起人陈去病、汪笑侬等标举"以改革恶俗,开通民智,提倡民族主义,唤起国家思想为唯一之目的",揭开了戏剧史上新的一页。戏曲改良运动推动传奇杂剧创作出现新的繁荣局面。

我国第一个戏剧团体春柳社于1906年底在日本东京成立,于1915年解散。主要成员有曾孝谷、李叔同、欧阳予倩等,他们首次演出自己改编的剧本《黑奴吁天录》可以看作中国话剧创作的第一个剧本。辛亥革命后,春柳社成员纷纷回国,用"新剧同志会""春柳剧场"等名称在上海、无锡、长沙等地公演了许多有进步意义的剧本,表现了民族独立与民主革命的愿望。春柳社及当时其他一些话剧团体的活动,为中国现代话剧建立了良好的开端,奠定了中国话剧最初的基础。

五、《人间词话》与"境界说"

【知识点精讲】

王国维(1877—1927) 字静安,亦字伯隅,初号礼堂,晚号观堂,又号永观,谥"忠悫"。《人间词话》是其所著的一部著名的文学理论著作。该书发表于1908年。它熔中国古典文论和西方哲学、美学于一炉,以发挥前者为主,建立起作者自己的一套文艺理论体系。王国维在探求历代词人创作得失的基础上,结合自己艺术鉴赏和艺术创作的切身经验,提出了"境界说",这是他艺术论的中心与精髓。另外在作家修养、创作方法、写作技巧等方面,他也有精辟见解。这部著作也有不足之处,表现在过于受西方唯心主义美学的影响,而且过于推重唐、五代、北宋词人的作品,贬抑南宋作家,有失偏颇。这是王国维文学批评的代表作,在词学史上影响很大。

境界说 是古代文艺理论观点之一,为清代学者王国维所提出。王国维在《人间词话》一书中指出:"词以境界为最上。有境界则自成高格。自有名句。五代北宋之词所以独绝者在此。"由此看出,王国维所谓"境界"是品鉴词的高低优劣的最高水准。那么,何谓境界呢?王国维说:"境非独谓景物也。喜怒哀乐,亦人心中之一境界。故能写真景物,真感情者,谓之有境界。否则谓之无境界。"他在这里主要强调了文学作品要抒发作者的真情实感,以及为抒发这种真挚的情感而对自然界各种景物的描绘,即要求做到情景交融,物我浑然一体,达到了这一步方可谓之有境界。

"境界"问题并不是王国维首创的。在他以前就多次有人加以论述,只是所用的名称不同。宋代严羽在《沧浪诗话》中称之为"兴趣",清代王渔洋称之为"神韵",虽然说法各不相同,但内涵却基本一致,即都是指诗词中描写的某种事物所达到的艺术境界,这种艺术境界,既包含着作者笔下栩栩如生的景物,又包含着诗人浓郁的感情色彩。王国维正是在前人的基础上,提出了自己的"境界说",并详加论述。关于境界说的美学特征的内涵,王国维在《人间词话》里有具体说明:首先,"境界"具有言外之味,弦外之响,体现出了"言有尽而义无穷"的美学特色。其次,"境界""意境"具有真实自然之美,不仅要求内容方面的情景之真,而且要求艺术表现方面自然传神,造句平淡,尽弃人为造作之痕迹。惟其如此,作品方能具有"不隔"的自然真切之美。另外,同是体现出自然真切之美的作品,王国维又从美学上根据作者主观介入程度的差异而区分"有我之境"和"无我之境",并且概括说明两种境界的基本形态的美学特征是"一优美,一宏壮也"。王国维继承和融会了钟嵘、司空图、严羽、王夫之、王渔洋等人的理论,同时受到了西方美学的影响,创造了境界说,因而其学说标志着中国古代文学理论开始向现代转换,这是他对中国文学批评的一大贡献。

【拓展延伸】

王国维在《人间词话》里提出了"有我之境"和"无我之境"之说。他说词"有有我之境,有无我之境"。所谓"有我之境"即是在作品中能比较明显地看出作者主观色彩的景物描写乃至艺术境界；而"无我之境"则是词人主观色彩较为隐晦、物我完美的统一的景物描写乃至艺术境界。他又引用西方美学思想中有关优美和壮美的区别来概括这两种境界的基本形态的美学特征："无我之境，人惟于静中得之。有我之境，于由动之静时得之。故一优美，一宏壮也。"

第二编 中国现当代文学

第一章　1917年—1927年重要作家及流派

第一部分　学前重点讲解

本章主要包含1917年—1927年的重要作家和重要流派两节内容,在第一节重要作家中,需要重点记忆的是鲁迅、郭沫若、郁达夫这几位作家的代表作品及其思想内容与写作特色,对冰心、庐隐、叶绍钧、朱自清等作家及作品可做简要了解。

第二节重要流派中,需要重点关注的是五四新文化运动的发生、发展以及它的历史意义;五四新文化运动期间出现的文学社团,尤其要重点关注文学研究会和创造社的相关内容(比如其文学主张、代表人物、代表刊物),对新时期文学理论建设的内容可做简要了解。

考生在学习本章时不需要死记硬背,主要是了解文学革命发生的背景,以利于后面内容的学习。此外,由于鲁迅在文学史中的重要地位,所以考生需要加强对鲁迅著名作品的阅读,了解这些作品的主要情节和主要人物。

第二部分 核心考点汇总

一、重要作家

【知识点精讲】

(一)鲁迅

鲁迅(1881—1936),浙江绍兴人,原名周樟寿,字豫才,后改名周树人,中国现代伟大的思想家与文学家。从 1907 年发表第一篇论文《人之历史》,至 1936 年 10 月 19 日辞世,创作了极为丰富的作品,主要有短篇小说集《呐喊》《彷徨》《故事新编》,散文诗集《野草》,散文集《朝花夕拾》,杂文集《热风》《坟》《华盖集》《华盖集续篇》《而已集》《南腔北调集》《三闲集》《二心集》《准风月谈》《伪自由书》《花边文学》《且介亭杂文》《且介亭杂文二集》《且介亭杂文末编》等。1918 年 5 月在《新青年》发表《狂人日记》,这是中国现代文学史上第一篇白话短篇小说,收录在鲁迅的短篇小说集《呐喊》中。《呐喊》与《彷徨》是中国现代小说的开端与成熟的标志。

鲁迅小说的艺术特色(以《呐喊》《彷徨》为例)

1."表现的深切":独特的题材、眼光与小说模式

(1)鲁迅从启蒙主义的文学观念出发,开创了表现农民和知识分子的两大现代文学的主要题材。

(2)鲁迅在观察和表现小说主人公时,有着独特的视角:始终关注着"病态社会"里人(知识者与农民)的"精神病苦"。鲁迅对知识分子题材的开掘,也是着眼于他们的精神创伤与危机。

(3)"看/被看"与"离去—归来—再离去"(也称"归乡"模式)两大小说情节、结构模式。在"看/被看"的二元对立中,小说中具有象征意味的氛围、情节等具有极大的包容性,可以引申出丰富的内涵。在好奇的看客"看"被看者的背后,常常还有一位隐含的作者在"看":用悲悯的眼光,愤激地嘲讽着看客的麻木与残酷,从而造成一种反讽的距离。在"离去—归来—再离去"的模式中,叙述者在讲述他人的故事的同时,也在讲述自己的故事,两者相互渗透,彼此对话,形成一种复调式的叙事结构。

2."格式的特别"：创造新形式的先锋

鲁迅自觉借鉴西方小说形式，通过自己的吸收、转化和发挥，并结合中国古典小说的优长，创造出中国现代小说的新形式，《呐喊》里的十多篇小说几乎篇篇有新形式。如《狂人日记》采用第一人称的主人公独语自白（日记体）的叙述方式；《在酒楼上》与《孤独者》中采用了双重叙述视角，分别从横向和纵向两个方面叙事。

3.含蓄、节制以及简约、凝练的语言风格

鲁迅杂文的思想、艺术特质

1.批判性、否定性的特色。鲁迅认为，杂文作者的任务是迅速对有害事物作出反应，并给以无情暴露和深刻批判。鲁迅曾把杂文分为"社会批评"与"文明批评"两大类，强调的正是杂文的批评（批判）的内涵与功能。

2.在反常规的怀疑主义思维烛照下的犀利与深刻。鲁迅的批判，不同于一般的思想评论，他把自己的批判锋芒始终对准人的隐秘心理与灵魂深处。他打破常规思维，发挥联想，凭借渊博的学识和直抵本质的洞察力，创造了全新的思想和艺术空间。

3.杂文思维中的"个"与"类"。鲁迅思维的起点总是具体的、个别的人与事，但是他能够从所接触到的纷繁的事物中，发现其中具有的深邃思想内涵；竭力排除其个别性、具体性、特殊性，做出具有普遍意义的整体概括，并以简括而形象的名称，将"这一个"提升为"这一类"的"标本"；既具有概括性又保留了事物原有的形象与具体的特征，成为"个"与"类"的统一。

4.主观性与诗性特征。鲁迅宣称，他的杂文"不过是，将我遇到的，所想到的，所要说的一任它怎样浅薄，怎样偏激，有时便都用笔写了下来"。鲁迅的杂文确是由某一种外在的客观人事引发的，但他所关注与表现的，却是作者自己的主观反应。鲁迅杂文里的人和事已经不再仅仅具有客观性，而是一种主观化了的，一种主客体的新的融合。

5.自由创造的杂文语言。与思想的天马行空相适应，鲁迅杂文的语言也是自由无拘而极富创造力的。

鲁迅小说的思想内容

1.尖锐深刻地揭露封建文化传统制度的弊害。如《肥皂》揭示封建伦理道德的陈腐虚伪，《孔乙己》揭示封建科举制度的"吃人"，《明天》《祝福》揭示封建制度

下的病态。

2.把农民放在中国农村社会各种现实关系中,着力塑造遭受经济和精神奴役创伤的农民典型性格,把解剖农民灵魂和改造国民性问题联系起来,批判农民性格中的愚昧、麻木和落后。如《阿Q正传》《药》《风波》《故乡》等。

3.对现代知识分子思想矛盾和性格弱点的深刻描绘。如《在酒楼上》中的吕纬甫,《孤独者》中的魏连殳,《伤逝》中的涓生和子君。他们是在中国民主革命中寻找道路,彷徨、苦闷与求索的知识分子,他们具有一定现代意识,首先觉醒,然而又从前进的道路上败退下来,带有浓重悲剧色彩。

4.关注农村妇女悲剧命运,在批判封建宗法制度与思想的同时,深刻剖析了农村妇女自身被禁锢的灵魂。如《明天》中的单四嫂子,《祝福》中的祥林嫂,《离婚》中的爱姑。

重要作品详解

《呐喊》　是鲁迅的第一部小说集,收录鲁迅1918年至1922年所写的14篇小说,如《狂人日记》《孔乙己》《故乡》《阿Q正传》等,具有充沛的反封建热情,从总体的倾向到具体的描写,都和五四时代的启蒙精神一致,表现了文化革新和思想启蒙的特色。这些作品深刻地批判了封建宗法制度和封建纲常礼教的"吃人"的本质,揭露了封建卫道者的虚伪,对农民问题、妇女问题、知识分子问题以及革命进行了广泛而深刻的反映,通过对底层人民命运特别是农民命运的描写,揭示了旧民主主义革命失败的历史教训和现实革命运动应当关注的问题,深刻地刻画了一群"老中国儿女"沉默的国民灵魂。

《彷徨》　鲁迅的第二部小说集,收录鲁迅1924年至1925年所写的11篇小说。在《彷徨》里,鲁迅继续对农民的不幸遭遇、妇女的悲惨地位以及知识分子的命运与前途给予关注,对封建传统尤其是浸透着封建思想意识的国民性进行了更为透彻的揭露和批判,塑造了一批永具魅力的艺术形象。在反封建内容上,《彷徨》与《呐喊》一脉相承,但是艺术上则更加成熟,作者的爱恨更深地埋藏在对现实客观冷静的描写中。

《阿Q正传》　被收入鲁迅的小说集《呐喊》。在《阿Q正传》中,鲁迅先生为我们塑造了一个辛亥革命时期,令人"哀其不幸,怒其不争"的农民典型。阿Q这一人物形象主要有以下几个特点:(1)阿Q性格的核心——"精神胜利法"。所谓"精神胜利法",是指某些人在现实生活中处于失败者的地位,但又不能正视现实,而是沉溺于关于过去或未来不切实际的想象之中,自尊自大、自轻自贱、以丑为荣,以欺凌更弱者来自欺自慰,陶醉于虚假的精神胜利之中。"精神胜利法"是一种精神麻醉剂,它使得阿 Q 不能正视自己的现实处境,安于屈辱的生活和命运。他的悲剧不仅在于他肉体的死亡,更在于他心理的变态、人格的异化和精神的提前死亡。(2)各阶层国民劣根性的代表者。阿 Q 的内心世界囊括了整个封建社会中各色人等的精神因素。这个人物身上包含了上层人的专横、下层人的卑怯、道学家的假正经、流氓的无赖、保守派的安分、反派的激进等。因此,阿 Q 又是一个"现代的我们国人的魂灵"。同时,由于人类各民族都不同程度地存在着类似的病态心理,所以阿 Q 的"精神胜利法"也是对人类的一种普遍的精神弱点的形象概括。

《狂人日记》 收入小说集《呐喊》。通过对一个迫害妄想症患者狂人的精神状态和心理活动的描写,揭露了从家族到社会的"吃人"现象,抨击了封建专制制度和礼教的"吃人"本质,表现了现代人最初的觉醒意识和强烈的怀疑、反叛精神。在艺术表现上,冲破了传统的手法,采用了全新的现代创作方法,以现实主义方法写人物,以象征主义手法虚写寓意、表现思想,形成了独特的艺术效果。

《野草》 写于 1924-1926 年,收入散文诗 23 篇。作品表现了鲁迅在苦闷、彷徨中求索的心路历程,其中所包含的丰富多样的内容和复杂矛盾的心情,既反映了时代的矛盾,又体现出鲁迅在思想重大转变前夕所作的严肃的自我解剖。艺术上,《野草》采用的是以抒发内心感受为主的"小感触"的形式,具有哲理性、象征性和形象性相结合的艺术风格,开创了"独语体"的散文风格。

《朝花夕拾》 写于 1926 年,收录散文 10 篇,它们都是带有回忆性质的叙事散文。这些散文以深情、平易、清新的笔调,记述了鲁迅童年、少年、青年时代的生活片段,抒发了其对友朋和师长的诚挚怀念,展现了家乡的风俗、清末民初的时代风貌,寄托了作者对现实的思考。作品中所写的人和事,往往包含着作者强烈的爱憎,闪烁着社会批判和文化批判的锋芒,在平淡的叙述中寓有褒贬,在简洁的描述中寄托遥深,使回忆与感想、抒情与讽刺和谐地结合起来,开创了"闲话风"的散文风格。

《一件小事》 是 1919 年鲁迅创作的短篇小说,收录于其小说集《呐喊》中。该小说讲述的是在虚伪的时代,车夫撞到一位老妇人,在并没有其他人看见,且存在被人讹诈的风险的情况下,还坚持去搀扶老妇人的故事。《一件小事》的思

想意义在于它不仅仅是一般性地歌颂劳动人民的优秀品质,也不仅仅停滞于批判"我"的极可卑的私心上,也在于其努力发掘作为一个知识分子敢于自我批判、虚心向劳动人民学习的可贵品质。"我"敢于暴露自己灵魂的丑恶,认真坦率地承认劳动人民的高尚,并且真诚地向他们学习,不时地鞭策自己。这样一个学习劳动人民、勇于解剖自己的知识分子形象,是中国现代文学史上第一个新型知识分子的形象。鲁迅先生在 1926 年说过:"我的确时时刻解剖别人,然而更多的是更无情面地解剖我自己。"《一件小事》正是体现了这种勇于解剖自己灵魂的伟大精神。

　　《社戏》 是鲁迅写于 1922 年的短篇小说,后收入小说集《呐喊》之中。这篇小说以作者少年时代的生活经历为依据,用第一人称写"我"二十年来三次看戏的经历:前两次是辛亥革命后在北京看京戏,最后一次是少年时代在浙江绍兴乡村看社戏。小说的第一部分通过描写"我"在大都会看京戏的情景,展现了那里丑恶、龌龊、窒息的社会景象和庸俗、冷漠、自私的人际关系。由此,小说展现的是"我"对都市戏园情景气氛及人际关系的厌恶和不满。小说的第二部分所描写的则是另一种迥然相异的环境气氛及人际关系。这里有美的自然环境,有美的生活情趣,有美的人际关系,有美的人情意味。乡下的生活充满无限的生机和情趣,这里的写景叙事绘人,同样聚焦于"我"的心理感受和审美追求:向往热情友好、淳朴温厚的人际关系,憧憬正直无私、美好和谐的人情美和人性美。通过"我"在京都看京戏和在农村看社戏两种情景、两种感受的对比,表达了"我"对热情真诚、友好和谐的人情、人际关系的向往。

　　《药》 发表于 1919 年,后收录小说集《呐喊》之中。这篇小说通过对茶馆主人华老栓夫妇为儿子小栓买人血馒头治病的故事,揭露了长期的封建统治给人民造成的麻木和愚昧,暗中颂扬了革命者夏瑜英勇不屈的精神,同时也指出了辛亥革命未能贴近人民群众的局限性。革命者夏瑜是小说中的重要人物,作为一个青年革命者,他有着崇高的理想和坚强的斗争意志,他热爱真理,对革命事业表现出无限的忠诚。在革命遭受挫折,被投入监牢时,他仍然对胜利充满信心,表现出乐观精神。在敌人监牢里,他坚持斗争,进行革命宣传,"劝牢头造反"。最后,他终于为革命事业献出年轻的生命,这表现出革命者英勇无畏、大义凛然的英雄气概。虽然革命者的牺牲是壮烈的、可歌可泣的,但是他所从事的正义事业并不为一般群众所理解。他的牺牲在一般群众间没有得到应有的同情,反而有人说他"发了疯",说他"真不成东西",根本不知道他的死亡究竟是为了什么。他被杀的时候,周围站着许多群众看热闹。他所流的鲜血,被华老栓买来当治痨病的药。通过这些描写,作品反映了辛亥革命本身存在着很大的弱点,那就是革命党人严重地脱离群众。他们非但没有发动群众参加革命斗争,而且也没有让群众充分认识革命事业的真正意义。群众不了解他们为什么革命,当然也谈不到对革命党人的同情和支持。

《孔乙己》　是鲁迅在五四运动前夕继《狂人日记》之后写的第二篇白话小说,这篇小说描写一个没有考上秀才的读书人孔乙己,他丧失了做人的尊严,沦落为小酒店里被人们嘲笑的对象,从而暴露了当时的社会问题。孔乙己那可怜又可笑的个性特征及悲惨结局,既是旧中国广大下层知识分子认为只有科举一条出路的悲惨命运的生动写照,又是中国封建儒家独尊下科举制度"吃人"本质的具体表现。

《伤逝》　是鲁迅所著的短篇爱情小说,创作于1925年。该小说反映了五四时期知识分子的命运,以主人公涓生哀婉悲愤的内心独白的方式,讲述了他和子君冲破封建势力的重重阻碍,追求婚姻自主建立起一个温馨的家庭,但不久爱情归于失败,最终以一"伤"一"逝"结局的故事。小说通过对涓生和子君的爱情、婚姻及其悲剧的描写,探索了妇女解放的道路问题和小资产阶级知识分子的人生追求问题;揭示了离开社会改革,妇女追求个人的自由幸福是很难实现的这一道理;形象地指出只有认清现实、抛掉幻想,才能在严酷的现实中站稳脚跟,只有不失去"现在",才可能有"未来"。不同于当时流行的歌颂恋爱至上的作品,也不同于传统名著中以死殉情的悲剧。鲁迅用小说的形式,把妇女婚姻和青年知识分子的问题跟整个社会制度和经济制度的变革联系起来,以启示广大青年摆脱个性解放和个人奋斗的束缚,探索新的道路。

(二)郭沫若

郭沫若(1892—1978),原名郭开贞,四川乐山人,是中国现代杰出的浪漫主义诗人与历史剧作家,新文学社团"创造社"的发起人之一。他于1919年开始写作新诗,并在1921年出版了诗集《女神》。《女神》以崭新的内容与形式,开一代诗风,堪称中国现代新诗的奠基之作。主要作品有诗集《星空》《瓶》《恢复》《前茅》《战声》《蝀蝀集》,历史剧《三个叛逆的女性》(包括《卓文君》《王昭君》《聂嫈》)、《屈原》《棠棣之花》《虎符》《高渐离》《孔雀胆》《南冠草》,小说集《地下的笑声》，文艺论集《天地玄黄》，回忆录《洪波曲》等。他以富于激情的诗歌创作和丰沛的想象力，开辟了现代自由体新诗的创作风尚；其历史剧借古讽今，将批判现实的爱国情怀和浪漫主义风格相结合，开创了现代性与民族性并存的文学道路。

《女神》的思想内容

1.破旧立新的精神贯穿始终，强烈而集中地体现了诗人呼唤新世界诞生的激情。诗人歌颂反抗、破坏、创造，体现了个性解放和民族解放的迫切要求，表现了打破枷锁，创造光明、自由、统一、欢乐、自由的新中国的希望。《凤凰涅槃》中作者诅咒、否定"冷酷如铁""腥秽如血"的旧世界，热烈向往华美芬芳的"美丽新世界"。

2.饱含爱国主义思想和深情。五四爱国运动激起了身居异国的诗人深切的爱国热情，他眷恋祖国，愿意为之献身，颂扬祖国的新生，盼望祖国的富强、安康。诗人在《炉中煤》中把五四后新生的祖国比作"年青的女郎"，把自己比作"炉中煤"，并为"她""燃烧到了这般模样"。他在《晨安》中向"年青的祖国""新生的同胞"一口气喊出了27个"晨安"。

3.表现彻底破坏和大胆创造的叛逆精神。在五四时代氛围中，诗人反抗、叛逆的精神得到充分的张扬。诗人对太阳、山河、海洋、生、死、火山、光明、黑夜等一切具有破坏与创造力量的事物，都无比崇拜。如《我是个偶像崇拜者》《匪徒颂》《天狗》等。

4.对劳动和工农的景仰和颂扬。诗人怀着十分崇敬的心情，由衷地赞美和颂扬劳动工农大众。体现了五四时代"劳工神圣"社会思潮的巨大影响和作用。在《地球，我的母亲！》中，诗人赞美地球，赞美劳动，赞美在地球上为人类造福的工人农民。

5.充分表达了对自我的崇尚，对生命的讴歌和对自然的礼赞。在《梅花树下醉歌》中，作者通过赞美梅花来赞美"自我"，这种自我是"宇宙的精髓""生命的泉水"，具有主宰世界的力量。另有《太阳礼赞》《光海》等。

《女神》的艺术成就

《女神》在艺术上成功使自由体的新诗真正达到了"诗"的境界。

1.从泛神论的哲学思想出发，想象力飞腾雄奇，形象壮阔、奇异、飞动，采用奇诡的象征、极度的夸张手法、雄浑奔放的节奏、跳跃自由的句式和色彩瑰丽的语言。

2.喷发式宣泄的表达方式：火山爆发式的激情，狂涛巨浪般的气势。

3.借助神话传说、历史故事寄托诗人理想,表现时代精神。《女神》本着"古为今用"的原则,借神话传说、历史人物,抒写自己的内心世界,表现自己不屈的意志、创造的精神和对理想的追求。《凤凰涅槃》借凤凰"集香木自焚,复从死灰中更生"的神话传说,象征祖国、民族、自我在革命中获得新生;《天狗》用传说中的"天狗吃月亮""天狗吃太阳"的传说,表现自己冲决一切的叛逆精神。

4.自由的形式、多样的体裁。《女神》充分体现了郭沫若在诗的形式上所主张的"绝端的自由"。它没有固定的格律和形式,完全服从诗人感情自然流泻的需要。诗句长短随抒情的需要而定,不拘格套;节奏的快慢强弱依境界而设,自由奔放。在体裁方面,《女神》采用了自由诗、散文诗、格律诗、古体诗和诗剧等多种形式。丰富多样的体裁恰好满足了诗人同样丰富多彩的感情的需求,充分显示了积极浪漫主义诗歌的多样神采。

以《屈原》为代表的历史题材剧作的艺术特色

郭沫若提出"先欲制今而后借鉴于古""据今推古"的历史剧创作理论,以及"失事求似"的原则。所谓"求似",就是尽可能地、真实准确地把握与表现历史精神;所谓"失事",就是在此前提下,和史事是尽可以出入的。

1.强调历史剧的主观性与抒情性。郭沫若总是把自己主观的思想、情感、心理以至生活体验熔铸到历史人物身上,试图从对古人心理解释之中寻求与自己内心的契合点,从而达到艺术上的统一,在表现古人的同时也是表现自我。郭沫若历史剧的魅力很大程度上因为他在剧中大胆表现自己的人格和个性。

2.具有浓郁的诗意,成为戏剧的诗。除了外在形式上的吟诗、歌舞场面的插入,还表现为内在的、强烈的抒情性,在大起大落的戏剧冲突中,激化人物的内心情感,逐渐推向高潮。最后以长篇抒情独白的方式喷泻而出,达到最大限度的戏剧和抒情效果、戏剧与诗的和谐统一。

（三）郁达夫

郁达夫(1896—1945),浙江富阳(今杭州富阳)人,"创造社"发起人之一。代表作品有小说《沉沦》《春风沉醉的晚上》《茑萝行》《银灰色的死》《南迁》《采石矶》《茫茫夜》《迟桂花》,散文《钓台的春昼》《故都的秋》《过富春江》《江南的冬景》《北平的四季》《怀鲁迅》等。其大部分的小说都是直接取材于他本人的经历、遭遇和心情,因而被称为"自叙传"抒情小说。

郁达夫小说（"自叙传"抒情小说）的艺术特色

1.不注重对事件的外部描写,侧重自我表现,注重表现作家的情绪、感受、心境、心态(特别是变态性心理和肉欲苦恼),主观色彩浓厚。

2.结构的散文化和风格的抒情化与诗化。不以情节为中心,而以情绪为线索,依人物感情的消长起伏结撰成篇。

3.以浪漫主义为主,兼采某些现代主义技巧。不少作品写梦和潜意识,运用表现主义、意识流手法。

4.文笔流丽、清新。

零余者形象　郁达夫小说用抒情的方式塑造出了真实感人的主人公形象,这些主人公大都是所谓的"零余者",即五四时期一部分歧路彷徨的知识青年,他们是遭受社会挤压而无力把握自己命运的小人物,是被压迫、被损害的弱者。他们或如《沉沦》中的主人公,陷入"性的苦闷"而难以自拔,或如《茑萝行》中的主人公,困于"生的苦闷"而无以解脱。这些零余者往往与现实社会难以相容,宁愿穷困潦倒,也不愿与黑暗势力同流合污,他们以种种"变态行为"来反诘社会的压抑机制。郁达夫的"零余者"形象,实际上是对自我精神困境的一种真实暴露,并通过拷问自我来探索五四知识分子的精神世界。

重要作品详解

《沉沦》　是郁达夫的代表作,也是他的成名作,表现了一个留学日本的中国青年"性的要求与灵肉的冲突"。21岁的主人公"他"敏感而忧郁,强烈地渴求着异性的爱情。但身在异国他乡,"弱国子民"的身份带来的深刻的自卑感,使他时时感受着来自异族的轻侮与嘲弄,合理的情爱要求因此无法得到满足,以至于"他"无心学业,把自己封闭在"与世人绝不相容的境地"里离群索居,终日沉湎在文学的世界和对异性的虚幻的想象中。最终,他不堪忍受异族的冷漠歧视,无法排解内心的苦闷和欲望,更不能原谅自我的堕落与沉沦,带着对祖国现状的不满而投海自尽。作品通过"他"的日记,直白地展现了"他"对异性、对爱情强烈渴求的青春期心理:"苍天呀苍天,我并不要知识,我并不要名誉,我也不要那些无用的金钱,你若能赐我一个伊甸园内的'伊扶',使她的肉体与心灵全归我有,我就心满意足了。"以《沉沦》《南迁》《银灰色的死》《茫茫夜》《秋柳》等为代表的郁达夫早期小说几乎每一篇都在重复着"性的苦闷"的主题。在这些作品中,窥淫、手淫、嫖娼、恋物癖、自虐狂、同性恋等变态性心理得到了前所未有的直白的表现。

这在当时的读者看来确实是一种"破天荒的尝试",而在那些封建道学家眼中,则是自甘堕落和大逆不道之举。但郁达夫是抱着严肃的态度来进行这种创作的。他留日期间已深受卢梭"返归自然"思想的影响,主张把情欲作为人之为人的自然属性来加以肯定,对以"天理"否定"人欲"的传统观念提出了强有力的挑战,其反封建的意义是不言而喻的。

(四)徐志摩

徐志摩(1897—1931),名章垿,字志摩,浙江海宁人。曾加入文学研究会,发起组织新月社,与胡适等人创办《现代评论》,后与闻一多、朱湘等创办《晨报·诗镌》,提倡新格律诗。代表作品有新诗《再别康桥》《雪花的快乐》《沙扬娜拉》《翡冷翠的一夜》等。

徐志摩诗歌的思想内容

徐志摩诗歌受到自由主义、人道主义思想的影响,"爱""自由""美"是其诗歌创作的三大主题。

徐志摩诗歌的艺术特色

1.长于想象,巧于构思、意象新奇。

2.具有个性化的绘画美、建筑美、音乐美。

3.修辞手法多样,如象征、通感、比喻,诗人尤其擅长比喻。

4.追求内容美和形式美的统一,体制多样,富于变化,体现出诗人随情赋形的艺术才华。

(五)闻一多

闻一多(1899—1946),原名闻家骅,湖北浠水人。1922年赴美留学,攻读美术,大量阅读西方古典名著,深受英国近代诗歌及19世纪浪漫主义诗人的影响。留学期间,种族歧视和民族压迫极大地激发他的爱国热情,写下了《太阳吟》《忆菊》《洗衣歌》等爱国思乡、感愤忧思之作。1923年9月出版第一部诗集《红烛》收诗103首,《红烛》为序诗,其后分为李白篇、夜雨篇、青春篇、孤雁篇、红豆篇五部分。1928年第二部诗集《死水》出版,收诗28首。1931年发表长诗《奇迹》,宣告自己抛弃虚幻的理想,脱离诗坛,步入学术研究领域。作为诗歌理论家和批评家,他对新格律诗的倡导与新月派诸人的探索与实践,使新诗走上了规范化的道路,他因此被称为新月派的"诗宗"。

闻一多诗歌的思想内容

1.爱国精神是贯穿《红烛》和《死水》两部诗集的主线,表现出丰富多样的情感意蕴。他的诗有的写对祖国和家乡的思念,有的写对祖国的赞美,有的写游子归来面对残破祖国时的幻灭和悲愤。

2.与爱国精神相联系,闻一多的诗歌有着对资产阶级的鄙视、对帝国主义罪恶的批判和揭露、对劳动者的赞美与对弱者同情。

3.爱情诗是贯穿《红烛》和《死水》的另一主线。《红烛》中的爱情诗情感真挚,譬喻奇丽;《死水》中的爱情诗情感更为复杂,每首诗都有自己独特的情感。

闻一多诗歌的艺术特色

1.诗歌情感真诚、炽烈,诗与人高度合一。

2.以新奇的意象和瑰奇的譬喻取胜。在闻一多的诗中,读者往往可以看到大胆的想象、奇妙的幻象,以及由此而产生瑰奇的譬喻和新奇的意象。"火""烛""灯""太阳"是其诗歌的核心意象。

3.讲究"炼"字。闻一多不仅在意象选择上字斟句酌,而且在动词的使用上也是反复推敲,以求生动传神,简劲妥帖。

4.讲究诗歌的音乐美、绘画美、建筑美。音乐美指诗歌的字句与音节达成调和后所呈现的节奏、韵律之美;绘画美指诗歌通过语言所呈现、描绘的色彩、线条、形象、意境之美;建筑美指诗歌在分行书写中,汉语字、节、句排列变化所带来的空间形式之美。

(六)朱自清

朱自清(1898—1948),字佩弦。祖籍浙江绍兴,出生于江苏东海,后定居扬州。1920年毕业于北京大学哲学系,曾在江苏、浙江等地中学教书,1925年起任清华大学中文系教授。朱自清大学时代就开始诗歌的创作,最初是以醇正、朴实、新鲜的诗作而被文坛熟知,出版过诗集《踪迹》;后来则以散文创作奠定了在文坛的地位,有散文集《欧游杂记》《伦敦杂记》《你我》等。其中很多精彩篇章,如《温州的踪迹》《桨声灯影里的秦淮河》《荷塘月色》《背影》等都成为现代散文的典范。

朱自清散文的艺术特色

1.结构缜密,脉络清晰,婉转曲折的思绪中保持一种温柔敦厚的气氛。

2.观察精确,感觉敏锐,通过千姿百态、或动或静的鲜明形象,巧妙的比喻、联想,融入自己的感情色彩,构成细密、幽远、浑圆的意境。

3.文字几乎全用口语,清秀、朴素而又精到,被看作娴熟使用白话文字的典范。

4.写景散文中流荡着诗的情绪和意境。郁达夫曾评价说:"朱自清虽则是一个诗人,可是他的散文,仍能够满贮着那种诗意,文学研究会的散文作家中,除冰心女士外,文字之美,要算他了。"

(七)废名

废名(1901—1967),原名冯文炳,出生于湖北黄梅。1924 年加入语丝社,1929 年从北京大学毕业并留校任教。1930 年与周作人等一起创办纯文学刊物《骆驼草》,同时为林语堂主编的《人间世》写稿。1937 年抗战爆发后,一度回湖北老家当小学和中学教员。1946 年重返北京,任北京大学中文系副教授、教授。主要著作有短篇小说集《竹林的故事》《桃园》《枣》等,长篇小说《桥》《莫须有先生传》和《莫须有先生坐飞机以后》等。废名的小说以"散文化"闻名,对沈从文、汪曾祺以及后来的贾平凹等文学大师的创作产生重要影响。

重要作品详解

《竹林的故事》 废名所创作的短篇小说,最初发表于 1925 年 2 月出版的《语丝》杂志上,1925 年 11 月收入小说集《竹林的故事》。废名以凝练而韵味无穷的笔致,勾勒出宗法制下农村中一派充满诗情画意、青春气息的田园牧歌式的景象,以及在此图画下所蕴藏的生活的悲苦。潺潺的流水,茂林修竹,碧绿菜地,远处的沙丘城郭……菜农老程夫妇和他们的小女儿三姑娘,一家人就在其中过着贫穷却闲适的生活。三姑娘乖巧聪慧,伶俐能干。她唱歌嬉戏,帮助父亲捕鱼种菜。贫穷的生活,使老程两个女儿早夭,这就更使老程夫妇相信命运,他们把三姑娘交给菩萨保佑。老程用紧巴巴的钱给女儿买了一把大红头绳扎辫子。三姑娘八岁的时候老程死了。剩下三姑娘母女俩相依为命,日子"一天比一天淡漠起来"。

《竹林的故事》展示了劳动人民的美好心灵,洋溢着田园牧歌般的气息;写乡村生活,风格冲淡,写景精细,富有诗的意境。

《菱荡》 废名的短篇小说代表作之一。小说以舒缓的笔调描绘了一幅旧时中国南方水乡的世俗图,反映了旧时中国南方农民的生活状态、思想意识及人与人之间的淳朴、融洽的关系,塑造了一个诚实朴讷、憨厚风趣的农民陈聋子形象。小说语言自然质朴,娓娓道来,富于口语,趣味横生。小说意境幽丽,承转自然,

语言清纯恬美,状物摹人,细腻传神,景物与人物相互映衬,水乳交融,画面感极强,给读者以身临其境的感受。小说体现了废名独特的创作风格,通篇没有什么很强的故事情节,对人物的语言、行为也只是轻描淡写,但人物形象栩栩如生、跃然纸上。

(八)田汉

田汉(1898—1968),原名田寿昌,湖南长沙人。1916 年田汉随舅舅东渡日本,考入东京高等师范学校。在日本的六年(1916—1922)既是田汉社会思想与文艺思想的形成期,也是话剧创作的尝试期。此时期代表作有《咖啡店之一夜》《梵峨璘与蔷薇》《午饭之前》,其中以《咖啡店之一夜》成就最高。该剧通过一个穷秀才的女儿被盐商的儿子遗弃的故事,抨击了李乾卿的市侩习气,颂扬了白秋英的独立人格和不妥协的反抗精神,一定程度上触及了阶级矛盾,具有一定的社会意义,它标志着田汉的话剧创作走上了现实主义之路。1922 年回国后,创办《南国》半月刊及南国社、南国艺术学院,发起了"南国"艺术运动。这一时期是田汉剧本创作的多产期,代表作品有《获虎之夜》《名优之死》《湖上的悲剧》《古潭的声音》《第五号病室》等。其中以《获虎之夜》《名优之死》成就最高,无论从戏剧艺术的完整性还是现实主义的深刻性来看,它们均是田汉 20 世纪 20 年代最具代表性的剧作。左联时期创作了《回春之曲》等,抗战后期和解放战争时期创作了《秋声赋》《丽人行》等。

重要作品详解

《获虎之夜》 描写的是山村猎户之女魏莲姑与贫穷的流浪儿黄大傻之间的爱情悲剧。作品以辛亥革命后湖南某山村为背景,富裕的猎户魏福生嫌贫爱富,强迫女儿莲姑与黄大傻中断恋情,把她另许给城里人。刚刚捕获一只老虎之后,他又在山上设下镜枪,希望再猎得一只老虎为女儿多添置一些嫁妆。就在这天晚上,黄大傻思念莲姑,上山眺望莲姑屋内的灯光,不幸中枪。在生命垂危之际,莲姑紧握其手,相伴不离。魏福生强行拆散二人,并毒打女儿,黄大傻悲极自尽。作者以现实主义之笔写出了爱情自由和个性解放要求所面临的严酷现实,以及青年男女为此所进行的殊死斗争,深刻触及婚姻与阶级等社会问题。洪深曾给予该剧以很高的评价:"在题材的选择,在材料的处理,在个性的描写,在对话,在预期的舞台空气与效果没有一样不是令人满意的。"

《名优之死》 是田汉在新中国成立前最优秀的剧本。主人公刘振声是一位闻名遐迩的京剧艺人,他对待艺术严肃认真,对弟子的生活关心备至,对他们的"戏品""戏德"要求更为严格。他呕心沥血培养的青衣新秀刘凤仙,竟被"绅士化流氓"杨大爷以金钱所腐蚀。刘振声义正词严地与仇敌进行斗争,最后被杨大爷气倒死在舞台上。作者通过刻画"一代名优"的反抗性格及其悲剧命运,概括了旧社会正直戏曲艺人的苦难遭遇;通过揭示刘凤仙受诱惑以致堕落的过程,告诫青年人不要在龌龊的社会大染缸中迷失自我,误入歧途。该剧以新奇的形式、绚烂的色彩、沉郁磊落的情调对一个真实的素材进行了完美的艺术处理,不仅人物形象血肉丰满,而且戏剧结构新颖巧妙,自然流畅,表现了作者驾驭多幕剧的高超技巧。

《回春之曲》　描写在南洋教书的青年高维汉,在爱国情感的感召下,放弃优越的物质条件,离别心爱的恋人梅娘,回国参加抗战。后其在战争中负伤丧失记忆,梅娘赶回国内精心照顾他。三年后,在梅娘的歌声和新年鞭炮声的刺激下,他奇迹般地恢复记忆,发出将民族解放战争进行到底的呼唤。作者将抗日救国与男女爱情有机地结合在一起,使爱国主义主题得到深化。作者善于设置感情场面,通过抒情笔触,把高维汉对祖国的忠诚和梅娘对爱情的忠贞刻画得生动感人。尤其是歌曲的穿插,更增添了剧作的艺术感染力。这种融对话、诗歌、音乐于一体的特点,是田汉在话剧领域中的一种开拓。

(九)林语堂

林语堂(1895—1976),原名林玉堂,福建龙溪(今福建漳州)人,中国现代散文家、小说家。早年曾留学美国、德国,获语言学博士学位。1922年回国后,在北京大学、北京女子师范大学任教。曾是鲁迅主持的《语丝》撰稿人。1926年任厦门大学文科主任,次年到武汉国民政府外交部任外文秘书。20世纪30年代在上海编辑《论语》《人世间》等刊物,提倡幽默闲适。抗日战争期间,赴美国任教并写作,1976年在香港病故。著有杂文集《剪拂集》《我的话》《吾国与吾民》,长篇英文小说《京华烟云》等。

林语堂的创作风格及特点

1. 林语堂大力提倡幽默,认为幽默既是一种美学追求,更是一种写作立场、人生姿态,主张小品文应"以自我为中心,以闲适为格调""宇宙之大,苍蝇之微,皆可取材"。但同时他也主张要面对现实,不过并非直接去干预和批判现实,也不攻击任何对象,而企图站在比较超越的立场上,以戏剧"看客"的姿态,将文化劣根上的滑稽可笑之处揭示出来。不过林语堂的小品尽管有意超离现实,却未能达到他所提倡的涵养性灵的高度,其幽默也往往止于表达的快感,缺乏现实批判的力度。

2.林语堂国学和西学的底子都比较厚实,熟悉中西文化,惯用中西比较的眼光看问题。他的小品文常常都是从一件具体事物谈开去,引发对传统文化与西方文化比较冲突的许多联想。对国民性改造以及传统文化转型的思考,贯穿在他的许多小品文的写作中。林语堂在当时和后来能拥有众多读者,很大一部分原因是他作品的可读性,以及融汇东西方的智慧从学养文化方面另辟一途。

重要作品详解

《吾国与吾民》　用英文写成,又名《中国人》,作于 1934 年。他希望跨越语言的隔膜,使外国读者对中国文化有比较深入的了解。该书中作者以冷静犀利的视角剖析了中国这个民族的精神和特质,较为系统地向西方宣传了中国和中国文化,向西方展示了一个真实而丰富的民族形象。

《京华烟云》　以主人公姚木兰的命运发展为线索,讲述了北平曾、姚、牛三大家族从 1901 年义和团运动到抗日战争 30 多年间的悲欢离合、恩怨情仇,全景式展现了中国近现代社会风云变幻的历史面貌。其中描写了许多当时北京的风土人情、饮食娱乐,以及在那个时代人们普遍的一种思想上的迷茫和矛盾。《京华烟云》无法用悲剧或者喜剧笼统概括,但不可否认的是书中处处蕴含着悲剧精神,但它却始终传达出一种发自内心的对生活的希望和对国家和民族的自豪之情。

(十)叶圣陶

叶圣陶(1894—1988),原名叶绍钧,字圣陶,江苏苏州人,被茅盾称为是能够"冷静地谛视人生,客观地、写实地描写着灰色的卑琐人生"的作家。叶圣陶生于贫寒的知识分子家庭,中学毕业后无力升学,当了小学教员,从事小学教育长达十年之久,对南方教育界的情形比较了解,这为他后来的小说创作提供了丰富鲜活的素材。早在 1914 年,叶圣陶开始创作文言小说,发表在《礼拜六》等旧文学杂志上。五四新文化运动兴起后,他积极投身到新文学阵营中并开始了新小说的创作,先后结集出版了《隔膜》(1922)、《火灾》(1923)、《线下》(1925)、《城中》(1925)、《未厌集》(1928)等。1925 年叶圣陶进入商务印书馆工作时,正值"五卅"运动爆发,面对遇难者的鲜血,他在激愤中写下了散文名篇《五月三十一日急雨中》。1927年大革命失败后,叶圣陶创作了小说《夜》等,控诉残暴的屠杀者,礼赞青年革命者大无畏的革命精神。1928年,叶圣陶又创作了长篇小说《倪焕之》,曾被茅盾誉为新文学"扛鼎"之作。另外,他创作于20世纪30年代的《多收了三五斗》是"丰收成灾"题材作品中的名篇。

重要作品详解

《潘先生在难中》　短篇小说,写于1924年,发表于1925年1月10日《小说月报》第16卷第1号。小说描写了一位小学校长潘先生,在军阀混战中挈妇将雏从小镇乘火车到上海逃难。到了上海,听说学校要复课,又只身仓皇回到学校。他后来听说局长要乘机淘汰只顾逃难的教员,不由暗自庆幸自己的远见卓识。临到战事再来,交通中断,他又后悔不迭,为保性命躲进了洋人的"红房子"。等到战事平息,他又乐哉悠哉地为制造战乱的军阀歌功颂德。小说淋漓尽致地描写了一个苟且偷生、进退失措、患得患失的小知识分子的可怜相,但在小说冷静描摹和辛辣讽刺的背后,也流露出作者对这类小知识分子悲剧命运的同情。

《倪焕之》　长篇小说,1928年连载于上海《教育杂志》。主人公倪焕之把教育当成自己终生的事业,抱着教育救国的理想和他的同志蒋冰如在死水一样的乡间试验新的教育,但是他们得不到社会的同情和同事的理解与赞助,教育理想最终幻灭;与此同时,新的家庭憧憬也破灭了,曾经和自己志同道合的爱人金佩璋在结婚生育后完全成了一个庸俗的家庭主妇。在对现有生活的失望中,倪焕之由乡村来到大都市上海寻求新的生活意义和人生奋斗方式。大革命的浪潮让倪焕之兴奋,但这一切又都随着大革命的失败化为泡影,眼见同志被杀,倪焕之悲哀、愤懑,感到了自己的脆弱和无力。应该说,倪焕之不是个大勇的革命者,却是对时代的大波中有着"求善的热望"的知识分子的精神写照。《倪焕之》虽然不是新文学中艺术上的完美之作,却也是一部"扛鼎"之作,它为时代精神做了一个艺术的总结。

二、重要流派

【知识点精讲】

(一)五四新文化运动

文学革命开始于1917年,它是晚清文学改良运动在新的历史条件下的发展,是适应以思想革命为主要内容的新文化运动而发生的,是新文化运动的一个组成部分,其对封建思想的批判必然地转向对封建主义文学的抨击。反对文言,提倡白话,反对旧文学,提倡新文学的文学革命运动,在中国文学史上竖起一个鲜明的界碑,标示着古典文学的终结和现代文学的开端。

文学革命的理论主张

1.1917 年 1 月胡适发表的《文学改良刍议》是倡导文学革命的第一篇理论文章,提出文学改良须从"八事"入手,即须言之有物,不模仿古人,须讲求文法,不做无病呻吟,务去滥调套语,不用典,不讲对仗,不避俗字俗语。

2.1917 年 2 月陈独秀发表《文学革命论》,提出三大主义:推倒贵族文学,建设国民文学;推倒古典文学,建设写实文学;推倒山林文学,建设社会文学。

3.1918 年 4 月胡适《建设的文学革命论》以"国语的文学,文学的国语"概括文学革命的宗旨。

4.1918 年 12 月周作人发表《人的文学》提出以人道主义作为新文学的思想基础。

文学革命的意义

1917 年初发生的文学革命,史称"五四文学革命",它是五四启蒙运动即五四新文化运动发展的必然结果,是我国历史上前所未有的一场伟大而彻底的文学革新运动。文学革命所带来的文学观念、内容和形式上的变化是全方位的,标志着古典文学的结束和现代文学的开始。虽然有简单化和片面性的毛病,但它和时代的转换密切呼应,充分满足了"五四"时期的审美需求,造就了与传统文学截然不同的现代读者和新的文学传播方式。

(二)文学社团

文学研究会　1921 年成立于北京,是文学革命后出现的第一个文学社团,代表作家有周作人、茅盾、冰心、许地山等,重要刊物有《小说月报》《文学旬刊》等。主张"为人生而艺术",认为文学应当反映社会现实,揭示人生问题,其创作被称为"人生派"或"为人生"的文学。

创造社　1921 年成立于日本东京,代表人物有郭沫若、郁达夫、成仿吾、张资平等。他们创办了《创造》(季刊)、《创造周报》《创造日》《洪水》等刊物,初期主张文学"为艺术而艺术",强调文学必须表现作者内心要求,推崇文学创造的直觉与灵感,其作品大多都侧重自我变现,带有浓厚的浪漫主义抒情色彩。

新月社　1923 年由胡适、徐志摩、闻一多、梁实秋等人在北京发起,代表刊物有《晨报·诗镌》《新月》月刊等。他们在思想上倾向于自由主义,在艺术上主张"理性节制情感"。前期新月派提倡新格律诗,因此又被称为"新格律诗派",他们致力于新诗形式上的探索,其中闻一多提出诗歌"三美"的主张,即绘画美、音乐美、建筑美。

语丝社　成立于1924年,办有《语丝》周刊,多发表针砭时弊的杂感小品,因倡导这种文体又被称为"语丝派",主要成员有周作人、钱玄同、林语堂、刘半农、俞平伯、孙伏园等。

湖畔诗社　1922成立于杭州,代表人物有应修人、潘漠华、冯雪峰、汪静之等。同年4月,他们的诗歌集《湖畔》出版,该诗歌集以写作爱情诗而闻名,他们因此得名为"湖畔诗人"。

(三)问题小说

五四运动在思想文化领域除旧布新的巨大力量,引出了一批"问题小说","问题小说"是五四文学革命期间出现的一个小说创作潮流,北京大学学生团体新潮社及其社刊《新潮》在这个潮流中扮演了重要角色。五四运动造就了一批"问题小说"家。他们以五四新文化作为参照,重新思考社会人生问题,题材涉及婚恋、教育、家庭等方面,由于作者急于表达对现实的批判和对人生的思考,使其小说具有观念化和抽象化的弊病,人物形象被削弱。代表作家作品除以上提及的,还有冰心的《超人》《斯人独憔悴》、王统照的《沉思》、庐隐的《一封信》《灵魂可以卖吗》等。

(四)乡土小说

在现代小说史上最早表现出流派风范,出现于1923年左右,主要作者为文学研究会和未名社、语丝社一些受鲁迅影响的青年作家,如许杰、王鲁彦、台静农、许钦文、彭家煌等。这些来自农村、寄居京沪的都市游子,目睹现代文明和宗法制农村的差异,靠回忆来描写乡村生活,具有浓重的乡土气息和鲜明的地方色彩。代表作品有王鲁彦的《柚子》《菊英的出嫁》,台静农的《地之子》《天二哥》,彭家煌的《怂恿》等。乡土小说的大量出现,是启蒙运动与文化批判摆脱浮躁走向深入的表现,是文学发展内在规律的要求,对文学的发展与深化具有深远意义。首先,乡土小说确定了农民和乡土社会作为创作的主要对象。其次,乡土小说的创作,推进了人们对文学中地方色彩的审美认知,乡土小说作者对"地方色彩"与"风土的力"的自觉追求,不仅拓展了小说的表现空间,而且激发了地域文化差异所蕴含的艺术魅力与生命力。

（五）"自叙传"抒情小说

　　"自叙传"抒情小说是现代抒情小说的最初体式,作者多为创造社成员,如郁达夫、倪以德、陶晶孙等。另有部分文学研究会作家和未加入文学社团的作家也加入了"自叙传"抒情小说的创作行列,如王以仁、庐隐、淦女士(冯沅君)等。代表作品有郁达夫的《沉沦》《春风沉醉的晚上》《银灰色的死》,庐隐的《丽石的日记》《海滨故人》等。这些作家多受 19 世纪欧洲浪漫主义文学的影响,吸收日本"私小说"的艺术风格和现代主义表现手法,并加以融会创新,主张再现作家自己的生活和心境,减弱对外部事件的描写,而侧重对作家心境的大胆暴露,包括个人私生活中的灵肉冲突以及变态性心理,作为向一切旧道德礼教挑战的艺术手段。这种小说更新了传统的小说手法,丰富了小说体式,以独特的美学价值,为中国现代小说的发展做出了巨大贡献。

　　"自叙传"小说的艺术特色:1.不注重对事件的外部描写,侧重自我表现,表现作家内心的感受。2.结构的散文化和语言的诗化。3.文笔流丽、清新。4.以浪漫主义为主,兼采某些现代主义技巧。

（六）新月派

　　前期新月,是指 1928 年以前,以北京《晨报·诗镌》为基本阵地的诗人群。主要诗人有闻一多、徐志摩、朱湘、饶孟侃、杨世恩、孙大雨、刘梦苇等。新月派的基本宗旨一是"在新诗与旧诗之间建立一架不可少的桥梁",二是把创造重心从早期白话诗人关注的"白话"("非诗化")转向"诗"自身,也即"使新诗成为诗"。由此,新月派主张"使诗的内容及形式双方表现出美的力量,成为一种完美的艺术",宣称"我们诗的意境与技术不是取法古人,也不是模拟西洋;我们的诗是新诗,是创造的中国之新诗"。中国的新诗创作于是进入了一个"自觉"的时期。

　　基于上述宗旨,新月派提出了"理性节制情感"的美学原则与诗的形式格律化的主张。新月派的矛头所向,是所谓的"感伤主义"与"伪浪漫主义",即诗歌情感的过分泛滥,以及不加节制地直抒胸臆的抒情方式。新月派诗人所推崇的"理"是一种自我克制,而并非早期白话诗人及后续者追求的诗的哲理化。为了实现艺术"理性节制情感"的艺术原则,新月派诗人在诗歌创作上做了有益的探索。首先是客观抒情诗的创造,即变直抒胸臆的抒情方式为主观情愫的客观对象化。其次是增强诗歌中的叙事成分,在现代叙事诗创作上进行了有益探索。

第三,把戏剧、小说手法引入新诗创作,进行了"新诗戏剧化、小说化"的实验。根据理性节制情感的原则,新月派参照中国传统格律诗的特点,提出了"和谐""均齐"的美学标准。闻一多提出"新诗格律化"的主张,鼓吹诗歌的"三美",即音乐美、绘画美、建筑美。新诗格律化的倡导,纠正了早期新诗创作过于散漫随意、创作态度不严谨所造成的失序局面,使新诗具有了相对规范的形式,稳固了新诗的地位。此后格律体新诗与自由体新诗一直作为新诗两种主要样式,二者既互相竞争,又互相渗透,对新诗的发展起了重要的推动作用。新月派诗人尽管有着大体相同的追求,但更为重视的却是个人独特的艺术个性,并涌现出了闻一多、徐志摩、朱湘等具有鲜明个人风格、自觉进行新诗实验的诗人。

(七)语丝派

"语丝派"是五四文学革命后形成的一个散文流派,以1924年创刊的《语丝》杂志而得名。

鲁迅和周作人是语丝派的核心作家,他们的主要成就是短小犀利的杂感,其批评的文字中"富于俏皮的语言和讽刺的意味",即所谓"语丝文体"。其特色是"任意而谈,无所顾忌",要催促新的产生,对于有害于新的旧物,则竭力加以排击,但应该产生怎样的新,却并无明白的表示,而一到觉得有些危急之际,还是故意隐约其词。但这只是就语丝派的大致情形而言,实际上其成员的创作风格也各有不同。他们除了议论性的杂感之外,也有不少抒情小品的佳作,如孙伏园的《伏园游记》,孙福熙的《山野掇拾》《归航》,川岛的《月夜》,等等。

林语堂是语丝派中仅次于鲁迅、周作人的作家,又是幽默小品提倡者之一。在20世纪20年代,他介绍过许多西方幽默理论,主张以幽默的艺术去揭示生活矛盾,针砭社会文明弊病。他的散文集《剪拂集》就多以嘲讽之笔,进行社会批评与文明批评,讥刺的盔甲中每每包裹着幽默。

第二章　1928年—1937年重要作家及流派

第一部分　学前重点讲解

　　本章主要包含1928年—1937年的重要作家和重要流派两节内容，在第一节重要作家中，需要重点记忆的是茅盾、巴金、老舍、沈从文、曹禺这几位作家的代表作品及其思想内容与写作特色，"重要作品详解"部分中提到的图书要认真阅读，萧红、丁玲等作家可以作简要了解，但要知道她们最具代表性的作品。

　　第二节重要流派中，需要重点关注的是左翼文学、京派、海派与现代派诗歌这几个重要流派的形成与发展脉络，以及各个流派的代表人物、代表刊物与文学主张。

第二部分　核心考点汇总

一、重要作家

【知识点精讲】

（一）茅盾

茅盾（1896—1981），中国新文学第二个十年出现的最重要的小说作家。原名沈德鸿，字雁冰，出生于浙江省桐乡市乌镇。在 1927 年以后主要从事文学创作，同时参与 20 世纪 30 年代左翼文学运动和抗战时期国统区进步文学运动。主要作品有中篇小说《幻灭》《动摇》《追求》（《蚀》三部曲），长篇小说《虹》《子夜》《第一阶段的故事》《腐蚀》《霜叶红似二月花》《锻炼》，短篇小说《林家铺子》《春蚕》《水藻行》，话剧剧本《清明前后》，散文《白杨礼赞》《风景谈》等。

茅盾小说的成就

1.重视题材与主题的社会性和重大性，反映时代全貌及其发展的史诗性，追求巨大的思想深度和广阔的历史内容。

2.在人物形象塑造上，注重表现人物性格的多面性与复杂性，他将人物的行为、情感、心理、个性诸点加以展开，追求立体化效果。从错综复杂的社会关系中注重人物的经济地位的变化以展现人物性格。茅盾善于描写"民族资本家"和"时代新女性"两个系列的人物形象。

3.追求宏大严谨的布局，作品中总是人物众多，情节复杂，线索纷繁交错而又严密完整。

4.重视细腻的心理刻画，追求社会剖析与人物心理剖析的统一，努力挖掘与揭示人物心理活动与深刻的社会历史内容。

重要作品详解

《子夜》　出版于 1933 年，被认为是左翼文学巅峰之作，确立了茅盾在现代文学史上的重要地位。故事发生在 1930 年的上海，它以民族工业资本家吴荪甫和买办金融资本家赵伯韬的矛盾、斗争为主线，深刻地反映了当时的社会面貌。开始，赵伯韬拉拢吴荪甫进行公债投机，而吴荪甫又联合其他资本家组成益中信托公司,试图筹措资金大力发展民族工业,因而与赵伯韬产生了矛盾。赵伯韬依仗外国的金融资本做后台,处处与吴荪甫作对,加上军阀混战、农村破产、工厂的工人怠工与罢工,尽管吴荪甫和益中公司同仁竭尽全力,拼命挣扎,最后也没有改变全盘失败的命运。这幕悲剧说明,在帝国主义的侵略、控制、压迫下,中国的民族工业是不可能得到发展的。

《蚀》三部曲 包括《幻灭》《动摇》《追求》三个连续中篇,于 1927 年—1928 年在《小说月报》连载。《蚀》在茅盾的创作生涯中具有特别的意义,它是茅盾自我情感参与最强烈的小说,是他"真实地去生活,经验了动乱中国的最复杂的人生的一幕,终于感得了幻灭的悲哀"之后奉献出来的处女作。在《从牯岭到东京》一文中,茅盾这样描述《蚀》的构思:"我那时早已决定要写现代青年在革命壮潮中所经过的三个时期:(1)革命前夕的亢昂兴奋和革命既到面前时的幻灭;(2)革命斗争剧烈时的动摇;(3)幻灭动摇后不甘寂寞尚思做最后之追求。"茅盾自认为有"粘住了题目做文章"的习性,《蚀》三部曲分别写了大革命前后时代新青年的"幻灭""动摇"与"追求"。《幻灭》中的静女士先后经历了读书、革命、恋爱的幻灭。静女士因不满省城女校的无聊,来到上海打算"静心读书"。对读书产生怀疑后,在本能的驱使和好奇心的驱使下,她轻易失身于实为"帅座"暗探的同学抱素。她悔恨之余,又神往武汉的革命运动。然而,她在武汉只过了两个多星期的"新生活"就感到了"万分的不满足"。后来在伤病医院她结识了少年连长强猛并相恋,尝到了男女狂欢的巅峰体验。强猛的归队,使得她对新生活的美满预想又一次落空。《动摇》通过描写武汉国民政府蜕变前夕湖北一个小县城的革命风波,表现了革命时代各色人等的内心世界与现实动向。主人公党部负责人方罗兰"遇事迟疑,举措不定",正是他的左右摇摆、姑息养奸,使得胡国光这样的"积年老狐狸"能够混入革命阵营,以极左的面目跻身于县党部,导致革命的失败。《追求》描写了大革命失败后,会聚上海的时代新青年在各自追求道路上遭遇的挫折与痛苦。张曼青、王仲昭、章秋柳、史循等时代新青年,在颓唐中尚思做最后之追求,然而他们最后一搏的身姿最终被淹没在平庸污浊的时代潮流中。

《蚀》三部曲表现了时代新青年在人文和社会理想幻灭后绝望抗争的精神状态。这种精神状态指向放纵自我,标举极端的个人主义,追求强烈的官能刺激,以歇斯底里的生命体验对庸俗的资产阶级文明和传统士绅文化进行消极的反叛和报复。时代新青年(尤其是其中的"时代女性")的基本精神状态用一个词来概括,那就是"颓废"。静女士、慧女士、孙舞阳、章秋柳、史循、张曼青、王仲昭等经过新思想洗礼的时代新青年,曾经把青春热情和人生希冀托付给变动的时代新潮。然而1927年前后的大革命所呈现的庸俗世相,以及革命的转向和落潮,给予时代新青年沉重的打击,幻想的肥皂泡破灭时绽放的是颓废的恶之花。他们心中盛满了时代的苦闷,他们"苦闷的成分是幻灭的悲哀,向善的焦灼和颓废的冲动"。含泪的狂笑,颓废的苦闷,从刺激中领略生存意识的那种亢昂,突破灰色生活的"绝叫",是他们颓废生命的写照。不过,时代新青年在否定社会以及一切形而上追求的同时,又有着强烈挣扎的痕迹:在否定自我的过程中,在绝望的狂笑中,分明透露出不甘沉沦的精神苦痛;在玩弄颓败衰弱的同时,又对颓败衰弱有所反思;在有意耗损生命的同时,又常常为青春、热情的耗损悲哀痛惜。《蚀》三部曲因为对时代新青年颓废精神的深刻描摹,使得它具有独特的认知价值与艺术魅力,在茅盾的创作中亦占有重要的地位。

(二)巴金

巴金(1904—2005),原名李尧棠,字芾甘。五四运动之后开始接触新思潮,无政府主义思想对其影响较大。1928年发表处女作《灭亡》,开始使用"巴金"这个笔名。主要作品有中、长篇小说"爱情三部曲"——《雾》《雨》《电》,"激流三部曲"——《家》《春》《秋》以及《憩园》《第四病室》《寒夜》,散文集《随想录》等。巴金文学思想的核心是"真实",强调作家应该忠实于生活。巴金是一个热情真诚、富于诗人气质的小说家,他的小说充溢着真挚而激越的情感。他始终关注青年人的生活与命运,讴歌和赞美青春,这使得他笔下的"青年世界"成为20世纪30年代文学中最具有影响力的一部分。

重要作品详解

《家》　"激流三部曲"中,《家》的成就最高、影响最大。作品写了觉慧和鸣凤,觉新与梅芬、瑞珏,觉民与琴等几对青年爱情上的不同遭遇,以及他们所选择的不同道路。小说用血淋淋的事实控诉了家长制和旧礼教对于青春、爱情、生命的漠视与摧残。《家》塑造了高老太爷、觉慧和觉新这三个典型人物。高老太爷是这个封建大家族的最高统治者,他的专横、衰老和腐朽,象征着这个家族的权威,掌握着全家人的命运,按照封建社会的等级制度,他是整个家族的君主,《家》里所发生的一系列悲剧事件都与高老太爷有关。作为封建专制的叛逆者,从"家"中出走的觉慧,是一个充满朝气与希望的新人典型,他对封建家庭的反叛,是最富有五四时代特征的现实选择。巴金在觉慧身上寄托对青春的赞美和对爱情的信念。觉新是一个能清醒认识到自己悲剧命运,但又怯于行动、无力改变的多余人,是封建家庭和旧礼教毒害下人格分裂的典型。

《家》的杰出成就:

1.小说揭露了封建宗法家庭的腐朽专制,激起了人们反封建的决心,加速了旧制度的灭亡。

2.塑造了一批形象生动而富有典型性的人物形象,对人物内心世界的刻画细腻饱满。

(1)高老太爷,是大家庭的最高统治者,专横腐朽,象征着封建家族制度和纲常礼教走向崩溃的历史命运。

(2)觉慧,是一个充满朝气与希望的新人典型。

(3)觉新,是一个能清醒认识到自己悲剧命运但又怯于行动的"多余人",是封建家庭和旧礼教毒害下人格分裂的典型,具有委曲求全的懦弱性格。

3.全书人物众多,事件繁复,但作品能始终围绕基本线索展开描写,有条不紊,紧凑周密,波澜起伏,显示出作者精于构思的能力。

4.语言行云流水,虽然有时缺少锤炼,不耐咀嚼,但内蕴激情,整体上却又有一种冲击力,予人以强烈震撼。

《寒夜》 写成于1946年,是一部最能代表巴金后期创作风格与水平的长篇力作。作品描写了一个以自由恋爱为基础的知识分子新式家庭是如何在现实生活的重压下破裂的。小说主人公汪文宣和曾树生是一对大学生夫妇,他们曾经受到过五四新思潮的熏陶与启迪,在个性解放的信念下结合,共同追求教育救国的理想。但在生活的重压下,汪文宣的理想逐渐破灭,变成一个胆小、软弱的公务员。而他的妻子曾树生年轻漂亮,思想开放,面对病入膏肓的丈夫,心中充满控制不住的恐惧和压抑。汪文宣无法再获得妻子的爱情,也无力解决婆媳之间的矛盾,更无力抵抗社会对他的经济的、精神的压迫,终于在抗战胜利的消息传来之时,满怀悲怨的死去。小说写的是凡人的悲剧,汪文宣和曾树生的悲剧固然跟他们本身的思想性格弱点有关,但归根结底还是社会的悲剧,一切不幸、贫穷、失业、疾病都是与黑暗的社会分不开的。小说在这一点上,显示出它尖锐的批判力量。

(三)老舍

老舍(1899—1966),原名舒庆春,字舍予,笔名老舍,满族人,是中国现代文学史上写作都市题材最成功的作家之一。老舍生于北京的城市贫民家庭,在大杂院里度过贫寒的幼年和少年时代,喜爱市井胡同里的戏曲和民间说唱艺术,熟悉从语言到习俗的京味文化。主要作品有长篇小说《老张的哲学》《赵子曰》《二马》《离婚》《牛天赐传》《骆驼祥子》《四世同堂》,中篇小说《猫城记》《月牙儿》《我这一辈子》,短篇小说《断魂枪》《柳家大院》,话剧《龙须沟》《茶馆》等。老舍在中国现代文学史上的独特地位与价值在于:对北京市民日常生活与习俗民风进行了全景式描写,通过对老派北京市民形象的塑造和对其"国民性"的揭示,成为北京市民文化及其与中国文化传统的内在关联的发现者、批判者。他在生动的人物塑造和行为描写中,凝聚着深沉的文化批判与对民族精神重构问题的认识、思考。同时,老舍的都市题材小说还表现出对现代与传统、城市文明病与人性弱点等诸多关系的反思与探讨。

老舍小说的艺术特色

1.构筑"市民世界"。老舍用小说构筑了一个丰富多彩的市民世界,其中包括老派市民、新派市民、城市贫民等。他用文化属性来界定人的性格,关注特定文化背景下人的命运。他常常通过戏剧性的夸张,揭示老派市民的精神病态,从而实践他对北京文化乃至传统文化中消极落后方面的批判。

2."京味"十足。"京味"首先体现在老舍对北京市民生活的选取。他写北京大小杂院、四合院、胡同中的市民凡俗生活、各种职业生活和寻常世相,为读者描绘了丰富多彩的北京风俗画。其次,老舍用"官样"概括北京的文化特征,包括讲究体面、排场、气势、精致的生活艺术,讲究礼仪、懒散温厚的生活态度。

3.语言幽默。老舍曾旅居英国五年,其幽默的语言风格一方面受到狄更斯等英国文学家的影响,另一方面与其本身的性格、气质有关。他的幽默既是对现实不满的一种发泄,又是对自身状态的一种解嘲,是生命的润滑剂。

重要作品详解

《茶馆》　是老舍于1956年创作的话剧。该剧以独特的艺术手法,展示了戊戌变法、军阀混战和新中国成立前夕三个时代近半个世纪的社会风云变化。《茶馆》结构上分三幕,每一幕写一个时代,描绘了北京各阶层出入于这家大茶馆的形形色色的人物,构成了一个完整的"社会层次"。作品形象地描摹了黑暗社会中广大平民的悲惨遭遇和反抗斗争，刻画出一系列栩栩如生的艺术形象。全剧以小见大，展示出一幅气势恢宏的历史画卷。

《四世同堂》 是老舍创作的长篇小说，以北京小羊圈胡同的居民为核心，描写了抗日战争时期在日本占领下的北平城，北平市民屈辱偷生的悲惨命运。小说以祁家四世同堂的生活为主线，辅以小羊圈胡同各色人等的荣辱浮沉、生死存亡，刻画了当时社会各阶层众多普通人的形象，深刻地展示了普通人在历史进程中所走过的艰难曲折的道路。忍辱负重的八年、觉醒抵抗的八年，终使胡同里的人们彻底地懂得了国家民族之尊严、人之尊严。祁瑞宣是小说中最重要的角色，他始终处在彷徨、痛苦、动摇之中，一方面是民族大义的良知催促他应该离开家庭，投身于全民抗战的洪流之中；但另一方面家庭的责任，对老人的孝道，使他又不得不忍辱负重留在沦陷区当亡国奴，终于在太平洋战争爆发，连"英国府"也保护不了他的时候，他接受了地下工作者的任务，成为抗日阵营的一分子。

《骆驼祥子》 是老舍写城市贫民悲剧命运的代表作，这部小说在老舍全部创作中是一座高峰，反映了旧中国城市底层人民的苦难生活，同时也蕴含了作者对于城市文明病与人性关系的思考。小说以 20 世纪 20 年代末期的北京市民生活为背景，以人力车夫祥子的坎坷悲惨的生活遭遇为主要情节，深刻揭露了旧中国的黑暗，控诉了统治阶级对劳动者的剥削压迫，表达了作者对劳动人民的深切同情，向人们展示了军阀混战、黑暗统治下的北京底层贫苦市民生活于痛苦深渊中的图景。作者用祥子力图通过个人奋斗摆脱悲惨生活命运，最后失败以至于堕落的故事，告诉人们在一个既有阶级性的政治和经济压迫，又有无所不在的黑恶势力的整体性环境里，通过个人力量摆脱厄运，是根本不可能的。

《猫城记》 讲述的内容是一架飞往火星的飞机在碰撞到火星的一刹那机毁人亡，只剩下"我"幸存下来，却被一群长着猫脸的外星人带到了他们的猫城，开始了艰难的外星生活。作者借猫人混乱生活和丑恶行径的描写，对旧中国国民的劣根性作了淋漓尽致的剖析，并间接抨击了统治中国的国民党政权腐败、无能的内政外交。而猫人的全族毁灭，也显露了作者对民族前途的瞻望染有比较浓厚的悲观色彩，这反映了作者不断寻求真理过程的曲折和内心的矛盾痛苦。在这部作品中，老舍先生的黑色幽默的语言风格展露无遗。《猫城记》在思想倾向上的复杂性和艺术表现上的特异性，使它长期以来引发不同的评价。

（四）沈从文

沈从文（1902—1988），原名沈岳焕，其出生于偏远而有着极其独特的地域文化与历史的湘西凤凰县。20世纪20年代初他从湘西来到北京，在窘困的生活中自学并开始写作。20世纪30年代起，沈从文的创作风格渐趋成熟。他以大量散文、小说作品，营造出独属于自己的"湘西世界"，并因之成为京派的代表作家之一。代表作包括短篇小说集《新与旧》《月下小景》《阿黑小史》等，中长篇小说《边城》《长河》等，散文《从文自传》《湘行散记》等。沈从文的文学语言明净清澈，其小说创作不重情节，强调氛围和意境的营造，在独特的地方人情风俗的书写中，带有鲜明的文化意蕴和诗化色彩。他以抒情笔调写乡村题材，对后来乡土文学的发展影响颇为深远。

沈从文创作的思想内容

沈从文以"湘西人"为主体，用小说、散文建造起特异的"湘西世界"。他以地域的、民族的文化历史态度，以城乡对峙的整体结构批判中国进入现代文明的初始阶段所显露的全部丑恶。

沈从文小说的艺术特色

1.以情感为主导的抒情体式。在他笔下，艺术描写的重点不是叙事写实而是抒情释怀。

2.对故事和情节结构的淡化倾向。作者的本意不在描写爱情的曲折过程和人事纠葛，而是力图围绕三角恋爱故事，讴歌边城人民朴素正直、善良忠诚的人情美、人性爱，展现一种"优美、健康，自然而又不悖于人性的人生形式"，借以寄托用美和爱铸造民族性格的审美理想。

3.人物形象的类型化，每个人的形象都有鲜明特色。如《边城》中对翠翠这一形象的刻画，细致传神地展现出其心绪情思和内心的隐秘懵懂。

4.注重意境的创造和氛围的渲染。《边城》中对自然景物的描写便是典型例证。这种寓含式的情感抒发，造就了沈从文湘西小说舒缓的情绪流动感和深沉的情绪渗透力。

5.语言较为奇特，有真意，独具个性，追求纯和美的美文效果。

重要作品详解

《边城》　是沈从文最有影响力的作品。小说以湘西茶峒及其附近的乡村为背景，描写撑渡船的老船夫和其外孙女翠翠的生活，以及翠翠与当地掌水码头船总的两个儿子天保和傩送之间曲折的爱情悲剧。天保、傩送两兄弟都爱上了翠翠，可翠翠从十三岁情窦初开时，就对茶峒小城外号"岳云"的傩送一见钟情。在这个爱情纠葛中，两兄弟相互袒露了心事之后，便相约按当地古老习俗，一起在月夜里轮流到碧溪岨去为翠翠唱情歌，谁的歌声打动翠翠，得到应和，那么谁就将赢得翠翠的爱情。老大天保不善于唱歌，自知无望，又知道了翠翠倾慕的是自己弟弟傩送，便毅然放弃追求，跟随油船前往下江，结果这个"水鸭子"竟然被竹篙弹到水里"淹死"了。傩送因为记着哥哥的死亡，又被家中逼迫接受邻寨王团总女儿的妆奁，也在哀伤和负气中乘船下了桃源。老船夫鉴于自己的独生女——翠翠的母亲身上曾经发生的爱情悲剧，所以格外关心这个相依为命的外孙女翠翠的婚姻，常常为此心怀隐忧，以至言行犹疑多虑。这不仅引起傩送的不满，也使其受到船总顺顺的误解和冷遇，他深感未能为翠翠找到美好的归宿而痛心，最终在一个雷雨交加的夜里死去。纯情少女翠翠的爱情故事，写出了一曲充满爱和美的人生颂歌：青年男女的情爱、祖孙父子的亲爱、人们相互的友爱、湘西边地风俗风景的迷人可爱。这些爱，体现了作者对理想美的执着追求。沈从文以这种具有原始野性的纯真朴实的人情美、人性美，表达了对都市尔虞我诈的人生形态的否定与反抗，表达了对重义轻财、重情轻利的人性的向往与追求。尽管这种理想化的人性与现实社会有着相当的距离，但对其的追寻无疑是对黑暗现实的间接抗争，是具有积极意义的。

（五）曹禺

曹禺（1910—1996），原名万家宝，是中国现代文学史上大师级的剧作家。他出生于没落的封建官僚家庭，从小就受到传统戏曲文化的熏陶。1922 年进入"中国话剧运动的摇篮"——南开中学后，加入南开新剧团，获得丰富的舞台实践经验。主要作品有抗日战争全面爆发前创作的《雷雨》（1933 年，是中国现代话剧走向成熟的一个重要标志）、《日出》《原野》等。抗日战争全面爆发后，曹禺又陆续创作了《蜕变》《北京人》《家》等剧作，其戏剧风格有所转变，特别是《北京人》，这部作品标志着曹禺从"戏剧化的戏剧"向"生活化的戏剧"转变，是对日常生活的内在诗意的发掘。曹禺的剧作具有丰富的戏剧内涵。他通过戏剧深入发掘现实人生，展现真实人性的复杂面。曹禺的戏剧创作为中国现代话剧的发展开拓了广阔的领域，提供了自由的发展前景，使中国现代话剧剧场艺术得以确立，并最终影响了中国现代话剧的整体走向。

曹禺戏剧创作的艺术特色

1. 始终遵循着现实主义的艺术之路。曹禺的现实主义并非刻板地摹写生活表象,而是致力于对人物内心世界的挖掘。他雕塑的是人物的灵魂而非人物的形体:深入人物的内心世界,通过戏剧冲突展示人性的追求与幻灭,以及心灵的压抑、震颤与燃烧。无论在《雷雨》《日出》《原野》,还是《北京人》中,作者都把强烈的爱憎、对历史与现实的深刻而独到的思考渗入到人物心灵的刻画中。因而,他的每一部话剧都是一曲人性的赞歌、一首灵魂和生命的诗。

2. 深刻的现实主义洞察力与先锋色彩秾丽的戏剧艺术手段的结合,使曹禺创造性地把话剧这一"舶来品"与中国化的戏剧艺术内容、审美观念有机地结合,开创了话剧文学民族化、现代化的新天地。在艺术上,他广泛地借鉴西方古典悲剧、社会问题剧及 20 世纪表现主义等戏剧艺术的优秀成果,使传统戏剧浮光掠影地表现社会生活,深入探索人物内心世界,并展示现实生活中种种基于人物性格冲突的感情波澜,富有诗化的艺术深度与高度。

重要作品详解

《雷雨》 是中国现代话剧走向成熟的一个重要标志。反映了当时社会的一些重要"问题"——封建家长专制对人性的压抑与摧残,资本家对工人的剥削与压榨,等等。《雷雨》以周朴园为中心,层次清晰地展现了错综复杂的三条主要矛盾冲突线索,其中,周朴园与蘩漪的矛盾冲突是全剧的主线,它牵出一系列的矛盾冲突,使全剧人物都卷入紧张的矛盾冲突之中,形成了牵一发而动全身的集中严密的结构。

剧中通过第一、二幕中人物的对话,回溯了 30 年来围绕周家发生的种种矛盾纠葛:周朴园为娶有钱人家的小姐抛弃了已和他生下两个孩子的侍萍,侍萍在大年三十雪夜中抱着刚生下三天的儿子投河自尽。侍萍被救后历经坎坷并最终嫁给了鲁贵,她与周朴园的小儿子改名鲁大海。周朴园的独断与专横给他的第二任妻子蘩漪及儿子周萍带来了巨大的精神痛苦,周萍为报复自己的父亲与继母发生了不伦之情,尔后周萍又对这种关系产生恐惧与厌倦。周萍把他与四凤的爱情作为挽救自己的出路,但没想到四凤却是自己同父异母的妹妹,四凤和周萍惊觉彼此的真正关系后,四凤、周冲、周萍相继在雷雨之夜结束了自己的生命。

《雷雨》的结构特色:

1. 情节曲折,故事性强。

2.结构严谨,集中紧张。

3.明暗双线,纵横交错,引人入胜。

《雷雨》人物形象解读:

1.蘩漪,是剧中最难把握但又是作者刻画得最成功的人物,是一个既让人可恨又让人同情的悲剧女性。她是一个中国旧式女人,但她生活在中国现代都市社会,受到一些西方个性解放思想的影响,这种影响与她本能的要求结合在一起,又使她带有一点原始的野性。乱伦处境的压抑、青春的渴望困扎得她越久,她爱起来就越疯狂,以至于变得阴鸷、残忍、冷酷。她的悲剧可以用"不幸—反抗—不幸"来形容,她嫁给周朴园导致了自己的不幸,但当她对着不幸命运进行抗争时又导致了更大的不幸。

2.周萍:胆小懦弱,不敢向封建思想做出反抗,面对蘩漪的爱,他却悔恨当时的一时之快,从而表现出无限的懊恼和悔恨,与四凤的感情中,他虽然表现出一定的责任感,却提出与四凤私奔的想法,其根本还是懦弱的,不敢面对现实。

3.周朴园:黑暗年代的封建大家长,对家人专横暴戾。

4.鲁侍萍:勤劳、善良,不甘心屈服于命运而又不得不屈服于命运的下层劳动人民,她痛恨残酷的现实,但还没有意识到自己的不幸是腐朽的制度造成的。

《日出》 选取了豪华旅馆的华丽休息室和肮脏简陋的三等妓院作为人物活动的典型场景,剧作家用极其简洁的笔法勾勒了出入其间的众生相,并把他们分为"不足者"与"有余者"两个对立的世界,以表达他对现代都市所奉行的"损不足以奉有余"的"人之道"的抗争。因此,剧本中作者最为动情的部分,无疑是写"不足者"悲剧命运的部分。无论是沦落风尘却有一颗金子般的心的翠喜,最终不免一死的"小东西",还是那善良到无用地步的都市小人物黄省三,都引起观众巨大的同情。剧作者用近乎漫画的手法,刻画了一群"生活在狭小的牢笼里面洋洋地骄傲着"的"可怜的动物",他们自认为有钱有势,有本事,有手腕,在这个社会上混得不错,自我感觉极端良好,于是就处处忸怩作态:或作娇小可喜之态(顾八奶奶),或作黯然销魂之态(胡四),或故作聪明之状(潘月亭),或时显"西崽"之相(张乔治),这都令观众鄙视与厌恶。他们仿佛主宰着自己的命运,却被一种更大的连自己也弄不清楚的力量支配着(在剧本中,作者是以"金八爷"作为这冥冥之中的力量的代表与象征的)。

陈白露是《日出》中起贯穿作用的关键人物,是继蘩漪之后曹禺塑造的又一个成功的现代女性形象。她聪明美丽,也曾有过对理想和爱情的追求,但严酷的社会环境无法给她提供一个更好的出路。迫于无奈,她做了交际花,她痛恨这种醉生梦死的生活,也无比厌恶周围那些虚伪丑恶的人。但她已经丧失了自我谋生的能力,不得不沉湎于这样的生活中而无力自拔。因此,她无时无刻不处于矛盾之中,她像是懦弱的,但她毕竟坚强。她有值得同情的一面,她有胆大斗狠的一面。"所以她不是被债逼死的,她是在极度的矛盾中不能自拔,她追求着她的理想的生活,这就是她的生命支撑,她的死并不表现她是懦弱的。"也就是说,陈白露之所以自杀,是因为她发现她残存的坚守人的尊严的理想只是一个幻梦,继续活着将只剩下忍受屈辱,她的死进一步暴露了那个罪恶社会对于"人"的吞噬。

《原野》 延续了曹禺对于现实与人性的深入思考,以及他对于充满原始气息、焕发着生命与反抗光彩的雄壮力量的赞美。从表面看,《原野》讲述的是一个古老的复仇故事:仇虎的父亲和焦阎王是好朋友,仇虎还认了焦阎王的妻子为干妈。可是,十年后,当焦阎王成了"焦连长",他同时也就变成了一个冷酷无情、阴险毒辣的"阎王"。为了霸占仇家的土地,他勾结土匪将仇虎的父亲活埋,然后又买通官府诬陷仇虎是土匪把他抓进监狱,并把他15岁的妹妹卖到妓院。仇虎在监狱受尽折磨,并被焦阎王指使人打瘸了一条腿。为了报仇雪恨,仇虎历经千辛万苦从监狱中逃了出来,却发现焦阎王早已死去,他青梅竹马的恋人花金子也被迫嫁给了焦阎王的儿子焦大星。本着"父债子还"的原则,仇虎杀死了焦大星,而焦母又误杀了自己的孙子。受到良心强烈谴责、被侦缉队四处追捕的仇虎最终因精神崩溃而自杀而亡。

相对于仇虎血腥的复仇过程,曹禺更看重的是运用现代意识重新审视在中国流行了几千年的"父债子还"复仇方式的合理性,重点揭示仇虎在具体复仇过程中所经历的复杂心理演变过程。仇虎在复仇过程中的犹豫,以及复仇成功后的心理崩溃,与莎士比亚的《麦克白》有着某种相似之处。但仇虎在一夜的逃跑过程中所感受到的希望、追忆、恐怖、仇恨等情感,不仅显示了他强烈而原始的复仇观念的由来,还体现了几千年来的封建文化沉积在一个农民身上,并不断啃啮、折磨他灵魂的过程。

《北京人》 是曹禺对民族文化进行反思的另一结果,这种反思体现为舞台上出现的三个不同时代的北京人形象。与要爱就爱、要恨就恨、要哭就哭、要喊就喊的"原始北京人"和以袁任敢父女为代表的单纯、快乐的"未来北京人"形成鲜明对比的,是在文明的桎梏下丧失了生命活力的"现代北京人"。他们自私冷酷:曾皓唯一关心的是那副已经上了一百多道漆的棺材,其用情感的锁链羁绊愫方,企望她能够长期服侍自己,却从来没有考虑过外甥女的未来;他们虚伪阴毒:曾思懿处处装出一副精明强干的样子,却笑里藏刀、猜忌多疑、欺软怕硬,给自己的家人在精神上造成了难以愈合的创伤,最终自己也一无所得;他们百无一用:不管是江泰,还是曾文清,抑或是曾霆父子,除了讲究如何吃、如何"优雅"地活着外,不具备任何实际的谋生技能,只能成为一个个"生命的空壳"、生活中的"多余人"。与曹禺早期剧作的郁热氛围不同,《北京人》的气氛是沉静的。这与曹禺本人的生活、爱情趋于平静有关,也与剧中愫方这一人物形象有关。愫方性格的最大特征是她的忍耐与宁静。在寄人篱下、备受倾轧的昏暗环境中,愫方依然保持着对周围人们的温柔与善意,她之所以屡遭背叛而始终无怨无悔,是因为她愿意为别人默默牺牲,而不是由于她没有自己的生活理想和人生原则。因此,她在一切希望都落空之后选择出走,便给全剧阴暗的氛围增加了光明的底色。正是在这个意义上,曹禺认为《北京人》是一出喜剧:"我说《北京人》是喜剧,因为剧中人物该死的都死了,不该死的继续活下去,并找到了出路。"

(六)萧红

萧红(1911—1942),原名张迺莹,生于黑龙江呼兰县一个地主家庭。萧红1930年因不满包办婚姻而出逃,却被包办夫婿所骗困于哈尔滨旅馆中,幸得萧军援助才得以逃出。随后在与萧军的共同生活中,萧红体味到甜蜜爱情的同时走上了文学创作之路。1933年5月,完成处女作《王阿嫂的死》,10月,与萧军合出小说散文合集《跋涉》,《跋涉》收萧红短篇小说五篇。1935年《生死场》作为"奴隶丛书"之一在上海出版。《生死场》的出版和鲁迅的提携,使萧红在文坛上崭露头角。之后萧红出版了散文集《商市街》,小说散文合集《桥》《牛车上》,短篇小说集《旷野的呼喊》,长篇小说《呼兰河传》《马伯乐》,等等。1942年1月,萧红病逝于香港,年仅31岁。

萧红小说创作的艺术特色

1.以优美简洁的文笔、自传式叙事方法、散文化结构及诗化风格形成了别具一格的"萧红体"文体风格,突破了传统小说单一叙事模式,构筑了一个别具韵味的艺术世界。

2.小说语言不加粉饰,以简洁浅白见长,以自然本色为特征。

3.萧红的艺术风格既有女性作家的婉约细腻,又有"非女性的豪迈",既清新明丽,又沉郁顿挫。强悍粗犷的力之美与温柔细致的柔之美交错,使她成为左翼文坛上刚柔兼济的才女作家。

重要作品详解

《生死场》 是萧红的成名作,"生"和"死"是小说关键词,它们用来诠释那个特定时代哈尔滨乡村人们的生命形态及生存际遇。小说的前半部分以大量篇幅描写农民的悲惨境况,也描述了千百年来的传统观念和习俗所造成的乡村的愚昧和落后。乡村子民无法逃脱瘟疫、刑罚、地租、高利贷等等带来的厄运,麻木地打发着贫困的日子,年复一年地重复着那"卑微平凡的实际生活",与动物一样忙着生、忙着死。在这样的世道里,作为弱势群体的女性,生活处境显得格外冷峻和残酷。少女金枝身不由己地爱上了粗犷强健的青年成业,可她只享受了短暂的爱情与甜蜜,很快就落入了父权的世界。婚后的金枝没有体验到为人妻为人母的快乐,贫困生活使丈夫变得粗暴,丈夫不但不再爱护她,反而把她看成累赘,动辄打骂,女儿才降生一个月,就被丈夫活活摔死了。这给金枝的心灵留下了极大的创伤,这种创伤性的经验也是旧时代农村妇女的一种典型境遇。《生死场》后半部分的基调变得热烈明朗,在民族存亡的特殊背景下,生与死被注入了新的内涵,嵌入了觉醒与抗争的时代主题。《生死场》对近代中国乡村生存境遇的探究,对封闭落后、愚昧陈腐民族心态的历史反思,把国民性批判的主题引向了深入。《生死场》出版时,有鲁迅为之作的序和胡风为之写的跋。鲁迅在序中写道:"这自然还不过是略图,叙事和写景,胜于人物的描写,然而北方人民的对于生的坚强,对于死的挣扎,却往往已经力透纸背;女性作者的细致的观察和越轨的笔致,又增加了不少明丽和新鲜。"胡风充满激情地指出:"《生死场》里面是真实的受难的中国农民,是真实的野生的奋起。""蚊子似的为死而生的他们现在是巨人似的为生而死了。"两位名家的序与跋,使上海文坛接受了《生死场》,也使24岁的萧红一夜成名。

《呼兰河传》 以娴熟的回忆技巧、抒情诗的散文风格、浓厚而又轻盈的文笔,成为萧红"回忆式"创作的巅峰之作,被茅盾誉为"是一篇叙事诗,一幅多彩的风图画,一串凄婉的歌谣"。这也是萧红寄情最深的一部小说,承载着作者四处飘零的凄苦岁月中对故乡"呼兰河"小城的回忆。像《生死场》一样,全书没有中心人物,没有情节主线贯穿全篇,但全书的故事皆发生在同一地点——呼兰河。

第一、二章分别是对呼兰城人们的生存环境和生活状态的描摹,从宏观上展示呼兰城的总体形象,落墨于风土和人情,突出的是"大泥坑"和"精神盛举"。从第三章开始,祖父、院子里各样的邻居、小团圆媳妇、有二伯、冯歪嘴子等人物在回忆的叙事中陆续出场。作者借对故乡回忆以疗救内心的苦楚,同时承担起历史批判的责任,小说延续了她早期关注国民性的主题。

《小城三月》 是萧红的最后一篇小说,萧红以"说不出的痛苦最痛苦"的心情,在《小城三月》里讲述了一段埋没在小城三月春光里的凄美恋情。翠姨是一位文静聪明的乡村姑娘,由于家境贫寒未能进学堂念书,但她却爱上了在哈尔滨读书的"我"的堂哥,并感受到新生活的气息和自身内在生命的某种冲动。在迷人的三月里,正当她做着甜蜜的爱情梦时,母亲却把她许配给了又矮又丑的男人,最终,翠姨在忧郁中死去。所争取的自由,所欣喜的爱情,翠姨都没有等到,而且至死她也没有讲出心底的那个"爱"字。文化传统的因袭窒息了翠姨表白爱情的能力和行动的勇气,她是被传统社会观念和制度所戕害的。萧红曾慨叹:"女性的天空是低的,羽翼是稀薄的,而身边的累赘又是笨重的!而且多么讨厌呵,女性有着过多的自我牺牲精神。这不是勇敢,倒是怯懦,是在长期的无助的牺牲状态中养成的自甘牺牲的惰性。"这一段话同样可以作为翠姨性格命运的注脚。

(七)丁玲

丁玲(1904—1986),原名蒋伟,字冰之,生于湖南临澧县一个没落的封建官僚世家。五四运动爆发时,丁玲正在湖南桃源、长沙等地求学,她不但积极参加游行、讲演、剪辫子等学生运动,其思想也受到了极大的震动。1922年,丁玲离开故乡,辗转于上海、南京、北京等地求学。1924年与胡也频相识相恋,并于第二年在北京结婚。1927年底和1928年春,丁玲在《小说月报》上发表《梦珂》和《莎菲女士的日记》,引起文坛的关注。1929年与胡也频、沈从文在上海合办"红黑书店"编辑《红黑》杂志,1930年加入左联,1931年主编左联机关刊物《北斗》,1933年5月,丁玲被国民党特务绑架,被囚禁在南京三年,1936年9月在党的营救下逃离南京,11月到达陕北,在苏区继续从事自己的文学事业。丁玲一生创作了大量作品,前期主要有短篇小说集《在黑暗中》(1928)、《自杀日记》(1929)和《一个女人》(1930),20世纪30年代出版了短篇小说集《水》《夜会》,中篇小说《一九三〇年春上海》和长篇小说《韦护》《母亲》等,20世纪40年代主要作品为短篇小说集《我在霞村的时候》和长篇小说《太阳照在桑干河上》。丁玲是一个具有强烈女性意识的作家,她自己曾说:"我自己是女人,我会比别人更懂女人的缺点,但我却更懂得女人的痛苦。"在1942年妇女节的时候,丁玲写了《三八节有感》,发出这样的感慨:"妇女这两个字,将在什么时代才不被重视,不需要特别的被提出呢?"表现出她对妇女解放的远景目标的彻悟。丁玲在不同的历史阶段都能找到与之相适应的创作方式,她的作品在自我个体表现与革命集体抒写的话语中,呈现出此消彼长的过程,但她对女性生活的深切关注,对女性内心世界的深入挖掘和细腻表现,以及对女性意识的激情张扬,使得她的创作在中国现代文学史上占有重要的地位。

丁玲的三个创作阶段

1.20世纪20年代末至加入左联。这个时期丁玲主要出版了三个短篇小说集《在黑暗中》(1928年)、《自杀日记》(1929年)、《一个女人》(1930年)。这些作品标志一个新的时代女性的崛起,也奠定了她在现代文坛的重要地位。《梦珂》《莎菲女士的日记》《阿毛姑娘》等是其这一时期具有代表性的作品。这些作品主人公都是女性,丁玲一方面继承了五四时代冰心、庐隐、冯沅君等第一代女作家创作的精神内涵——对封建专制的抗争和叛逆;另一方面塑造出五四退潮后叛逆、苦闷的小资产阶级知识女性的典型。从小说的叙述方式看,丁玲作品虽有五四郁达夫自传体小说剖析人物内心世界的感伤情怀,但刻画得大胆而富有饱满感情的倔强女性性格、披露得细腻而率真的人物复杂内心,却给人耳目一新之感。这标志着五四感伤小说的终结。

2.1930年至1936年。左联的成立感召了一大批革命作家,丁玲的创作由此发生了较为重大的转变。为顺应时代的发展、倡导和实践革命文学,丁玲率先将创作题材转向社会革命,写作了中篇小说《韦护》、短篇小说《一九三〇年春上海》、短篇小说集《水》《夜会》,长篇小说《母亲》等,这些作品大都是以20世纪30年代初农村现实生活为题材,真实地再现激变的农村中农民心理变化的。在此实践中,丁玲摆脱描写知识阶层的窠臼,开始描写农村生活,反映了她对现实主义创作的执着追求。

3.1936年至1949年。这是丁玲在延安的创作时期。1936年冬丁玲到达陕北革命根据地延安,由此其进入了一个新的创作天地。最初,丁玲以通讯、速写、印象记等文学样式,敏捷地反映新的生活内容;后来,她以小说谱写解放区新的时代风貌,创作了短篇小说集《我在霞村的时候》《一颗未出膛的枪弹》、长篇小说《太阳照在桑干河上》等。这些作品标志丁玲现实主义创作走向成熟。

丁玲小说的思想内容

1.丁玲的初期作品大都描写五四以后的新女性心理上的矛盾与冲突。这些自我意识觉醒后的新女性,试图寻求人生的意义却无法找到明确的目标,因而产生郁闷烦恼的情绪。《梦珂》是丁玲的处女作,描写了主人公梦珂因环境压迫而堕落的故事。

2.1930年前后,丁玲尝试突破自我宣泄的写作方式,创作了"革命加恋爱"小说,试图突破其在写作初期描写女性的狭小天地,以表现更为宽广的社会生活,把女性的个性解放与社会革命斗争联系起来。《韦护》和《一九三〇年春上海》(之一、之二),这三篇小说都以革命的或不革命的知识分子为典型,描写他们在大潮流的冲刷下,政治态度、思想感情的变化与对立,是丁玲"向左转"过程中的过渡性作品。

3.左联时期丁玲小说创作题材范围不断扩大,革命倾向更加明显,开始关注现实生活、关心劳苦大众。

4.抗战胜利后,丁玲创作了最早反映土地改革运动的长篇小说《太阳照在桑干河上》。

丁玲创作的艺术特色

1.丁玲始终坚持现实主义的战斗精神。她的作品创作的阶段虽不同,但要勇敢地面对现实生活、敏锐地把握时代脉搏及作品要体现强烈的时代意识和思想穿透力这一创作追求,却是一以贯之的。从迅速地调整自己的创作方向以适应革命斗争的需要,到在解放区创作揭露封建观念和种种现实弊端的作品,都清楚地反映了作家深邃眼光下其现实主义创作的力度。

2.刻画了众多鲜明的女性形象。丁玲一生都以女性的姿态在自己的作品中探索中国女性的生存、地位、价值等问题,在探索女性人生的道路上留下了深深的时代烙印,并使女性文学突破个人狭小范畴。

3.善于写出人物深邃的内心世界,长于透视性格多重性、复杂性的特点,重视表现人物情感和讲求写作笔触细腻。这在女性作家中更显其艺术的独特。莎菲、贞贞、陆萍等形象,在现代小说人物画廊里,很少有丁玲那样在刻画时将自己人生的体验,尤其是女性生活的感受,深深融合在她们身上的;尤其丁玲对那来自心灵震荡、灵魂搏斗的对于历史变革感受深切的描写，更凸显了现实主义创作的真实性。

重要作品详解

《莎菲女士的日记》　是丁玲的成名作，奠定了她在新文学史上的地位。小说以日记的形式呈现了莎菲女士在同与自己格格不入的世界相抗争时，既热切地为认识自己的情感而努力，又为达不到人生目的而彷徨苦恼。其实，莎菲不知道理想的生活具体是什么，但她认为至少不应是平常而沉闷的。对莫名的理想生活的渴望，使她对现存的生活秩序始终持否定的态度。莎菲所希望的人际关系是建立在相互深刻理解基础上的友爱的人际关系。当这一愿望不能实现时，她就对人群抱着疏远的态度，变得越来越敏感，越来越孤独。孤独中的莎菲对异性的爱充满渴求，但身边的两位追求者并不能让她获得灵肉合一的爱情。苇弟对她的爱能慰藉寂寞，但苇弟却是懦弱的，他的言行只让她感觉到人与人之间的隔膜。她被具有"中世纪骑士风度"的凌吉士所吸引，并对自己沉湎于这灵肉不相统一的爱情中而极端自责。在吻过凌吉士富有诱惑性的红唇之后，她就一脚踢开了这个不值得爱恋的卑琐青年，同时也把自己推入绝望的深渊。莎菲女士既是"五四以后解放的青年女子在性爱上的矛盾心理的代表者"，又是"心灵上负着时代苦闷的创伤的青年女性的叛逆的绝叫者"。《莎菲女士的日记》在叙事上采取第一人称，将作者的情感投射到人物身上，以大胆而细腻的心理描写，捕捉到了人物内心隐秘的曲折微妙。小说用内心独白的方式来抒写忧郁感伤的生命体验，创造了一种抒情性浓郁的散文化的小说文体。

《在医院中》　是一部丁玲创作于1940年的作品，最初发表于1941年11月15日的《谷雨》创刊号上。小说因揭示了初到延安的知识青年与环境的矛盾和冲突而受到人们的关注，也因此颇受争议。小说主要讲述了一个怀着理想的革命小知识分子陆萍，被组织安排到新成立的医院工作期间与周围环境发生的种种矛盾冲突。起初陆萍试图以各种理由拒绝医务工作，却终告无效，于是她打扫了心情，用愉快的调子去迎接即将到来的生活。

《太阳照在桑干河上》　具有史诗性的特点，以繁复的结构展现了土改运动的复杂过程。土改对于贫民来说，是经济、政治的一次"翻身"运动；对整个农村社会来说，是财产、土地的平均化和政治结构调整的一次运动。然而，由地主、富农、中农、贫农所构成的中国乡村阶层关系并不是泾渭分明的，暖水屯的土改运动面临着错综复杂的阶级关系网络。例如,富裕中农顾涌的亲属网和姻亲网一直通到村里的最高层和最低层。小说细致地描述了由血缘、财产、风俗习惯和权势所决定的各种社会关系,叙述了世代相传的、被统治阶级顽强维护的乡村关系是如何被摧毁,新的社会结构和阶级关系是如何被建构的。与小说反映的土改运动的规模和复杂性相适应,作者安排了一个比较宏大、繁复的结构,"通过人物与社会的结合、环境与人物刻画的结合,人物活动与情节的结合,力图建造出一个各种历史力量在发挥作用的活动模型",为我们提供了土改运动的史诗性缩影。

(八)施蛰存

施蛰存(1905—2003),原名施青萍,常用笔名施青萍、安华、薛蕙、李万鹤、陈蔚、舍之、北山等,字蛰存,出生于浙江杭州,中国现代派作家、文学翻译家,原华东师范大学中文系教授。其创作曾被称为"新感觉派",施蛰存与刘呐鸥、穆时英等人都属于"海派"作家。确切地说,他的作品被称为"心理分析小说"更为恰当,代表作包括以都市为背景的《梅雨之夕》及以历史为背景的《将军底头》等。他曾评价自己的小说"把心理分析、意识流、蒙太奇等各种新兴的创作方法,纳入了现实主义的创作轨道",由此认定其对中国小说发展做出了贡献,是有道理的。他被称为"中国现代派鼻祖""新感觉派大师",代表作品有《梅雨之夕》《上元灯》《将军底头》等。

施蛰存创作风格及特点

1.由人的内在生命来表现人性、表现男女情爱是施蛰存小说的母题。施蛰存的心理分析小说在 20 世纪 30 年代堪称独步,他不仅用精神分析来重新解释历史人物和事件,并且将心理分析深入到现代都市,深入到女性的世界中去,应当说,现代环境下男女发生的矛盾,是更适用于窥探人性经久不息的涌动层面的。因此其创作母题越发凸显出来。

2.根深蒂固的城乡二元倾向。他的早期小说有赖于对江南乡镇的回溯,但在其后来的成熟代表作中则一律是乡镇进入城市的那种"文化碰撞"的结构。可以说,施蛰存城乡统有的"情结",贯穿了他的文学全程,并保证了他的创作拥有一贯的气息。

重要作品详解

《梅雨之夕》　是新感觉派小说中具有代表性和里程碑意义的作品,也可以说是中国真正的现代主义心理分析小说的开山之作,它所表现出的鲜明特色,具有心理分析的典型性特点。小说的故事情节虽然很简单,却揭示了都市男女隐秘而曲折的内心流程,描写了他们卑微的渴望的萌动和这种渴望的无声无息的破灭,展现了现代都市男女特有的情爱方式,这也正是其独特的价值所在。故事中的绅士所有的行为看起来都不可理喻,实际上是他的潜意识在作祟,所有的不可理喻都因为一个理由:对真实的爱情的向往。文章的题目"梅雨之夕"暗示的就是他的情感的现实处境,其中的少女就是他情感的梦寐以求的伴侣,但这所有的一切都绝对不可以诉诸理性,所以他一回到家,梦立刻醒过来,向妻子撒了一个谎后,其自然的、真实的情感和性意识又重新被压抑了起来。这种情感的来或去,都不是刻意的,事先没有丝毫的征兆,潜在的意识和力量支配了所有的一切,同时又毁灭了一切。在新颖而丰富的心理分析学理论的指导下,作者以娴熟的文字表现技巧对人物的心理层层剖析,把读者带进了主人公那丰富多彩而又微妙曲折的内心世界。

《将军底头》　施蛰存所著历史小说,作者受弗洛伊德的精神分析学影响并主动将精神分析法融入"文革"中,以表现历史人物情欲与理性的冲突。李欧梵称:"其光彩与技巧在中国直至今日还从未再次被达到过。"故事以花惊定的心理为线索,其在吐蕃和大唐之间的犹豫,以及对姑娘的向往和军规之间的矛盾构成了两条线索,两条线索交织发展共同推动故事的发展,而小说的主线是将军对姑娘的眷恋。有吐蕃血统的唐朝将领花惊定将军奉君命征讨吐蕃。这位威名远播的花将军,年轻英俊,勇猛剽悍。他在平叛逆贼段子璋的战斗中功勋著,获得了人们的崇拜与赞美。具有双重国籍的花将军,此次受命征伐吐蕃,忧心忡忡,思虑万千。他一边回忆祖父的教诲,一边对自己将要攻杀同胞感到极度的痛苦。到达边境后,他下令暂不出击。但他的唐朝部下们却希望尽快投入战场,以便掳掠金钱和美女。一武士调戏民女,被花将军严惩斩杀,这使得其他士卒更为不满,部队发生骚动,怨声四起。此时,花将军爱上了那位被解救的少女,纪律与爱恋的冲突激化,使他内心极其矛盾。吐蕃军队开始进攻边关,他下令攻击。他忽而沉着冷静,骁勇机智,拼搏厮杀,忽而又"迷惘于爱恋","忘记了从前武功的名誉,忘记了自己的纪律,甚至忘记了现在正在战争"。为了那个钟情的民女,他变得自私,甚至对少女哥哥的战死也暗自感到庆幸。在与敌将的交战中,花将军在砍去敌将头颅的同时,花将军的头也被敌将砍去,敌将立刻死掉了,而花将军却没有立刻倒下。他策马奔回营地,提着敌将首级去见那个美丽而又温雅的少女时,无头的花将军却遭到他心爱少女的嘲笑。花将军跌下马来,仆地身亡。这时候,将军手里吐蕃人的头露出笑容,而倒在地上的吐蕃人手里提着的将军的头,却流着眼泪。

《春阳》 短篇小说,描写了为旧式婚姻牺牲了青春的中年乡镇富婆在春天的阳光和商业大都会气息的诱发下,萌动的一次注定要失败的放纵自由的想法。昆山的婵阿姨坐了早车到上海的银行去存钱,她没有像往常那样办完事情即赶回家,而是决定享受一下春天。在冠生园吃饭时,目睹另一桌上一家三口甜蜜进餐的婵阿姨不由感慨起自己的牺牲来,原来当年她出嫁前未婚夫便死了,她"抱着牌位做亲"而获得了大宗财产的继承权。餐馆里新来的一位俊逸男士让婵阿姨不由陷入遐想,她把他想象成刚才银行里为她服务的职员,要殷勤地邀请她去看影戏,又忽然念及自己在银行的保险箱好像没有上锁。婵阿姨赶回银行,发现不过是虚惊一场,而那个年轻的银行职员对她的耐心和微笑让她颇为受用,觉得自己的姿色确在诱惑着这个青年。正当婵阿姨又要陷入遐思时,职员一声"太太"的称呼一下戳破了她的幻觉,让她惊觉青春凋落的现实。

(九)卞之琳

卞之琳(1910—2000),生于今江苏省南通市海门区汤家镇,祖籍南京溧水,现当代诗人("汉园三诗人"之一)、文学评论家、翻译家,曾用笔名季陵、薛林等。1929年入北京大学英文系就读,接触英国浪漫派、法国象征派诗歌,开始学习新诗创作。1931年开始发表作品。1933年在北京大学英文系毕业,同年出版诗集《三秋草》,1935年出版《鱼目集》,次年又与李广田、何其芳合出《汉园集》。1942年出版《十年诗草》。1946年至天津南开大学任职一年。1947年做客英国牛津,1949年归国任北京大学西语系教授。1951年出版诗集《翻一个浪头》。1953年任中国社会科学院文学研究所研究员。1964年后任中国社会科学院外国文学研究所研究员。此外还长期从事莎士比亚等外国作家作品的翻译、研究,著译有《莎士比亚悲剧论痕》《英国诗选》等。他被公认为新文化运动中重要的诗歌流派新月派和现代派的代表诗人。

卞之琳诗歌创作特点

1.克制情感,主张"智性"之美。在五四新诗特别是以郭沫若为代表的早期自由体诗彰显强烈表现主义色彩的时代背景下,卞之琳诗歌的理性气质无异于给当时社会吹来一股清新气息。其诗歌情感内敛沉潜,智慧与思辨的色彩浓烈,语言也精粹、曲折而充满张力。《断章》便是较为典型的代表作。

2.非个人化。这种隐匿自我的倾向既受西方诗人追求"戏剧化处境"的直接影响,也可以在中国传统文学中的客观化叙事"意境"中找到依据。诗人以倾向于小说化、典型化、非个人化的手法表现情感,回避小我的直接书写,自觉克服直抒胸臆式的主观宣泄,重在表达更开放更多重的诗意,个人情感被淡化,主客体的相互交融有了新的可能。

重要作品详解

《断章》　卞之琳于1935年创作的一首现代诗歌。诗句简洁,场景平实,却蕴含无穷韵味,这正是卞之琳长时间沉浸其中的对时空、主客体相对性关系进行思考的结晶。相对于绝对存在与宇宙运行的根本论题,卞之琳无意深究其理论,而是以诗人的慧心呈现主客体互为对象、彼此夹缠的情景,其既不陷入相对主义的虚无,也不被绝对命运所征服。《断章》在一个古典诗歌见习的场景中,以现代人的时空感受化出境界,又以东方式的诗性眼观化解意象中无解的冲突,表达了一种智性的达观。

二、重要流派

【知识点精讲】

(一)左联

左联全称为"中国左翼作家联盟",1930年3月成立于上海。在成立大会上,重要出席人有鲁迅、冯雪峰、郁达夫等。会上通过的理论纲领宣告:"我们的艺术是反封建的,反资产阶级的,又反对'失掉了社会地位'的小资产阶级的倾向",并表明要"援助而且从事无产阶级艺术的产生"。鲁迅在会上做了题为《对于左翼作家联盟的意见》的重要讲话,总结了革命文学倡导过程中的经验教训。左联提倡和实践的无产阶级革命文学,对中国现代文学的发展产生了深远而持久的影响。

左联进行的文学活动

1.创办刊物。左联先后出版了《拓荒者》《萌芽月刊》《北斗》《文学周报》《文学月报》《文学》等。

2.成立马克思主义文艺理论研究会,加强对马克思主义文艺理论的翻译、介

绍和研究工作。

3.自觉加强与世界文学,特别是与世界无产阶级文学运动的联系。

4.积极推进文艺大众化运动。

(二)社会剖析小说

社会剖析小说又称"社会剖析派小说",主要有茅盾、沙汀、吴组缃等左翼作家。社会剖析小说的特点是:表现时代斗争的重大题材,创作一开始就运用一定的社会科学思想对社会生活进行理性分析,以开拓形象思维的深度和广度,在典型环境中塑造典型性格,尤其是塑造时代性格,茅盾的《子夜》是这一流派最具代表性的作品,这种小说模式逐渐成为左翼文学公认的主流,因而影响深远。

(三)京派

京派是20世纪30年代出现的文学流派,代表人物有沈从文、废名、萧乾、芦焚等。

京派作家的文学主张

1.反对政治对文学的干预和文学的商品化倾向,坚守文学本体价值,以纯正的文学趣味关注人性与生命的健康的存在与发展,凸显具有深厚历史内涵的人文情怀,其创作所集中表达的是鲜明的人文主义价值诉求。

2.注重传统。与启蒙文学的观察视角不同,京派创作以诗意的笔触重新唤醒被启蒙主义文学所遮蔽的传统中国乡村与城市平民世界的"美"与"善";与海派作家对都市文明的现代性书写角度相左,京派以审美现代性的历史向度,抵抗历史现代性进程中所催生的都市文明对传统人文精神的挤压。

3.珍视永恒。京派文学在历史的"常"与"变"中坚守历史前进中所遗落的,对于民族存在甚至对于人类存在都具有永恒性意义的价值体系。这种价值体系的实质就是人文主义的价值内涵。

4.自觉压抑流派意识、集团意识,主张文学的自由生发。朱光潜在《文学杂志》创刊词中倡明其义:"我们对文化思想运动的基本态度,用八个字概括起来,就是'自由生发、自由讨论'。"

(四)海派

上海开埠以后,依托租界带动的现代化进程不断加速,至20世纪二三十年代,已崛起为远东第一大都市,享有"东方巴黎"的美誉。其发达的工商业、金融业、娱乐业和现代报业、出版业极大地改变了当地的文化生态,形成了一种迥然有别于乡土中国传统的消费性文化景观,海派小说便是这种消费语境的产物。早期的海派小说作者如张资平、叶灵凤等都曾是创造社的成员,而有效提升海派小说的品格,摆脱对市民趣味的依附,并在现代主义文学观念的拓展上留下了鲜明烙印的是以刘呐鸥、穆时英、施蛰存、杜衡、徐霞村等为代表的后起的新感觉派作家,代表作品有施蛰存的《梅雨之夕》《将军底头》、刘呐鸥的《都市风景线》、穆时英的《南北极》《白金的女体塑像》等。

新感觉派最突出的成就就是他们对都市景观的渲染,其描绘出一种全新的都市质感和现代性体验,海派作家对上海这座城市是寄生与批判的双重关系,对都市生活是享受与颓废的双重体验,他们在艺术先锋性和市场消费性之间保持着微妙的平衡。与都市书写相匹配的是他们独特新颖的表达方式,新感觉派作家对小说文体相当注重,尤其是刘呐鸥和穆时英,前者被称为"技巧至上主义者"。

海派小说的创作特色

1.他们特别突出视觉的优先性,他们笔下的城市是被视觉官能特征化了的城市。刘呐鸥和穆时英是 20 世纪 30 年代中期"硬性电影"和"软性电影"之争的主要参与者,他们对电影艺术技巧心领神会,故这些技巧在他们的小说中多有借用,他们善于以视点的变换和蒙太奇式的剪辑来结构全篇,以此打破传统的线性叙事。

2.他们长于复合感觉的书写。光怪陆离的都市给人的感官以过度的刺激,而为描写这种刺激性,就要在视觉所见之外,调动听觉、嗅觉、触觉和味觉来共同参与,达到一种立体通感的效果。新感觉派尤其擅长"感觉外化"的表达方式,以描绘被物化的人和被拟人化的城市。

3.他们较多地运用心理分析、意识流等新鲜的技巧。

(五)现代派

20 世纪 30 年代的现代派是由后期新月派与 20 世纪 20 年代末的象征派演变而来的,1932 年 5 月《现代》杂志创刊,其成为刊载现代派诗歌并使之独立与成熟的重要园地,"现代派诗"也因《现代》杂志而得名。现代派代表作家有戴望舒、南星等,其中戴望舒被称为现代诗派"诗坛的首领"。

现代派在诗歌艺术上的追求,是建立在对他们所认为的此前新诗创作,也是中国的弊端的反思基础上的,即"反思'五四'之后新诗发展中的写实与浪漫主义诗歌的过分直白与袒露,反思象征主义的过分晦涩难懂,反思新诗为自身生存对古典诗歌艺术传统的过分隔膜和距离",由此形成了现代派诗歌艺术的三个特点:

1.在诗的表达上,强调"适度地把握真实与想象、表现与隐藏、隐与显的关系"。就像戴望舒在《望舒草》里所说:"诗是由真实经过想象而创作出来的,不单是真实,亦不单是想象,实际上是要完成由过分隐晦到隐藏适度的美学转折。"

2.文言语词入诗。正像施蛰存所说,20世纪30年代现代派诗创作中"文言语词入诗"是一个相当引人注目的语言现象,《现代》中有许多诗的作者曾在他们的诗篇中采用一些比较生疏的字或甚至是所谓文言文中的虚字,但他们并不是有意地"搜扬古董"。对于这些字,他们没有"古"的或"文言"的观念。只要适宜于表达一个意义,一种情绪,或是完成一个音节,他们就采用了这些字。文言词语已逐渐融入现代诗的语言中,这自然是影响深远的。

3.现代诗派在20世纪30年代重又举起"诗的散文化"的旗帜。强调打破诗的格律,这似乎是对提倡"作诗如作文"的早期白话诗的一个回应,但它却有着不同的意义:早期白话诗主张诗的思维与形式的彻底散文化从而达到"非诗化",并追求明白、易懂,实现诗的平民化;而现代诗派仍然坚持"纯诗"的观念,强调"(现代)诗是诗",因此,现代派诗人仍然重视诗的思维、诗的情绪,并在此基础上建立诗的韵律,追求诗的朦胧美。也许可以从废名对现代新诗的评价这一角度去理解:"他们的内容是诗的,形式则是散文的。"

第三章　1937年-1949年重要作家及流派

第一部分　学前重点讲解

　　本章主要包含 1937 年—1949 年的重要作家和重要流派两节内容,在第一节重要作家中,张爱玲、赵树理、路翎、孙犁这几位作家的代表作品及其思想内容与写作特色需要重点记忆,而钱锺书、夏衍等作家及作品只需简单了解。

　　第二节重要流派中需要重点区分三个不同的政治地域文学,对这三类文学的特点及代表作家作品做一定的了解。另外,需要重点掌握七月派和中国新诗派这两个诗歌流派,重点记忆两个流派的创作特点,其代表诗人及作品只需简要了解。

　　学习本章内容时,考生要注意特殊的历史背景,通过作品的创作环境理解作品的整体思想。最好能够详细阅读重点作家代表作中的中、短篇小说,并在阅读过程中记忆重要人物及情节,以结合作家的创作特点对其主要思想进行准确的把握。

第二部分　核心考点汇总

一、重要作家

【知识点精讲】

(一)钱锺书

钱锺书(1910—1998),原名钱仰先,字哲良,后改名锺书,字默存,号槐聚,曾用笔名中书君,江苏无锡人,中国现代作家、文学研究家。钱锺书的文学创作主要集中于 20 世纪 40 年代。钱锺书 1933 年清华大学毕业后,留学于英国牛津大学、法国巴黎大学,1938 年秋归国。其于 1941 年因家事到上海,又因太平洋战争爆发而陷于上海,在此期间相继完成散文集《写在人生边上》、长篇小说《围城》等。钱锺书对中国的史学、哲学、文学等有深入的研究,同时不曾间断过对西方新旧文学、哲学、心理学等的阅览和研究,并取得显著的学术成就,其在国内外学术界都享有很高的声誉。

重要作品详解

《围城》　被称为"中国近代文学中最有趣和最用心经营的小说",甚至"可能是最伟大的一部"。主人公方鸿渐在海外游学四年,毫无所获,出于"做儿子女婿"的"孝顺",买了一个"克莱登大学"的博士学位证书,后因良心发现而不愿以此学位招摇撞骗,结果却处处受制于三闾大学的一帮假博士,随后又被富有心机的孙柔嘉套进家庭的圈套,牵回上海,由此产生了"人生万事"皆如"围城"的想法。纵观方鸿渐的经历,无论是学业、教职,还是爱情、婚姻,其不仅是陷于中国知识分子弱质化和官场化的陷阱,而且都是在无休止的寻觅之中被命运所玩弄。他每次试图突破某一围城,但突围的结果往往是进入另一种围城,而如果留在围城之中,其生存空间也会越来越狭小。这一生命的根本性困境,反映了人存在的渺小性与其欲望的盲目性、无穷性之间的冲突,揭示了人生存的隔绝性和精神的孤独。小说以"围城"的多层次意蕴笼罩全书的象征性结构,以众多人物与"围城"的关系构成对人生的根本性反讽。

（二）张爱玲

张爱玲（1920—1995），原名张煐，生于上海，中国现代女作家。她7岁开始写小说，12岁开始在校刊和杂志上发表作品。1939年张爱玲考入伦敦大学，后因战争转入香港大学。1942年，张爱玲返回上海，开始为报刊撰稿，走上了专业的文学创作之路。1943年，张爱玲在上海文坛异军突起，这一年她发表了《沉香屑·第一炉香》《沉香屑·第二炉香》《茉莉香片》《心经》《倾城之恋》《琉璃瓦》《金锁记》《封锁》等多篇小说。1944年，她出版了其一生中最重要的小说集《传奇》及散文集《流言》。此外，她还创作了《太太万岁》《不了情》《情场如战场》《桃花运》《人财两得》《南北一家亲》《一曲难忘》《南北喜相逢》等电影剧本。

张爱玲的小说多写都市世俗生活，特别是人性深处的脆弱与黯淡，常用冷静而又富于联想的叙述，深剖人物心理，渲染苍凉的意境。

张爱玲小说艺术特色

张爱玲小说的魅力来自传奇的故事以及弥漫其中的梦魇般的氛围。她的小说似梦呓，让读者走入一个传奇而虚幻的小说世界。"说不尽的苍凉故事"是张爱玲作品的独特题材。

1.主题思想上，弥漫着浓厚的悲剧色彩。张爱玲以一种近乎冷酷的悲剧感叙述一个个悲凉的传奇，内省、孤傲以及都市人的优越感与孤独感交织起来形成她对时代"荒凉特色的心理感受"。

2.选材上，以男女言情为主。男女之情是贯穿张爱玲全部创作的一条线索。她认为男女之情是人之大欲，作为生命过程的重大现象，负载着深刻的人性内容，揭示着人生的真谛。她试图在男女之间的传奇故事中寻找普通的人性，于男女之情中倾听"通常的人生的回音"。因此她的言情并不局限于单纯的男女之情，而是将之升华到"世态人情"和"风俗人情"。

3.叙述方式上，别具匠心。张爱玲的文章结构安排吸收了中国传统小说的精华，开头结尾引人入胜，总体结构独特，这与她娴熟的写作技巧有关。她叙事时多用倒叙的手法。

4.人物塑造上，受到传统和西方的双重影响。张爱玲的小说深受中国传统小说的影响，小说中活动着各色旧人物，却偏是用改造过的言情小说体式来表达他们的形象的。同时，透过细腻的心理描写和暗喻手法的运用也可以看出西方小说对其的深刻影响。

重要作品详解

《沉香屑·第一炉香》 中篇小说,发表于1943年。上海女学生葛薇龙求学香港,被其姑母梁太太(富豪遗孀)所利用,被用来吸引男人,以满足其虚荣、荒糜的生活。在求学的过程里,生活在梁家的葛薇龙终不免陷入其中,变得热衷于这种享乐主义的声色犬马的生活,其与花花公子乔琪开始了从一开始就注定是悲剧的恋爱与婚姻。故事的结局不言而喻:葛薇龙失去利用的价值之后就会被乔琪无情地抛弃。小说描绘了殖民地时期香港上流社会的纸醉金迷,刻画了葛薇龙在爱情中自处卑下的形象,使得普通女子的悲剧命运与社会生存状况呈现出一种苍凉、悲壮之美。

《倾城之恋》 故事发生在香港,上海来的白家小姐白流苏,在经历了一次失败的婚姻后,而身无分文,并在亲戚间备受冷嘲热讽,看尽了世态炎凉。一次偶然的机会,她认识了多金潇洒的单身汉范柳原,她便拿自己做赌注,随范柳原远赴香江,以博取范柳原的爱情,争取一个合法的婚姻地位。两个情场高手在浅水湾饭店展开一系列的斗法,结果似是白流苏输了,但在范柳原即将离开香港时,日军开始轰炸浅水湾,范柳原折回保护白流苏,在生死攸关时,两人才得以真心相见,许下天长地久的诺言。通过战争,作者发现了人类最自然、最基本的生存方式,重新发现了生命原生状态存在的喜悦和普通人生、平凡真情的可贵。张爱玲对于战争人生的理解和把握在当时显得有些边缘性,但仍旧具有人性、人生意义上的真实。

《金锁记》 出身市井家庭的曹七巧嫁入名门姜公馆,嫁给了久患骨痨的丈夫。在这场门第、金钱的交易中,七巧牺牲了自己正常的生活欲求,由此给自己套上了黄金的枷锁。她害怕自己的财产被觊觎,就逐走了自己钟情的姜家三少爷季泽。同时,她长期被压抑的情欲也以反常甚至残忍的方式寻求着出路。为了羁留住儿子长白和女儿长安,她用一种"疯子"的审慎和机智,逼死了儿子的两个太太,随后,她又不动声色地毁掉了女儿长安和留德归国的童世舫的恋爱。张爱玲用一种绝少"女人味"的犀利冷静,触目惊心地展现了在姜公馆这样一个封建性和资本主义的文化交媾生出的怪异环境中,金钱对于人性的腐蚀、控制和异化,同时也展现出中国女性在旧家族、命运、女性自身精神重负等压力下人格的破碎。

(三)赵树理

赵树理(1906—1970),原名赵树礼,"山药蛋派"的代表作家之一。赵树理出生于一个普通农民家庭,从小便深受民间文艺的熏陶。1925年夏,他考入山西省立长治第四师范学校,开始新文学的创作。1937年,他加入中国共产党,投身革命,抗日战争期间一直从事编辑等文化工作。主要作品有长篇小说《李家庄的变迁》《三里湾》,中篇小说《李有才板话》《邪不压正》,短篇小说《小二黑结婚》《地板》《传家宝》,报告文学《孟祥英翻身》等。赵树理善于把握解放区新的政治文化环境下农民精神、心理上发生的变化。其小说多以晋东南农村为背景,具有浓厚的地域民俗色彩。后来在其影响下,形成了"山药蛋派"作家群,作家群包括马烽、西戎、李束为等,是当代地域文化色彩最鲜明的作家群体之一。其在小说艺术性和大众性的结合上,做出了成功尝试。偏重于大众化、通俗化的文学主张和对民间文化遗产的自觉汲取,是其创作中最大的特色所在。

赵树理的创作特点

1.真正扎根于农民。赵树理创作经验的成熟不仅指他对农村社会生活现实经验的熟悉,更是指他对农民文化的深刻理解和亲和态度。赵树理始终围绕着农民进行思考和创作,因此其作品往往能够呈现出农村生活的真实场景和农民形象的本质。

2.评书体的现代小说形式。赵树理对以说唱文学为基础的传统小说的结构方式、叙述方式、表现手段等进行了扬弃和改造,创造了评书体这一现代小说形式,既使以农民为主体的读者乐意接受,又能使作品反映现代生活,表现现代人的思想情感。

3.口语化的语言艺术。赵树理的语言浸透了农民式的思维,在他的作品中,不但故事的叙述描写是口语化的,而且人物的对话也是口语化的,他用农民的口吻来说话,做到了明白如话,朗朗上口。

赵树理小说中典型的农民形象

1.深受封建思想毒害还未觉醒、背负着沉重的历史传统的老一代农民。如《小二黑结婚》中的二诸葛、《李有才板话》中的老秦、《传家宝》中的金桂婆婆等。

2.受封建思想毒害但有可能蜕变的年轻一代农民、知识分子和干部。如《李有才板话》中的小元、《邪不压正》中的小昌等。

3.社会改造中涌现的农村新人。如《小二黑结婚》中的小二黑和小芹、《李有才板话》中的李有才、《传家宝》中的媳妇金桂等。

重要作品详解

《小二黑结婚》 小说描写了抗战时期解放区一对青年男女为追求婚姻自由,冲破封建传统和守旧家长的阻挠,最终结为夫妻的故事。小说塑造了二诸葛、三仙姑两个落后农民和小二黑、小芹两个年轻进步农民的形象,通过这两对思想观念截然相反的农民的对照,揭示了当时农村中旧习俗的封建残余势力对人们思想行为的束缚,以及新老两代人的意识冲突与变迁,说明实行民主改革、移风易俗的重要性,同时歌颂了民主政权的力量,反映了解放区的重大变化。小说结构完整,情节跌宕,语言通俗,富于地方色彩,开创了评书体的中国现代小说形式。

《李有才板话》 是赵树理的代表作之一,创作于 1943 年 10 月。作品以抗日根据地我党将土地改革政策改为减租减息为背景,围绕阎家山改选村政权和减租丈地,重点描写了当时农村错综复杂的阶级斗争以及两种思想、两条路线之间的斗争。作品歌颂了在共产党领导下农村进步力量的成长和胜利,着力塑造了李有才这位立场坚定、爱憎分明、机智、幽默、乐观、勤奋且富有革命精神的贫苦农民的代表,也较为生动地描写了县农会主席老杨的形象。作品赞颂了新生力量,洋溢着革命乐观主义精神。这篇中篇小说在语言、人物形象和情节结构上继承民族传统,并以此为基础创造了一种独特的文学形式——板话。作品的特殊风格在探索、追求我国民族文艺新形式的实践中做出了杰出的贡献。

《传家宝》 故事通过描写一个普通农民家庭内部婆媳之间的矛盾,表现了新中国成立后农村出现的新的生活风尚和新一代农民的成长。婆婆李成娘是农村中勤俭持家而又封闭守旧的老一辈妇女,不仅自己被落后的生产方式、生活方式以及封建传统观念紧紧束缚,她还要顽固地把这些当作"传家宝"传给下一代。媳妇金桂则是摆脱了旧的生活观念和生活方式的新一代青年妇女,她思想解放,精明强干,十分善于治家理财,她既是农业生产劳动的好手,又是农村政治活动的积极分子。婆媳俩的矛盾终于在正月初二的上午演变成一场正面冲突,冲突的实质是新旧两种观念和生活方式的交锋,冲突最终以婆婆向媳妇金桂认输而宣告结束。

(四)孙犁

孙犁(1913—2002),原名孙树勋,河北安平人,"荷花淀派"代表作家。1938年参加革命工作,1944年到延安一边学习一边担任教员,先后在华北联大、延安鲁迅艺术学院任教。1945年5月他的小说《荷花淀》在《解放日报》发表,并立即在延安文坛引发关注。随后,《芦花荡》《麦收》等作品先后问世,后其结集出版了《荷花淀》《芦花荡》《嘱咐》等小说集。新中国成立后,孙犁又创作了中篇小说《铁木前传》、长篇小说《风云初记》等。其在晚年有多种散文结集出版。

从1939年开始发表短篇小说以来,孙犁一生创作了无数脍炙人口的作品,其主要作品有《芦花荡》《荷花淀》《风云初记》《铁木前传》《白洋淀纪事》等。他的创作采用白描手法,语言朴素清新,描写传神,作品既富有生活气息,又具有民族特色。

孙犁小说艺术特色

1.注重对女性角色的塑造。孙犁以带有浪漫主义情怀的笔调抒写女性的离情别绪,又以英雄主义的氛围烘托女性的乐观和成长,表现了劳动妇女的灵魂美。孙犁笔下的女性角色各有不同,但都是乡土气韵的美的化身,都投射着作者的乡情乡念,表现出作者对于生活之美的向往。

2.注重捕捉与心灵相契合的生活形象。孙犁在捕捉生活形象时注重的不是形象的全部,而是印象式地抓住打动自己的那一部分形象,再加以突出描写。比如他在《吴召儿》中对于吴召儿形象的刻画就是通过几个瞬间来完成的。尽管只是几个瞬间,却将描写对象外在和内在的美表现得淋漓尽致,使其与作者主观感情上对于美的赞赏完全融为一体了。

3.注重抒情,弱化情节叙事。孙犁的小说往往没有完整的情节,而是通过一连串的生活画面,或者用一种思想、一组细节将情节串通起来。他的小说常采用散文式的抒情结构,在描写上常用情景交融的手法,叙事则基本在静态的乡土风物和内在的人物心理层面上延展。

4.语言清新、明净。孙犁的语言有内在的文人情致和传统风味,也有自然的乡土气息和时代特质,语言的通俗和优美被和谐地统一在一起,为新文学的语言构建添加了健康的血液。

重要作品详解

《荷花淀》　发表于1945年的短篇小说。小说讲述了冀中平原白洋淀人民组织地方武装抗击日本帝国主义侵略的斗争,刻画了以水生嫂为代表的淳朴、开朗、坚强、积极向上的青年妇女形象,作品通过寻夫、遇敌、战斗等一系列行动,反映了白洋淀人民在抗日战争中的勇敢机智以及他们紧张而愉快的战斗生活。小说融叙事、抒情、写景于一炉,笔调清新,情节生动,语言优美,洋溢着浓郁的诗情画意和乡土气息,有"诗化小说"的称誉。

《铁木前传》 以农业合作化运动为时代背景,描述了两个老人(铁匠傅老刚和木匠黎老东)和两个青年(九儿和六儿)在新中国成立前后不同的时代背景下的交好与交恶,通过傅、黎两家两代人之间交情的前后变化,反映了农村中社会主义同资本主义自发倾向的两条道路之间的斗争,以及在农村贫民阶层中发生的阶级分化的现象。小说以人际关系的前后变化为线索,以孙犁一贯关注的乡土人性在不同背景下的发展为主题,在正面肯定农村合作化运动的同时,注意对人物的真情实感的挖掘,流露出作家对北方农村人情美、人性美的向往和赞美。小说人物形象朴实鲜明,笔调明丽流畅,是这一时期反映农业合作化运动的优秀文学作品。

(五)路翎

路翎(1923—1994),原名徐嗣兴,中国现当代著名作家。原籍安徽省无为县,生于江苏苏州,两岁时随家迁至南京。17岁时他第一次以"路翎"为笔名在《七月》第五集第三期上发表了短篇小说《"要塞"退出以后》,因此结识胡风,并逐渐成为七月派的核心作者。代表作有长篇小说《财主底儿女们》、中篇小说《饥饿的郭素娥》、短篇小说集《朱桂花的故事》《初雪》《求爱》、话剧剧本《英雄母亲》《祖国在前进》等。路翎以独特的艺术风格和逼人的创作手法引起文坛的广泛关注,并始终保持着高涨的创作热情。路翎晚年创作有长篇小说《战争,为了和平》等。

路翎的创作特色

1.小说拥有"强大的主观力量",始终保持"人生战斗"立场。路翎不看重小说的情节,而执着于对"人民原始的强力"的刻画,尤其以对人的精神世界包括无意识世界进行开掘为特色。因此他总是把人物心理状态最复杂的、和精神斗争最激烈的情景纳入笔端,在"扰乱"的、"狂躁"的心灵搏斗中蕴蓄着震慑性的艺术力量。

2.对流浪者型的工人、农民等形象的刻画。路翎在小说中塑造了一批处于社会底层、背负着社会重担的人,他们几乎处在绝境的生活遭遇以及他们身上所迸发出来的反抗力量都是路翎的主要关注点。通过对这些人物的刻画,路翎表现了落后群众自发斗争的历史画面,并表现出其对这种反抗的礼赞。

3.对知识者的刻画。历史地表现抗战前后中国知识分子的悲剧道路也是路翎小说的主旨,这在他的代表作《财主底儿女们》中有着强烈的体现。通过对典型的知识者形象的描写,路翎表达了对青年一代知识分子的批判,同时又表露出他对于这些知识者身上的生命强力意志的赞许。

4. 汪洋恣肆与芜杂纠缠的语言风格。路翎对欧式长句的偏爱是这一语言风格的典型表现之一,这使得他的小说语言具有极大的张力、浑厚的诗性和凝重的冲击力。但不可否认,这样的风格也容易造成审美疲劳,给读者带来冗琐滞涩的阅读体验。

重要作品详解

《饥饿的郭素娥》 郭素娥执拗而美丽,因逃荒遇匪,被鸦片鬼刘寿春捡回家,便成了他的女人。她在矿区摆烟摊度日,在这个过程中结识了流浪工人张振山,并发疯似的爱上了他。而张振山有着"刚愎和狞猛"的性情,他对郭素娥既有"毒辣"的占有的爱欲,又时刻提醒自己不要"让一个女人缠在裤带上"。与此同时,另一个怯懦的农民矿工魏海青也深爱着郭素娥,但因惧怕张振山的强猛狞恶,不敢去主动追求,他在嫉妒中将张与郭的私情泄露给刘寿春。刘寿春纠集保长和流氓黄毛把郭素娥捆到庙里施以残酷的私刑,终将其火烙奸污致死。闻讯赶到刘家的张振山寻不见人,便纵火烧了屋子,远走高飞了。而怯懦的魏海青因目睹了郭素娥的惨死,激起心中未泯的血性,付出生命的代价与黄毛恶斗一场。郭素娥的"饥饿"是肉体和精神的双重饥饿,这个最底层的女人血液中奔涌着的始终是对爱与自由的向往。路翎没有回避这一人物身上承载的传统的负面基因,但正是因为这原始的强力,才使得她的呼声有那么强的生命感,这种呼声叫出了多世纪以来在旧传统的磨难下的中国人的痛苦、苦闷与原始的反抗。

《财主底儿女们》 描写了抗战期间苏州头等富户蒋捷三一家在内外多种力量冲击下分崩离析的过程及其儿女们的思想面貌,揭示了这一时期中国知识分子的思想发展和生活道路,真实地写出了中国新一代资产阶级的生成过程以及他们的分化沉浮。蒋捷三的大儿子蒋蔚祖受家庭内部的倾轧和妻子金素痕放浪形迹的刺激,变成了疯子;二儿子蒋少祖是个高级知识分子,对抗日却只限于空谈;三儿子蒋纯祖忠厚、善良、富有正义感和爱国心,但又软弱动摇。作者把他们放在民族矛盾激化的大背景下加以刻画,并挖掘他们的内心世界,使《财主底儿女们》具有了"心理历史小说"的特征,成为一部展示知识分子心灵历程的史诗性作品,是抗战后期国统区比较有影响的长篇小说之一。

(六)艾青

艾青(1910—1996),原名蒋海澄,出生于浙江金华,现当代文学家、诗人、画家,被认为是中国现代诗的代表诗人之一。留学法国期间,艾青接触了大量欧洲古典和现代小说、诗歌,尤其受凡尔哈仑、波德莱尔等现代主义诗人的影响,开始走上文学的道路。1932 年 4 月回国以后,艾青参加中国左翼美术家同盟,并组织春地画社,同年 7 月其因参加革命活动被捕入狱。艾青在狱中写作的《大堰河——我的保姆》一诗,是其首次以"艾青"这一笔名发表的作品,一经出版,即轰动文坛。出狱后,艾青写了《北方》《复活的土地》《雪落在中国的土地上》等诗,以倾吐国破家亡的深深忧愤。1941 年,到达延安以后,艾青诗歌的风格发生了转变,转为歌颂光明和鼓动斗争。1979 年艾青重返诗坛,代表作有《归来的歌》等。

艾青的自由体诗歌具有风格质朴、意境深邃的突出特征,在肩负诗的艺术生命的同时也承担着历史使命,诗人以雄浑厚重的笔触、如火如炽的诗句,倾诉着其对祖国、对人民、对革命的热爱,艾青的诗歌对后来的"七月派"诗人以及穆旦都产生了影响。

艾青诗歌的艺术特点

1.独特的意象和主题。艾青诗歌的中心意象是土地和太阳。"土地"的意象中凝聚着诗人对于祖国——大地母亲最深沉的爱,凝聚着诗人对于劳动者最深沉的爱以及对他们命运的关注和探索。"太阳"则凝聚着诗人对光明、理想、美好生活热烈不息的追求。而爱国主义则是艾青诗歌中永远唱不尽的主题。

2.忧郁的诗绪。艾青诗歌中的忧郁是其诗歌艺术最具个性的要素之一,这种忧郁产生于对中国革命和抗日战争长期性、艰苦性的深刻认识和体验,其中浸透着诗人对祖国、民族、人民极其深沉的爱,更表现了诗人对生活的忠实和思索。

3.自由的诗体。艾青是自由诗体的自觉提倡者。艾青诗体的特点是在奔放与约束之间取得协调;在形式上,不拘泥于外形的束缚,其很少注意诗句的韵脚或字数、行数的划分,但又运用有规律的排比、复沓形成变化中的统一、参差中的和谐。

重要作品详解

《我爱这土地》 艾青于 1938 年写的一首现代诗。诗歌的基调是忧郁和悲哀的,但忧郁中流露出不平,悲哀中显现出壮烈。这首诗以"假如"领起,用"嘶哑"形容鸟儿的歌喉,接着续写出歌唱的内容,并由生前的歌唱,转写鸟儿死后魂归大地,最后转由鸟的形象代之以诗人自身的形象,诗句直抒胸臆,衬托出诗人那颗真挚、炽热的爱国之心。诗歌中的"诗歌"意象表现了诗人强烈的爱国热情。

《大堰河——我的保姆》 艾青写于 1933 年 1 月 14 日的一首诗,一经发表便引起社会和文艺界的重视和强烈反响。这首诗以诚挚热烈的感情,形象质朴的语言,自然清新的格调和浓郁亲切的乡土气息,突出地表现了诗人独具个性特征的艺术风格。全诗分为四部分。作者通过对自己的乳母的回忆与追思,塑造了一个旧中国劳动妇女的崇高形象,抒发了对贫苦农妇大堰河的怀念之情、感激之情和赞美之情,从而激发起人们对旧中国广大劳动妇女悲惨命运的深切同情,对这"不公道的世界"的强烈仇恨。

(七)夏衍

夏衍(1900—1995),浙江杭州人,原名沈乃熙,字端轩,夏衍是其常用笔名,近代著名文学、电影、戏剧作家和社会活动家,中国左翼电影运动的开拓者、组织者和领导者之一。早年学习工业,曾积极投身五四新文化运动。1920 年赴日留学,先后进入福冈明治专门学校机电科和九州帝国大学工业系学习。1927 年 5 月回国后,参加无产阶级文学运动。从此,其研究方向由自然科学转向文学。1929 年发起组织上海艺术剧社,1930 年参加左联的筹备与组织工作,成为左翼文化运动的重要领导者。1932 年进入上海电影界,化名黄子布,以其创作、改编的《狂流》《春蚕》《上海二十四小时》《风云儿女》《自由神》等电影文学剧本及电影论文,享誉影坛。1935 年开始话剧创作,至 1954 年发表五幕话剧《考验》,其在二十年间创作了十一部多幕剧、九部独幕剧,成为现代重要的剧作家之一。他在报告文学、杂文等领域,也取得突出的成就,代表作有《心防》《法西斯细菌》《上海屋檐下》、报告文学《包身工》等。

夏衍剧作的艺术特色

1.注重把握人物内心世界的冲突,而不善于构造强烈的外在矛盾。夏衍的剧作常常以人物的内在心理冲突代替情节冲突,剧中往往很难找到逻辑高潮,但存在较多的情绪高潮,作者由此创造了散文化的话剧结构。

2.夏衍以一种独特的视角观察生活,从平凡的日常生活中挖掘富有时代意义的主题,他的作品既有同生活一样真实质朴的外貌,又内含着生活丰富深邃的诗意,呈现出耐人寻味的抒情和哲理的审美风姿。

3.朴素自然的舞台展示。其剧作的着眼点在于整体反映社会的全貌,冲突的过程多集中于平淡人生的铺叙和细腻情感的揭示，而冲突结束时自然平淡，营造出一种抒情的氛围。

重要作品详解

《上海屋檐下》 创作于1937年的三幕悲喜剧，是夏衍20世纪30年代话剧创作的重要收获，也是中国现代话剧史上的现实主义杰作。剧本描写了被捕入狱八年的匡复被释放后，到好友林志成家探询自己妻子彩玉和女儿葆真的下落，却得知妻子已与志成同居，因为他们听说匡复早就死了，匡复的到来使三个人都陷入难以解脱的内心矛盾和痛苦之中。彩玉想和匡复追寻过去的幸福，但林志成负疚欲走时，彩玉、志成二人八年的患难与共之情，又突然迸发，致使二人难以分手。匡复在孩子们向上精神的启发下，克服了自己一时的软弱与伤感，理解、原谅了他们，随后留言出走。全剧除了这条主要情节线所涉及的人物外，还有几个人物：失业的大学生，被迫出卖自己的女人，勉强糊口的小学教员，儿子战死的老报贩，这些人都挤在一个"屋檐下"，合奏着"小人物"的生活交响曲。全剧头绪纷繁，聚散分合，若断似续，条理明晰、缜密，浑然一体。

《法西斯细菌》 1942年写于重庆。该剧作是夏衍现实主义话剧创作的第二个高峰。它真实地反映了日本军国主义的野蛮侵略给我国各阶层人民带来的深重灾难。故事描写一位潜心于细菌学研究的科学家俞实夫，在日本侵略军烧杀抢掠的残酷事实面前，从不问政治到走入反法西斯斗争行列的觉醒过程。主人公俞实夫义无反顾地投入到扑灭法西斯细菌的实际工作中，他身上所表现出来的建设现代化国家的爱国主义理想，以及为理想而献身的精神，坚忍、执着的性格，实事求是、脚踏实地的科学作风，宽容、谦和的气度，使他具有一种令人感佩而亲近的精神魅力，在他的身上集中地体现了现代中国民族性格的内在美。这个人物身上的弱点也是现代中国民族的弱点，特别是他们中的知识分子的那不晓人世艰难的理想主义，那不通世故的天真，那股堂吉诃德式的劲头，是让人既感动又不能不发笑的，笑完了还会涌上一点儿苦味儿。

《芳草天涯》 是夏衍创作上的第三个高峰，也是唯一一部以抗日战争为背景、以爱情为题材的话剧作品，是夏衍剧作中人物最少、情节最集中、戏剧冲突内在而又强烈的一部作品。剧作着重描写了在战乱离难中知识分子爱情生活的纠葛，围绕着这一纠葛，作者将丰富的社会生活凝聚成一条线索，将众多的社会人物集中于六个角色。剧作家通过心理教授尚志恢、他的上过大学的妻子石咏芬与女大学生孟小云三者之间的爱情纠葛,深刻地表现了国统区知识分子在战争相持阶段深层的精神痛苦:在"碰遍了钉子,受够了磨难"以后感到的报国无门的压抑、苦闷、孤独、焦躁与挣扎(尚志恢);被艰难的生活压垮所造成的精神的萎缩、平庸以致病态(石咏芬);在困难中对理想、爱情追求的迷乱,清醒的痛苦、惶惑(孟小云)。这些中国现代知识分子在恶浊的政治环境中能够保持民族的正气,坚守政治的节操,但在个人感情生活上却显出智障者的困窘与无能,这恰恰是黑暗的现实世界投射到人们心灵深处的阴影。《芳草天涯》正是通过对这阴影的精微揭示,在更深刻意义上否定了那个制造"愚蠢和悲愁"的社会和时代。

(八)张天翼

张天翼(1906—1985),字汉弟,号一之,笔名张天净,中国当代著名作家,出生于江苏南京,毕业于北京大学。其主要作品有《华威先生》《包氏父子》《出走以后》《砥柱》《大林和小林》《宝葫芦的秘密》等。他的小说以幽默和讽刺见长,他的小说有三大主题:反虚伪、反庸俗、反彷徨,他的小说中被讽刺的人物形象主要集中为以下三类:虚伪狡诈的官僚形象,动摇、庸俗的小知识分子、小公务员、小市民形象,愚昧不幸的劳动者形象。在讽刺艺术上,张天翼是鲁迅先生的传人,一如鲁迅的冷峻泼辣,但少了些深沉凝练,他也如鲁迅一样,讲究创作要有益于世道人心、改造国民的愚弱性格。此外,张天翼先生的童话在我国儿童文学史上占有重要位置,他曾获全国儿童文艺作品一等奖。

重要作品详解

《华威先生》   小说刻画了一个"包而不办",名义上为抗战奔波、实际上到处参会抢权的文化官僚形象——华威。华威是一个身居要位的官僚,他有极强的权力欲,到处强调"要认定一个领导中心",想把一切抗日组织置于自己的掌控之中,但他又包而不办,更不允许他人做指示,实际上他不过是忙于要军衔、要权力,对真正的抗日活动毫无热情,也从不解决任何实际问题。小说暴露了在全民抗战的热情下潜藏的党派狭隘利益和个人私利之争,具有一定的时代典型性。作品紧紧抓住华威先生的"忙"和"讲"的言行表现,运用夸张和对比等手法,辛辣地揭露了那些"积极反共、消极抗日",只对限制和控制抗日工作的"领导"感兴趣,而对加强和促进抗日的实际工作不感兴趣的国民党政客。

《包氏父子》   小说中的老包是在某公馆干了三十多年的老门房,长期仰人鼻息的生活,已使他的性格深深打上了奴才的烙印,以致见到任何一个头面人物都唯唯诺诺、战战兢兢,就连自己的儿子连留三次级也不敢多问一句,他只有在和那些厨师、杂役相处时,才感到自然。同时,他望子成龙,希望自己的儿子能够爬上上流社会,因此他甘心为儿子做牛做马,尽量满足儿子那些超乎他能力的要求,而他的儿子包国维整日和纨绔子弟混在一起,虽然常遭冷眼,仍极尽谄媚之态,并借此机会挤入上流社会。最后,包国维甘心充当郭纯的打手,在打伤同学后,被开除学籍,却仍不知醒悟。小说在冷峻地嘲讽下层劳动者的那种麻木的奴隶性和攀高结贵的顽固性的同时,也对劳动者生活的艰辛、性格的善良表达了深深的同情。小说的结尾写老包在众债主的逼迫下昏倒街头,流露出作者浓重的悲悯之情,小说也因此给人以笑中带泪、泪中带笑的复杂感受。

《砥柱》 小说主人公黄宜庵,据说是一位理学家,一位乱世里的中流砥柱。小说写他送女儿去与易总办的儿子成婚,在轮船上对自己女儿的礼教管束和他自己的淫荡心理。途中,女儿耐不住寂寞,与一位正在喂奶的妇女聊天,黄宜庵认为这有伤风化,便把女儿送回船内,而他自己则始终馋涎于敞怀喂奶的胖女人。小说以出色的心理描写和鲜明的对比揭露了黄宜庵的面目,但也略显浅露,没有余味。

(九)臧克家

臧克家(1905—2004),山东潍坊诸城人,曾用名臧瑗望,笔名少全、何嘉,现代诗人,原中国诗歌学会会长。臧克家曾任《诗刊》主编,著有《烙印》、《宝贝儿》《有的人》《老马》《泥土的歌》《罪恶的黑手》《运河》《乱莠集》《从军行》《淮上吟》等作品,其作品曾多次获奖,多部作品被翻译成多种文字,在国内外产生广泛影响。

臧克家诗歌创作特点

1.讲究诗的形式的凝练、整齐,讲究诗的节奏、韵律,以格律诗的形式反映社会现实。

2.擅长比喻,把感情和倾向性凝聚在诗的形象里,化思想、概念为具体形象,并善于摄取人生图景,抒情形象生动、丰富、含蓄。

3.重视炼字炼句,尤重动词。

4.诗风质朴凝练、含蓄深沉。

5.注重修辞,尤其是对偶和设问。

重要作品详解

《有的人》 是当代诗人臧克家为纪念鲁迅逝世十三周年而写的一首抒情

诗。该诗以高度浓缩概括的诗句,总结了两种人、两种人生选择和两种人生归宿,讴歌了鲁迅先生甘为孺子牛的一生,抒发了作者对为人民而活的人的赞美之情,以艺术的方式呈现了现实世界中两种截然不同的生命方式及其历史结果。

《老马》 写于1932年,是臧克家诗集《烙印》中流传广泛、脍炙人口的名篇之一。作品具有象征意义,诗的标题是"老马",但诗人没有详细描写老马衰弱病残的外形,而是着重写它的命运、感受和心境。从老马的处境和命运特征看,诗中的老马似乎生来就得无条件地承受装大车的命运,即使"背上的压力往肉里扣",也"横竖不说一句话",只好"把头沉重地垂下"。这里诗人写出了老马悲惨的命运和任劳任怨、忠厚善良的性格。这匹老马也曾思考过自己不幸的命运,但它始终是"这刻不知道下刻的命,它有泪只往心里咽"。从这里我们也能体会到老马的愚昧无知,尽管老马任劳任怨,也要常常挨皮鞭,无奈只好"抬头望望前面"。诗人写出了老马悲惨的命运、痛苦的感受和悲凉的心境,这增强了老马悲剧的感染力。

二、重要流派

【知识点精讲】

(一)政治地域文学

这一时期最显著的文学特征就是文学与战争和救亡产生了紧密的联系,因为战时形成的地缘政治文化对文学的发展、风貌形成了强有力的制约。这一时期全国被划分为几个不同的政治区域,也因此产生了相应的政治地域文学。

1.国统区文学

即国民党统治地区的文学。该区域的创作基调沉郁凝重,间或有喜剧性的批判色彩。国统区相较其他区域而言,有不同流派倾向,文学思潮和创作都比较活跃,因此更能代表这一时期文学的大潮。代表作家作品有萧红的《呼兰河传》、路翎的《财主底儿女们》、夏衍的《法西斯细菌》等。

2.解放区文学

即共产党领导的敌后抗日根据地的文学。该区域的创作基调是明朗、朴素的,作家们充满着对新社会、新制度的赞美以及对人民群众斗争生活的热情描绘,同时自觉探索文学民族化、大众化。代表作家作品有赵树理的《小二黑结婚》、周立波的《暴风骤雨》、丁玲的《太阳照在桑干河上》等。

3.上海"孤岛"及沦陷区文学

沦陷区文学即日本侵略军占领的地区的文学。"孤岛"即 1937 年 11 月日军占领上海后,处于被包围之中的特殊地区的租界,1941 年 12 月珍珠港事件爆发后,日军进入租界,这一地区被并入沦陷区。沦陷区文学处于日军的高压管理之下,作家们言论极不自由,但他们依然在夹缝中艰苦地挣扎,坚守着文学的阵地。代表作家作品有张爱玲的《倾城之恋》、李健吾的《黄花》、钱锺书的《围城》等等。

(二)七月派

七月诗派是在艾青的影响下,以理论家兼诗人胡风为中心,以《七月》及以后的《希望》《诗垦地》《诗创作》《泥土》《呼吸》等杂志为基本阵地而形成的青年诗人群,主要代表诗人有鲁藜、绿原、冀汸、阿垅、曾卓、芦甸、孙钿、方然、牛汉等,他们以提倡革命现实主义与自由诗体为主要旗帜,在抗日战争与解放战争时期国民党统治区的诗歌创作中产生了巨大影响。

艺术主张

主张正视现实,强调发扬主观战斗精神去影响、改造现实,反对客观主义。

代表诗人以及作品有胡风的《为祖国而歌》、牛汉的《鄂尔多斯草原》、绿原的《给天真的乐观主义者们》等。

(三)中国新诗派

中国新诗派是 20 世纪 40 年代在上海出版的《中国新诗》等刊物上发表作品的诗人群,因此该诗派被称为中国新诗流派。中国新诗流派的作品注重诗歌的现实意义和艺术价值,追求灵感和对理性的领悟,代表诗人有穆旦、陈敬容、郑敏、袁可嘉等。其中曹辛之、辛笛、陈敬容、郑敏、唐祈、唐湜、杜运燮、穆旦和袁可嘉九人出版了作品合集《九叶集》,因此他们也被称为九叶诗派。严格地说,九叶诗派是中国新诗流派的组成部分。他们强调反映现实与挖掘内心的统一,诗作视野开阔,具有强烈的时代感、历史感和现实精神。

在艺术上,他们吸收了西方象征诗派和现代诗派的艺术手法,自觉追求现实主义与现代派的结合,注重在诗歌里营造新颖奇特的意象和境界,旨在使诗成为现实、象征和玄学的融会,致力于新诗的"现代化"建设。他们承接中国新诗现代主义的传统,为新诗的发展做出了贡献。

第四章 20世纪50年代—70年代重要作家及流派

第一部分 学前重点讲解

本章主要包含20世纪50年代—70年代的重要作家和重要流派两节内容，在第一节重要作家中，需要重点记忆的是几位作家的重要代表作品，这些作品可以简称为"三红一创，保林青山"，即《红日》（吴强）、《红岩》（罗广斌、杨益言）、《红旗谱》（梁斌）、《创业史》（柳青）、《保卫延安》（杜鹏程）、《林海雪原》（曲波）、《青春之歌》（杨沫）、《山乡巨变》（周立波），需要掌握这些作品的主要内容、艺术特色以及人物形象特点。

在第二节重要流派中，需要重点关注的是十七年文学创作的总体特征，以及山药蛋派和荷花淀派的代表人物、流派风格特征等。

第二部分 核心考点汇总

一、重要作家

【知识点精讲】

(一)罗广斌、杨益言

罗广斌(1924—1967),四川成都人。中学时代,因为与一个家境贫穷的女同学恋爱,遭到封建地主家庭的反对,故愤然出走,到昆明求学。1945 年,参加共产党领导的革命外围组织"民青社"。代表作品有与杨益言、刘德彬合写的报告文学《圣洁的血花》(1950)、革命回忆录《在烈火中永生》(1958)。1961 年,与杨益言合著长篇小说《红岩》。

杨益言(1925—2017),四川武胜人,生于重庆市。著有长篇小说《红岩》(合作)、《大后方》《秘密世界》,报告文学《在烈火中永生》(合作)、《红岩的故事》《雾都空劫》等。

重要作品详解

《红岩》 描写了中华人民共和国成立前夕山城重庆的中共地下工作者在特殊环境中进行的特殊斗争。作品着重表现以齐晓轩、许云峰、江雪琴(江姐)等共产党人在狱中所进行的英勇战斗,虽然一部分人在最后时刻惨遭杀害,但这却充分显示了共产党人视死如归的大无畏英雄气概。小说结构错综复杂又富于变化,作者善于刻画人物心理活动和烘托气氛,作品语言朴实,笔调悲壮,一经面世,立即引起轰动。

《红岩》艺术特色

1. 着力塑造英雄群像。江姐、许云峰、成岗、齐晓轩、华子良、老大哥、老袁、丁长发、刘思扬、龙光华、余新江、双枪老太婆……个个都以其独具的光彩,活跃于作品之中,使小说成为一部当代文学中少见的光辉灿烂的无产阶级英雄谱。

2. 对反面人物的刻画也很成功。它摒弃了那种从概念出发的简单化、漫画化、脸谱化的写法,极力按照生活的本来面目,着重从矛盾冲突、人物关系中解剖他们的灵魂,揭示敌人的反动本质。作品对特务头子徐鹏飞、叛徒甫志高、看守所长陆清等形象,也都描绘得相当出色。

3.《红岩》背景广阔,人物众多,其中的斗争错综复杂,但全书章法井然,结构严谨而富于变化。小说前半部分侧重写重庆地下斗争和川北的武装斗争,后面以写狱中斗争为主,前后互相关联,有机地交织成一体的宏伟而严谨、集中而富于变化的结构布局,再现了特定历史时期的光明与黑暗之间最后搏斗的艰巨性和复杂性,显示了作者结构艺术的匠心。

4.在人物刻画上,《红岩》也有突出的特色。第一,注重挖掘和揭示人物的精神世界,作者善于通过一些富有表现力的动作,传神地刻画人物的精神状态。比如,江姐见到丈夫头颅后,强压下悲痛,和华为重新赶路,她"脚步越来越急,行李在她手上仿佛失去了重量"。第二,不断变换描写的角度,以展现丰富多彩的人物形象。比如,同是写受刑,对成岗是正面描写,对江姐、许云峰则是侧面描写;同是写牺牲,对龙光华、江姐、许云峰、齐晓轩在牺牲前的表现的描写各不相同。如龙光华,他是驰骋战场的新四军战士,在逝世前的昏迷状态中,还喊班长给他武器,让他去冲锋。又如江姐,其素来沉静、从容,又十分爱整洁,临赴刑场前,梳发、整装,像准备去参加快乐的聚会或出席隆重的礼仪似的步出牢房。第三,通过情节的突然转折,集中鲜明地表现人物的精神风貌。最突出的例子,就是对华子良形象的描绘。华子良多年不说一句话,不与任何人交往,对狱中发生的一切毫无反应。敌人与同志,都一致把他当成"疯子"。作品几次写到他,都只用简练的几笔,描绘他疯癫的神经质的举动,以强化其"老疯子"的形象。而在斗争最危急、最关键的时刻,华子良突然出现在狱中特支极为秘密的集会地点,卸下伪装,亮出真实的身份,为革命做出独特的贡献。情节的突然转折,使一个深谋远虑、卧薪尝胆、忍辱负重、长期坚持的革命者的光辉形象,骤然矗立在读者面前,给人留下极为深刻的印象。

(二)吴强

吴强(1910—1990),原名汪大同,江苏涟水人,作家。曾于1933年参加左翼作家联盟,后来又参加了新四军。1939年加入中国共产党,新中国成立后曾担任过华东军区文化部副部长、中国作协上海协会副主席等职务,出版了长篇小说《红日》《堡垒》(上)等作品,其中《红日》被先后译成英、法、俄、日、德等10多种文字。

重要作品详解

《红日》　作品以1946年夏天蒋介石发动全面内战为背景,以人民解放军在涟水、莱芜、孟良崮的三大战役为中心展开故事。《红日》曾入选"新中国70年70部长篇小说典藏"。小说的基本主题即歌颂毛泽东军事思想的胜利。毛泽东军事思想的一个基本观点,即人民战争、人民的军队,是为了人民的利益而战的;人民也正是战争的主力,他们是人民军队克敌制胜的基础,离开了人民的支持,人民军队将一事无成。《红日》无论写涟水战役的守卫战,莱芜战役、孟良崮战役的包围战、攻坚战,还是写在这期间零星发生的各种中小型的战斗,无不写到了战争与人民的关系,突出了人民的力量。小说把真实的战争事件(20世纪40年代解放战争初期发生于涟水、莱芜、孟良崮的战役)、人物(国民党军将领张灵甫等)与艺术虚构加以结合。故事的展开方式和人物活动的具体描写,主旨在于揭示"正义之师"的力量源泉,回答取得胜利的根据,这也是大多数"革命历史小说"所要达到的目的。在表现20世纪40年代解放战争的小说中,评论一般认为,比起《保卫延安》来,它在思想艺术上取得重大进展:

1.小说表现的战争生活范围比较开阔。这不仅指作品写到军队中的军、师、团以至普通士兵的各个方面,也指作品把军队和百姓、前线和后方、指战员的战争行为与日常生活加以联结的横向拓展的艺术构思;作品以涟水、莱芜、孟良崮三个战役为主干,其间又穿插许多军队日常生活画面,这不仅使小说的结构布局疏密得当、疾徐有致、张弛结合,而且通过对军队生活的多方面描绘,避免了把一部革命战争史诗写成单纯的作战史。

2.人物创造上,作家意识到人物性格丰富的重要性,在维护(或不损害)性格的"阶级特征"的前提下加重了思想情感、心理活动的笔墨,并在同一类型的人物间,赋予将他们加以区别的对比性特征,如坚毅、严格与开朗、幽默感等。在坚持"正面人物"与"反面人物"的对立结构的基础上,小说对"反面形象"(张灵甫等)尽可能避免漫画式刻画,在对其反动、虚伪等"本质"的描写中,不回避其干练、有谋略的一面。

(三)梁斌

梁斌(1914—1996),原名梁维周,他是以《红旗谱》等长篇巨著而闻名中外的小说家。曾任全国政协委员、河北省文联副主席、中国作家协会河北分会主席等职。代表作品有《红旗谱》《播火记》《烽烟图》等,其中《红旗谱》成功地塑造了革命农民朱老忠的典型形象,为我国当代文学宝库增添了光彩。此外梁斌还出版了长篇小说《翻身记事》,作品集《笔耕余录》《春潮集》《一个小说家的自述》等。

重要作品详解

《红旗谱》　小说通过描写在大革命失败前后十年革命斗争的历史背景下，冀中平原朱、严两家农民三代人和地主冯老兰父子两代人之间的尖锐矛盾斗争，以"反割头税"和"二师学潮"为中心事件，真实反映了当时农村和城市错综复杂的阶级关系和革命运动的壮丽图景，生动展现了20世纪二三十年代中国共产党领导中国人民进行革命斗争的伟大历程。《红旗谱》成功地塑造了三代农民英雄的形象，特别是横跨两个时代的农民英雄朱老忠的形象。整部作品在艺术上风格雄浑而又亲切朴实，具有浓郁的地方色彩。语言风格、篇章结构、叙事手法也呈现鲜明的民族特色。该书称得上是一部反映北方农民革命运动的史诗式作品。

朱老忠是《红旗谱》中着力塑造的人物形象，是这部作品塑造得最为成功的人物形象之一。朱老忠是一个跨越旧民主主义革命和新民主主义革命两个历史阶段的人物。在旧民主主义革命时期，他从父辈那里继承豪爽正直、刚毅不屈的斗争精神，传统的农民英雄的性格特点在他身上打下了深深的烙印。在新民主主义革命的斗争实践中，他增长了斗争的才干，提高了革命觉悟，在原有的农民英雄的基础上增加了一种"新质"，使其最终成为一个具有高度的共产主义觉悟的农民英雄典型。其性格特点为：

1.不甘屈服的反抗意志和善用智谋的斗争精神是朱老忠性格的核心。

2.朱老忠有句口头禅："出水才见两腿泥。"这可以说是他韧性性格的一个凝结点，也是他不同于一般农民英雄形象的一个显著特征。"出水才见两腿泥"有两方面含义，其中除了蕴有韧性精神之外，还有一种必胜的信念。

3.小说在表现朱老忠韧性的同时，还表现了他敢于"为朋友两肋插刀"的侠义心肠。这种侠义心肠在朱老忠身上表现为讲义气、重团结、救危扶困、舍己为人的优良品质。

（四）柳青

柳青（1916—1978），原名刘蕴华，中国作家，陕西吴堡人。1936年开始发表作品，1952年加入中国作家协会。著有长篇小说《创业史》《种谷记》、中篇小说《铜墙铁壁》、短篇小说集《地雷》、散文集《黄甫村的三年》等。

重要作品详解

《创业史》　是中国十七年文学中以农村为题材的小说的代表作，被誉为"经典性的史诗之作"，具有思想的"深刻性"和矛盾冲突的"尖锐性"等特点。小说以梁生宝互助组的发展为线索，表现了中国农业社会主义改造进程中的历史风貌和农民思想情感的转变。作者在《创业史》中使用了典型化的创作方法，他把农业生产化运动放在中国的历史长河中考察，进而写出历史演进的趋势，而非仅仅就合作化去写合作化。

梁生宝是新人物的代表，作品着重反映了他的成长以及其逐渐在蛤蟆滩上产生影响力并掌握话语权的过程，同时反映了姚士杰、郭世富等以前蛤蟆滩上的能人们逐步丧失影响力和退出权力机构的过程。小说中梁生宝是一个富有鲜明时代特征、体现作家社会政治理想和美学观念的英雄形象。他有胆有识，踏实肯干，面对困难阻力毫不动摇，具有坚忍不拔的毅力和顽强的拼搏精神，他的思想核心是渴望走共同富裕的道路，谋求全体农民的幸福，创社会主义大业。但是作者对梁生宝这个形象的塑造并不成功，存在过于拔高而脱离现实的缺陷，性格和内涵也显得单一——写理念活动多，性格刻画不足；外围烘托多，在冲突中的表现不足；抒情议论多，客观描绘不足。

与之对比，梁三老汉的形象塑造更加成功，他是小说中塑造得最精彩的中国老一代农民的典型。他是一位动摇于集体致富与个人发家两条道路中间的人物，作为老式农民，私有制观念和小农经济生产方式使他因循守旧，不理解合作化道路，但他的阶级地位、艰难的创业经历及对新时代的印象，使他本能地在精神上与党和政府贴近。梁三老汉的形象，概括了深广的社会历史内容，真实再现了老式农民告别私有制、接受公有制所经历的艰难痛苦的思想历程，是一个真实度、典型性很高的形象。

《创业史》的艺术特色：

1. 作品构架宏伟，气势磅礴，视野宏阔，高屋建瓴，具有强烈的理性思辨色彩。作品有意识地将蛤蟆滩发生的故事与外界社会、国家的政策联系起来，将故事置于时代风云的宏大背景之中。

2. 精细入微地刻画人物形象。运用对比手法，突出人物的性格特点，增强了人物的立体感。尤善状写人物心理流程，常淋漓尽致，入木三分。

3. 采用俯察式视角叙述故事，常跳出作品的具体环境，对人物和事件进行自己的评说和议论，具有较强的说理色彩，但有时这样的叙事方式会影响故事叙述的整一流畅。

4.生活细节描绘颇见功力,在心理刻画、风景描写上也都做了充分的尝试,增添了作品的艺术感染力。

5.缺陷:过度夸大农村两个阶级、两条道路之间的斗争,简单化地用阶级分析的理论和方法配置人物。

(五)杜鹏程

杜鹏程(1921—1991),原名杜红喜,曾用笔名司马君,现代作家。20世纪40年代开始发表作品,1955年加入中国作家协会。代表作品有1954年出版的长篇小说《保卫延安》(我国第一部大规模正面描写解放战争的优秀长篇小说)、中篇小说《在和平的日子里》《历史的脚步声》、短篇小说《工地之夜》《夜走灵官峡》《第一天》《延安人》、小说集《年轻的朋友》《平凡的女人》《杜鹏程小说选》《杜鹏程散文特写选》、评论集《我与文学》等。这些作品刻画了社会主义建设者可贵的品格,塑造了一批优秀的领导、知识分子和工人群众的形象,同时揭示了一些生活中刚显露的问题。他的小说在反映人民内部矛盾方面所做的有益探索,引起了文艺界的广泛关注与讨论。

重要作品详解

《保卫延安》 是当代文学史上第一部大规模正面描写解放战争的优秀长篇小说,被誉为"英雄史诗"。小说真挚动人地描写了保卫延安战争中几个著名战役,描写了彭德怀将军,描写了指战员中不少奋不顾身的英雄人物,作品以周大勇连长的英雄事迹为核心,描绘了人民战争的历史画卷,是一部描写我国人民解放战争的有力作品。主人公周大勇是作者浓墨重彩塑造的英雄形象,作品通过一系列战斗和细节描写,突出地描绘了他英雄性格的特征:对党、对领袖、对人民的无限忠诚和伟大的献身精神,作品注重表现周大勇英雄性格的形成过程,使得这个英雄人物的形象更加丰满,也更加真实可信。《保卫延安》在艺术风格上有自己鲜明的特色:

1.澎湃的激情、浓郁的诗意和深刻的哲理的高度结合。

2.在严酷的典型环境中刻画英雄人物的艺术形象。

3.气势恢宏,笔调豪放、粗犷。

4.语言明白晓畅,朴实生动,既有浓郁的生活气息和群众风格,又富有激情的力量。

但就"史诗"作品要反映一个时代的全貌的要求而言,《保卫延安》所反映的社会生活面还不够广阔,对敌人的刻画显得单薄,对英雄人物内心世界的开掘也不够深入,节奏上略显单调。作品的这些不足,带有一定在认识和理论上的时代局限,然而,这只是白璧微瑕,《保卫延安》在长篇小说创作中达到了 20 世纪 50 年代初期的最高水平,为我国当代文学宝库中的一件瑰宝。

(六)曲波

曲波(1923—2002),山东蓬莱人。15 岁高小毕业后参加了八路军。1943 年进入胶东抗日军政大学,毕业后在胶东军区任报社记者。1945 年初,担任牡丹江军区二团副政委,1946 年冬,亲自带领一支小分队,深入东北地区茫茫林海皑皑雪原,与国民党在牡丹江一带的残匪周旋。经过近半年的艰苦斗争,终于歼灭了这些顽匪,为东北人民的彻底解放做出了重大贡献。这是作家后来创作《林海雪原》的重要生活基础与现实题材。1955 年 2 月,他开始以顽强的毅力写作长篇小说《林海雪原》,小说以自己和战友们为创作原型。1956 年 8 月完成了 40 万字的书稿。继《林海雪原》之后,曲波又创作了以抗日战争为题材的长篇小说《山呼海啸》和《桥隆飙》等。

重要作品详解

《林海雪原》 小说描述了东北民主联军一支小分队,在团参谋长少剑波的率领下,侦察英雄杨子荣与威虎山座山雕匪帮斗智斗勇,深入林海雪原执行剿匪任务的故事。根据这部小说中"智取威虎山"为主要情节改编的电影《林海雪原》,可以说是家喻户晓。同时现代京剧《智取威虎山》也被搬上舞台,其在 20 世纪 60 年代成为"样板戏"之一并被拍成电影,影响很大。小说艺术特色:

1.《林海雪原》是一部利用传统的民间文化因素与现代通俗小说相结合的形式来表现战争的成功之作。在叙事上充满了浪漫主义的想象力和传奇性,书中以描写四场剿匪战斗(奇袭虎狼窝、智取威虎山、绥芬草原大周旋、大战四方台)为主要情节线索,并穿插各种出人意料、趣味横生的小故事,产生了曲里有曲、险中有险的阅读效果。

2.塑造出一批流传广泛的英雄人物形象。如胆识过人、百战百胜的杨子荣,身怀绝技、诙谐幽默的栾超家。

3.情节曲折生动、故事浪漫夸张。

4.洋溢着英雄主义和乐观主义的基调。

（七）杨沫

杨沫（1914—1995），当代女作家。原名杨成业，笔名杨君默、杨默。祖籍湖南湘阴，生于北京。1934年开始文学创作，作品多是反映抗日战争的散文和短篇小说。她的代表作《青春之歌》是一部描写中国共产党领导的爱国学生运动的优秀长篇小说，作品成功地塑造了知识青年林道静这一艺术典型。小说《青春之歌》在读者中特别是在青年学生中影响深广，曾由作者改编为电影剧本，被拍成同名电影上映。杨沫的作品还有中篇小说《苇塘纪事》、短篇小说集《红红的山丹花》《杨沫散文选》、长篇小说《东方欲晓》《芳菲之歌》《英华之歌》、长篇报告文学《不是日记的日记》《自白——我的日记》以及《杨沫文集》等。

重要作品详解

《青春之歌》 是当代作家杨沫以亲身经历为素材创作的半自传体小说，于1958年首次出版。该小说以20世纪30年代日本侵华过程中发生的九一八事变到"一二·九"运动为背景，通过女主人公林道静的成长故事，构筑了革命历史的经典叙事，也揭示出知识分子成长的历史必然性。《青春之歌》情节生动，人物形象鲜明，尤其是几个正面人物，真实感人。该书入选"新中国70年70部长篇小说典藏"。小说写了一个"小资产阶级知识分子"林道静如何走上革命道路，并成为无产阶级战士的曲折过程：

林道静为了寻找个人出路，逃避为男人当"玩物"和"花瓶"的命运，踏上流亡之路。她逃离家庭，到北戴河附近的杨家村小学投亲不遇，便做了代课教师。然而，校长余敬唐却想把她嫁给当地的权贵以谋取私利，走投无路之下她选择了投海自尽，后被一直注意着她的北大学生余永泽搭救。

"诗人兼骑士"的余永泽，唤醒了林道静对生活的热情，在感动下，她答应和他共建爱巢，从小孤苦无依的林道静暂时享受到了家庭的温馨。但她不甘心被人供养，出去寻找工作却受到了挫折。

遇到共产党人卢嘉川之后，她接触到革命思想。余永泽一再拦阻她参加革命活动，并在危急时刻拒绝搭救卢嘉川，使其被捕。林道静在惨痛的事实面前如梦方醒，决心离开庸俗自私而平庸的余永泽，投身到抗日救亡的洪流中去。从此她在革命者的指引下，一步步克服软弱，最终成为一名成熟的无产阶级革命战士。

小说通过林道静的人物命运，提炼出一个革命的思想主题：一切知识分子，只有把个人前途同国家民族的命运、人民的革命事业结合在一起，投入到时代的洪流中去,在改造客观世界的同时不断改造自己的主观世界,才有真正的前途和出路,也才有真正值得歌颂的美丽的青春。

小说独特之处:是当时少有的以知识分子为主要描写对象的作品,继承了五四的启蒙主义文学传统,小说以革命历史为题材,讲述的却是一个女青年身上发生的爱情故事。不足之处:林道静入党后,其性格缺陷进一步发展;对其他人物的塑造比较平淡;由于采用中国传统小说的表现手法,结构呈单线发展,叙述和描写的角度缺乏变化;等等。

《青春之歌》艺术特色:

1. 小说的结构严谨完整。众多的人物,复杂的事件,纷纭的生活场景都通过林道静等知识分子的生活经历予以贯穿,成为一个有机的艺术整体。

2. 对人物的心理活动刻画十分细腻真实。在处理人物形象时以细腻的笔触深入到主人公的内心世界,真实地刻画人物的心理,较为全面地把握了人物的多重侧面,具有极强的艺术感染力。

3. 作者善于将人物放在尖锐激烈的斗争旋涡中加以刻画,善于通过不同人物对同一事物的不同反应展示各自的性格特征,善于将人物的外貌描写和心理刻画巧妙地结合起来,善于通过富有性格特色的细节描写揭示人物的内心世界,善于将人物性格的变化与人物命运遭遇的变化结合起来描写,通过这些努力,作者不仅将林道静这一形象塑造得血肉丰满、真实感人,也使作品中的其他人物,如卢嘉川、江华、林红、余永泽、戴愉、王晓燕、白莉萍等显得个个活脱生动,性格鲜明,虽然这些形象或多或少地存在着类型化的痕迹,但仍能显示出作家塑造人物形象的深厚艺术功力。形形色色人物的精神面貌得到了展示,这又使小说包含了广阔、丰富的时代内涵。

4. 小说的语言流畅简洁,真切自然。

林道静的人物形象:

林道静作为小说中的主要人物,是由一个小资产阶级知识分子成长为无产阶级革命战士的典型。她的成长表明那个时代广大知识分子走过了一条曲折艰难的道路,才成为一个具有崇高的无产阶级信念和旺盛的革命热情的青年革命者。她出身于一个地主家庭,生母是佃农,惨遭迫害致死。继母的凌辱和虐待,使她从小养成孤僻倔强的反抗性格。她憎恨害死她生母的封建家庭和封建制度,为反抗不幸的命运离家出走,这是五四以来,许多小资产阶级知识分子走向社会时共同迈出的第一步。但她此时不是一个成熟的革命者,她身上常常流露出小资产阶级知识分子的狂热性以及个人英雄式的幻想。最后其在卢嘉川、林红等的教育帮助下,在经历了两次铁窗血与火的洗礼后,参加了农民抢麦斗争,并参加了"一二·九"学生运动,她在一系列革命实践中变得坚强,在政治上逐渐成熟起来。

(八)周立波

周立波(1908—1979),原名周绍仪,湖南益阳人。代表作品有 1948 年完成的表现东北解放区土地改革的长篇小说《暴风骤雨》,这部作品在 20 世纪 50 年代被苏联授予"斯大林文艺奖"。1951 年开始写作《铁水奔流》,1955 年回到家乡湖南,写作重心转到他熟悉的乡村生活上来。其长篇小说《山乡巨变》及其续篇,是 20 世纪五六十年代表现农业合作化运动的三部重要长篇小说之一。

重要作品详解

《山乡巨变》 完整地描写了湖南省一个叫清溪乡的农业生产合作社从初级社到高级社的发展过程,艺术地展现了合作化运动前后,中国农民走上集体化道路时的精神风貌和新农村的社会面貌,剖析了农民在历史巨变中的思想感情、心理状态和理想追求,从而说明农业合作化是中国农村的第二次暴风骤雨。如同《暴风骤雨》一样,《山乡巨变》同样具有鲜明的时代感。小说的艺术特色:

1.《山乡巨变》的可贵之处,在于塑造了邓秀梅、刘雨生、李月辉、"亭面糊"、王菊生、张桂秋等一批个性鲜明、栩栩如生的人物形象。特别是"亭面糊"这位老农,简直就是《暴风骤雨》中那个逗人发笑的老孙头的亲兄弟,其形象显得十分丰满并富有立体感。

2.在人物形象塑造上,《山乡巨变》具有鲜明的民族特色,每一章集中刻画一个人物,描写一件事情。作者善于在尖锐的矛盾冲突中,通过富有个性的行动,表现人物性格,其学习古典小说刻画人物的技法明显可见。

3.《山乡巨变》具有浓郁的南国特色,湖南山村清秀俊美的乡风水色和当地特有的风情民俗,赋予小说一种特殊的文化蕴涵,并由此创造出令读者心驰神往的优美意境。

4.周立波是驾驭语言的巨匠,《山乡巨变》语言洗练流畅,清丽自然;人物对话幽默风趣,含蓄传神。特别是对湖南方言土语的运用,更见语言大家的功力。

二、重要流派

【知识点精讲】

(一)十七年文学

十七年文学是指从中华人民共和国成立(1949年)到"文化大革命"(1966年)这一阶段的中国文学历程,其属于中国当代文学的一个时期。十七年文学时期产生了很多艺术成就很高的优秀作家及文学作品,例如:杜鹏程的《保卫延安》、吴强的《红日》、曲波的《林海雪原》、梁斌的《红旗谱》、杨沫的《青春之歌》、周而复的《上海的早晨》、柳青的《创业史》、罗广斌与杨益言的《红岩》、周立波的《山乡巨变》、赵树理的《三里湾》等。十七年文学呈现的特点也是非常鲜明的:

1.此时期作品题材主要是歌颂、回忆、斗争。歌颂党、社会主义、人民;回忆战争岁月、苦难年代、过去生活;和帝国主义、资本主义、旧思想作斗争。因此,这个时期的少数作品艺术性是不高的,作品也主要体现文以载道的思想,作品的风格往往失之于简单,人物也呈现一些程式化的倾向。

2.对小说这种文学体裁来说,突出特点体现在人物形象的塑造和刻画上。小说向来以在特定的环境中依靠完整的故事情节来塑造典型的人物形象为己任,刻画出来的人物有时是一种现实矛盾的综合体,具有艺术表现力的意义。综观十七年文学史,典型在这里被过分甚至无限制地夸大,集中表现为一个无数风靡一时的革命战争小说反复出现的名词:英雄。

3.十七年文学中城市的隐匿更表现为城市文学的稀缺。"十七年"的中国文坛,原"解放区"作家占有着主导地位,他们这些人熟悉的是农村生活,在他们思想深处文艺为人民服务被理解成为农民服务,他们多年来追求的文艺大众化,更确切地说是文艺的农民化。这就决定了他们的笔往往滞留在农村生活这一素材域中,而对他们身处的城市缺少必要的反映。十七年文学中城市生活的隐匿,除了众多作家本身就是乡土作家以外,还有一部分很重要的原因是近代城市被认为是"罪恶的渊土"及资产阶级道德和社会腐败产生的场所,再者都市文学本身就具有消费、娱乐的腐蚀性特征,这些特征在那个年代被认为是必须予以批判和清除的。即使是一些反映城市生活的作品,"城市空间"也被简约为"工厂"这一斗争资本家的场所,且这些作品中的情感抒发方式、道德体系、价值取向、文学想象方式等被完全束缚在乡村文化范畴,它们反映的是作家们的乡村情结。

4.排斥世俗的日常生活场景。1949年以后,文学的意义秩序被规定在政治意识形态范畴内,它被要求能阐释新中国"新"之所在,十七年文学将对日常生活的疏离推到了极端,连日常生活中人生存所依赖的最基本的关系——爱情和亲情都遭到排斥。爱情和亲情本是世界各民族文学创作的母题,但在1949年以后很长的一段时间里它们都是中国作家们创作的禁区。

(二)山药蛋派

山药蛋派是中国当代小说流派之一,形成于20世纪50年代至60年代中期。指以赵树理为代表的一个当代的文学流派,又称为"赵树理派""山西派"或"火花派"(这是因为新中国成立后该派的作品大都发表在山西文艺刊物《火花》上)。主要作家还有马烽、西戎、李束为、孙谦、胡正等,人称"西李马胡孙",他们都是山西农村土生土长的作家,有比较深厚的农村生活基础。这些作家在小说创作方面与赵树理相仿,既注重把创作同农村实际工作联系起来,又保持了山西浓郁地域特色,既及时表现新的天地和人群,又注重作品的通俗化和大众化,就连给人物取外号、写"中间人物"及小说的幽默轻喜剧风格方面也像赵树理,因而称"山药蛋派"。其艺术特色:

1.坚持现实主义的原则,敢于正视并揭示农村现实生活中各种矛盾和农民群众的思想弱点,凭借艺术家的良知来揭示矛盾、反映生活。

2.民族化与大众化风格。作家们广泛学习过民间艺术,大量搜集过民间故事,他们的代表作都散发着民族的、民间的、艺术的传统光芒。

3.幽默诙谐的喜剧风格,作家们选择采用喜剧性的情节和细节来表现人物的思想性格。

4.幽默风趣的语言。"山药蛋派"所使用的语言是山西农民的语言,从而和以其他地区群众语言创作的作家形成迥然不同的语言特点。

(三)荷花淀派

荷花淀派,形成于20世纪五六十年代,一个以孙犁为代表的当代文学流派,主要作家还有刘绍棠、从维熙、韩映山等。荷花淀即白洋淀,这一流派的名字,不但源于白洋淀这个地方,也源于孙犁的短篇小说《荷花淀》。荷花淀派的小说创作一直都以清新优美的艺术风格为文坛瞩目,其风格主要体现在以下几个方面:

1.对河北农村生活的诗意描绘,具有鲜明的地方色彩,是荷花淀派小说创作的首要特征。

2.善于从平凡的生活场景中,发掘美的意蕴,表现注入新的时代和阶级内容的人性美和人情美,讴歌光明,引人向善,具有欢乐明朗的格调。

3.特别善于刻画农村青年妇女形象。如孙犁笔下的水生嫂、吴召儿、九儿、春儿等。

4.荷花淀派的小说对农村生活诗意的描绘,对农民群众人情美、人性美的赞扬,对清新明丽的意境追求,犹如一支支欢快明朗的乡土抒情曲,具有优美婉约的艺术风格。

(四)政治抒情诗

政治抒情诗这一诗歌体式在20世纪50年代末60年代初被正式提出,是十七年诗歌的主要诗体样式。从艺术渊源上看,政治抒情诗的出现主要受两个因素的影响:一是中国新诗中固有的浪漫风格的诗风,其更直接的承继是20世纪30年代的左联诗歌;二是受19世纪西方浪漫派诗人、苏联革命诗人,特别是马雅科夫斯基的诗歌遗产的影响。

政治抒情诗是当代政治与文学特殊关系的产物。它表现了作者关注政治事件、社会运动的热情,和以诗作为"武器"介入现实政治的追求。在这种诗体中,诗人以"阶级"或"人民"的代言人身份,表达对当代重要政治事件、思潮的评说与情感反映。在诗体形态上,其是强烈的革命情感宣泄和政论式的观念叙说的结合,即"实际上是抽象的思想、抽象的概念,但用了形象化的语言来表达"。

政治抒情诗大多是长诗,通常采用大量的排比句式加以铺陈、渲染,讲求节奏分明、声韵铿锵,以增强政治动员的感染力量。当代许多诗人都写过"政治抒情诗",如郭小川、贺敬之、阮章竞、李瑛、闻捷等等,代表作品有贺敬之的《回延安》《放声歌唱》《桂林山水歌》,郭小川的《白雪的赞歌》《深深的山谷》《一个和八个》《致青年公民》等。

第五章　20世纪80年代—90年代重要作家及流派

第一部分　学前重点讲解

本章主要包含20世纪80年代到90年代的重要作家和重要流派两节内容，在第一节重要作家中，需要重点记忆的是莫言、贾平凹、王安忆、余华、路遥、舒婷、顾城、北岛、海子这几位作家的代表作品及其思想内容与写作特色，对"重要作品详解"部分提到的图书要有整体把握，对本章列举的其他作家可以作简要了解，要知道他们最具代表性的作品。

在第二节重要流派中，需要重点关注的是朦胧诗派、寻根小说、先锋小说、新写实小说、第三代诗歌这几个重要流派的形成与发展脉络，以及各个流派的代表人物和文学主张。

第二部分　核心考点汇总

一、重要作家

【知识点精讲】

（一）路遥

路遥（1949—1992），原名王卫国，陕西清涧人。当过民办教师。1973 年进入延安大学中文系学习并开始发表作品。1976 年毕业后任文学刊物《陕西文艺》（今《延河》）编辑。出版有长篇小说《平凡的世界》《路遥全集》（6 卷）以及诸种中短篇小说集，其中《惊心动魄的一幕》和《人生》获全国优秀中篇小说奖，《平凡的世界》获第三届茅盾文学奖。

重要作品详解

《平凡的世界》　是路遥的代表作，作品以陕北黄土高原双水村孙、田、金三家的命运为中心，反映了从"文革"后期到改革初期广阔的社会面貌。作者在这部力作中展现了从 20 世纪 70 年代中期到 80 年代中期农村生活的巨变，通过描述孙、田、金三家农民的命运变迁与矛盾纠葛，表达了自己对社会的沉思、对故乡的依恋和对普通人艰苦奋斗精神的赞美。在孙少安、孙少平兄弟的奋斗历程中，作家颂赞了不同于高加林浮躁的求实精神。他们既渴望走出传统的生活方式，又在与命运的抗争中保持了传统的美德。在艰苦的生活和复杂的社会矛盾中，孙少安朴实坚韧，立足于脚下的土地艰苦奋斗，最终成为一位农民企业家；孙少平热情执着，走出了乡土，在煤矿的劳作中出淤泥而不染。

作品充满深沉的道德力量，追求恢宏的史诗品格。作家还刻画了几个生动而富有历史感的人物形象，如大队党支部书记田福堂从艰苦奋斗的创业者转变为错误政策随波逐流的执行者和以权谋私者，并最终成为改革的阻挠者，他们是部分农村干部的缩影。

《人生》　路遥走过坎坷的人生道路，他因此擅长刻画改革年代中不甘平庸、努力奋斗的农村青年形象。小说中的高加林是当代青年的一个典型形象。他有理想又心高气傲，有才华又不满现状。他向往城市文明，学习城里人的生活方式,在偏僻的乡村传播现代文明。为了追求城市文明,他不顾良心的谴责和乡亲父老的批评,抛弃了挚爱的女友刘巧珍。然而,他所向往的城市不仅没有容纳他,反而以令他难堪的方式深深伤害了他的自尊。小说中描写高加林在城里卖馍遇到老同学而羞愧的情节和最终被城里人赶回乡村的结局是具有强烈艺术震撼力的。作者刻画的高加林是一个既有追求又很浮躁的人物形象。他的追求、奋斗,他遭受的挫折、失败、痛苦,可以说是那一代农村青年的一个缩影。

这篇小说显然受到了法国名著《红与黑》的影响,但高加林又与《红与黑》中的于连·索黑尔不同,高加林的浮躁,不仅是他个人的,也是时代情绪的集中体现;他的追求有个人奋斗的色彩,但也体现了那一代青年的变革渴望。作家在这个人物形象身上倾注了既肯定又批评的复杂情感,深刻揭示了改革开放的浪潮冲击传统生活方式与传统伦理道德的必然性与复杂性,显示了作家深厚的思想意识与艺术功力。

(二)莫言

莫言(1955—),原名管谟业,著名作家,中国作家协会副主席,出生于山东高密。其写作风格以"大胆新奇"著称,擅以幻觉现实主义融合民间故事、历史与当代社会,其凭借一部《红高粱家族》引起了文坛的轰动,凭借作品《蛙》获茅盾文学奖。2012年,莫言获得诺贝尔文学奖,成为首位获得该奖的中国籍作家。作为第一位获得诺贝尔文学奖的中国籍作家,他也是一位高产的作家,从20世纪80年代初开始创作,在30余年中他已创作了11部长篇小说、24部中篇小说、60余部短篇小说,另有剧本、散文多部(篇)。莫言在创作的初始阶段发表过《春夜雨霏霏》《售棉大路》《民间音乐》等短篇小说,他在这个时期的作品大都使用第三人称全知视角,情绪基调清新明朗,基本保持了传统现实主义风格,也显示了莫言擅长从感性直觉出发创造空灵朦胧意境的特点。到了20世纪80年代中期,宽松而活跃的文学环境给莫言施展才华提供了良好的机遇,莫言的创作进入了第二个阶段,他相继发表了《透明的红萝卜》《红高粱家族》《红蝗》等中短篇小说。这个时期莫言以天马行空式的想象进行了大胆的实验和探索,很大程度上突破了传统的文学规范。20世纪90年代后,莫言的创作更多地转向长篇小说,相继出版了《丰乳肥臀》《檀香刑》《四十一炮》《生死疲劳》《蛙》等多部长篇小说,对历史和现实作出了更多的思考,拓展了人性和生命的主题,展现了更丰富的民间世界。在这些作品中,莫言把各种乡村经验拼合在一起,用西方现代手法和民间艺术手法将它们熔于一炉,创造了一幅五色杂陈的画卷,展现了一个博大、广阔、丰富的艺术世界。

莫言小说的艺术成就

1. 莫言从个人化的角度切入、体验和表现历史。莫言以诸多作品构成了从晚清经民国到中华人民共和国的百年中国史,但他观照和表现历史的方式与主流小说或主流历史叙述有非常大的不同,他站在民间立场用个人眼光观照主流文学中的宏大叙事,他的叙述超越了由革命现实主义设定的意识形态规范,更多地着眼于家族史和人物个人的历史,从而突破了革命现实主义作家总把历史演绎成国家、民族寓言的思维模式。《红高粱》就是对革命历史小说的一次突破,其最大的特点是作者把本可以写成抗日故事的小说写成了一部张扬生命意识的作品,把本可以写成抗日英雄的人物写成了一个兼有土匪和民间英雄特点的双面人物。正是在传统现实主义小说视野之外,莫言找到了认识历史的新角度:历史本来就是杂色的,五彩纷呈、五色杂陈才是历史的本来面目。

2. 莫言小说具有鲜明的民间性,这包括作家所处的民间立场、吸纳的民间内容和采用的民间艺术手法等。他从民间立场出发,看到了官方和知识分子视野之外的新的历史与生活。莫言很多作品主题的设置和对人物的评价都与他的这种价值取向有密切关系。莫言小说中最有民间特点的是那些民间化的生活场景,如《檀香刑》中的孙丙在德国人害得他家破人亡以后奋起反抗本来是正义的,但是这个演了一辈子草台子戏的戏班班主把战争与演戏混淆在一起,他把自己想象成岳飞下凡,他的手下则自命是孙悟空、猪八戒和各色古代人物,他们乱七八糟,念念有词,唱着戏文跟德国人打仗,结果把严酷的战争变成了一场狂欢式的民间闹剧。莫言的小说还大量借鉴使用民间艺术手法,如《生死疲劳》写的是自土改到改革开放近半个世纪的农村生活,但是小说采用了佛教的"六道轮回"说,让主人公兼叙事者在土改中被枪毙的地主西门闹,先是在阴间里为自己喊冤,后来转世为驴、牛、猪、狗、猴,最后又转生为大头婴儿蓝千岁。它的本源其实是中国的民间文化。

3. 莫言小说还表现了很强的生命意识。《红高粱》《老枪》《秋水》等作品热情赞美了"我爷爷""我奶奶"这一代人,他们敢恨敢爱,敢于直面生死荣辱,嗜杀成性又视死如归,杀人越货又尽忠报国,男的剽悍勇猛,女的风流俊俏,他们是自然生命的化身,体现了一种强悍的生命本能,在对传统伦理观念的反叛中,使人类的生命原欲得到了酣畅淋漓的宣泄与抒发,在高密东北乡上演了一幕幕动人的生命传奇。

4.擅长描写感觉是莫言艺术上的一个显著特点。莫言在创作中把"写感觉"放在一个非常重要的位置,他写的是一个声色味俱全、真实可感的世界。莫言小说中的感觉描写不是对感觉记忆的简单还原,而是以感觉记忆为基础,加入艺术想象后的审美创造,它们很少是写实的,而是在主体介入后出现了明显的变形。它们有的是夸大了对象的某些特点,如《爆炸》中:"泪水密集起来,颜色变深,质量变大,沉甸甸像稠而透明的胶水。"

5.在艺术结构和叙事方式上,莫言也有很多突破与创新。在《红高粱家族》中,作者表面上是将叙事视角定位在第一人称"我"的位置上,以"我"的口吻叙述祖父母余占鳌、戴凤莲和父亲豆官在抗战中的经历,但在叙述中,叙事人又突破第一人称的限制,栩栩如生地讲述了新中国成立后出生的"我"根本无法亲历的故事。作者实际上是将叙述加入了父亲豆官的视角,或者干脆甩开第一人称视野,在第三人称全知视野中展开叙事。这种特殊的叙述方式使整个作品看上去是"我"在叙述自己家族的故事,给人很强的真实感和亲切感,同时又获得了第三人称全知叙事的那种开阔的视野。另外,作品的叙事也有很大的灵活性,它不完全依循时间的线索,而是在一个广阔的时空中自由穿梭。

重要作品详解

《透明的红萝卜》 是莫言的成名作,讲述的是一个顶着大脑袋的黑孩,因从小受继母虐待,而变得沉默寡言,经常对着事物发呆,但其却对大自然有着超强的触觉、听觉等奇异功能的故事。小说里的主角小黑孩是个孤儿,从小缺乏父亲的教导且总是受到继母的虐待,这从小黑孩的外貌就可以看出来:孩子赤着脚,光着脊梁,穿一条又肥又长的白底带绿条条的大裤头子,裤头上染着一块块的污渍,有的像青草的汁液,有的像干结的鼻血。裤头的下沿齐着膝盖。孩子的小腿上布满了闪亮的小疤点。他的头很大,脖子细长,挑着这样一个大脑袋显得随时都有压折的危险。文章中写小黑孩被继母从睡梦中打醒去挑水的段落写得比较细致。小黑孩的遭遇使得他的性格变得沉默、倔强而孤独,感情世界也变得空虚,其从不愿意主动跟别人打交道。而处在乡村社群中心的青年们,对小黑孩从不屑于理解。小黑孩和小石匠被派到滞洪闸工地干活挣工分,小黑孩受到了小石匠以及美丽善良的菊子姑娘的保护。但因为继母虐待的阴影以及他对菊子姑娘一种隐隐的情愫,他甚至咬了菊子姑娘,在小石匠和小铁匠打架时,他竟意外地帮欺负他的小铁匠去打小石匠。小铁匠动不动就让黑孩去偷地瓜和红萝卜。因为小黑孩视觉上的幻觉,他把红萝卜看成了有着金色外壳包着银色液体的透明的红萝卜,所以他对红萝卜有了一份特殊的感情,最后当小铁匠把他的萝卜扔进水里再也找不到时,黑孩钻进了萝卜地,把所有正在成长的红萝卜都拔了出来。

《蛙》 获得诺贝尔文学奖。《蛙》以新中国近 60 年波澜起伏的农村生育史为背景,通过讲述从事妇产科工作 50 多年的乡村女医生姑姑的人生经历,描述国家为了控制人口剧烈增长而实施计划生育国策所走过的艰巨而复杂的历史过程。

《丰乳肥臀》 长篇小说,主要写了上官鲁氏一家的家族史。这部具有长达半个多世纪历史跨度的小说把连绵的战争、纷乱的政治运动和喧嚣的经济变革处理成背景,凸显上官几代人的升沉起伏,各色人等的不同命运充分显出了历史的复杂性。书中的母亲有八个女儿一个儿子,女儿们分别叫来弟、招弟、领弟、想弟、盼弟、念弟、求弟和玉女。老大、老二是母亲与母亲的亲姑父的私生女,老三是母亲与假扮外乡过来贩鸭子的土匪密探的私生女,老四是母亲与江湖郎中的私生女,老五是母亲与光棍汉的私生女,老六是母亲与和尚的私生女,老七是母亲被四个败兵强奸后所生,老八是母亲与瑞典牧师的私生女。老大、老二、老三、老四、老五、老六分别嫁给了土匪、国民党、共产党、窑子、共产党和美国人,老七、老八因为找不到自己想嫁的人,就想要自己寻死。女儿们成了各自丈夫的坚定同路人,只有老大略有不同。瑞典洋牧师给她的私生子、姐姐们的小弟弟取名叫上官金童,他有着聪明的大脑和英俊阳刚的外表,却是一个什么办法都想不出、什么事都不会做的人。但是他是一个大孝子,是他陪伴老母亲走完最后一程,并亲手掩埋了老母亲。虽然母亲刚下葬,就有政府有关人员逼其再挖出来。但这大孝子内心已决定,要背着刚被挖出来的老母的尸体,跳入旁边的沼泽地里去,让一直欺负他们娘俩的人再也找不到他们……这些姐妹亲属是贯穿中国 20 世纪的权力高层和民间势力。母亲的"肥臀"生了这些女儿,母亲的"丰乳"哺育了这些女儿。这些女儿长大后,联同她们的丈夫,所带给母亲的只有无穷无尽的灾难和痛苦。作家把母亲描绘成一位承载苦难的民间女神,她生养的众多女儿所构成的庞大家族与 20 世纪中国的各种社会势力发生了枝枝蔓蔓的联系,并被卷入 20 世纪中国的政治舞台。而这些形态各异的力量之间的角逐是围绕自己家庭展开的,从而造成了母亲独自承受苦难的现实。作者对人物也不是做机械的政治划分或简单的道德评判,而是力求写出那种杂色人物。主人公上官鲁氏是大地母亲的化身,她忍辱负重,宽容地对待那些曾经给她带来巨大痛苦的人,但是,她毕竟是一个农村妇女,又生活在那样一个动乱频仍的环境中,因而她也没有被描绘成一个圣母的形象。

《红高粱家族》　由《红高粱》《高粱酒》《高粱殡》《狗道》《奇死》五部作品组成。《红高粱》主要通过"我的奶奶"戴凤莲以及"我的爷爷"余占鳌两个人之间的故事,讲述发生在山东的生命赞歌。《红高粱》主线是"爷爷"余占鳌率领的武装压击日军,辅线是"我的爷爷"余占鳌和"我的奶奶"戴凤莲之间的爱情故事。故事发生的主要地点是高密东北乡。小说里的主要人物有的来自自发的造反势力,有的是混乱和无纪律的地方首领。他们没有救国家和人民群众的主动意识。他们为自身的生存而抗争。整部小说中没有着墨太多的正面形象,"我爷爷"这个人物形象被塑造为具有"土匪"和"抗日英雄"的双重身份,土匪的野性和英雄的血气使人物形象更加丰满和真实,小说还原了真实的历史一幕。《红高粱》小说的主题被诠释为弘扬积极向上的生命力和追求自由的精神,渴望个性解放精神,重建创造精神等,其意图是借助高密东北乡民间原始野性文化的活力改造孱弱的民族性格,呼唤强有力的生命形态,呼吁中华民族要自尊自强,要有反奴性和反抗性,要具有健康的人格和民族品质。《红高粱》小说的主题思想既张扬个性解放,又歌颂英勇抗日的爱国主义精神。所谓"个性解放",指"人"的个性的解放。"人"是"灵"与"肉"、"神性"与"兽性"、"精神"与"物质"、"社会的人"与"自然的人"的统一。

《生死疲劳》　书名来源自佛经中的:"生死疲劳,从贪欲起,少欲无为,身心自在。"莫言说,佛教认为人生最高境界是成佛,只有成佛才能摆脱令人痛苦的六道轮回,而人因有贪欲则很难与命运抗争。小说获得第二届红楼梦奖和第一届美国纽曼华语文学奖,小说叙述了 1950 年到 2000 年中国农村这 50 年的历史发展过程。围绕着土地这个沉重的话题,阐释了农民与土地的种种关系,并透过生死轮回的艺术图像,展示了新中国成立以来中国农民的生活和他们顽强、乐观、坚韧的精神。小说主人公是西门屯被枪毙的地主西门闹,他经过几次转世,先后成为驴、牛、猪、狗、猴,最后又成为人——大头婴儿。在西门闹沦为畜生的过程中,却始终隐藏着人的情感。小说在对驴、牛、猪、狗、猴的叙述中有着人的感情描写。这些转世的畜生,与他们的主人家庭成员间有着割不断的血缘关系。《生死疲劳》的视角所呈现是由驴、牛、猪和狗组成的依次由土改、"大跃进"、"文革"和改革开放所对应的历史。小说的主人公西门闹原来是一个家境殷实的地主,土地改革中全部家当被分光,还被五花大绑到桥头枪毙。他在阎王殿喊冤,阎王判他还生,结果其投胎变成一头驴。西门闹变成的驴却是好样的,雄健异常,但它却也不得不死于非命。西门闹所有投胎成的动物都勇猛雄壮,这摆脱了他作为一个地主的历史颓败命运,在动物性的存在中他复活了。这个动物的存在,动物的视角,使莫言的叙述具有无比的自由和洒脱,它可以在纯粹生物学和物种学的层面上审视人类的存在。这个审视角度是如此残酷和严厉,人类的存在居然经不住动物的评判。

《酒国》　是莫言发表于1993年的长篇讽刺小说,该小说借助"酒"这种饮料,描绘了中国的官场生态,抨击了官场的腐败,该作品被美国汉学家葛浩文誉为"创作手法最有想象力、最为丰富复杂的中国小说"。小说写省人民检察院的特级侦察员丁钩儿奉命到酒国市调查一个特殊的案子:酒国市的官员吃掉了无数婴儿。但到酒国市的人没有能经得起诱惑的,丁钩儿虽不断提醒自己不能喝酒,最后却醉酒淹死在茅厕里。

《酒国》由三重文本组成:检察院侦察员丁钩儿去酒国市调查所谓"红烧婴儿"案件的过程;酒国市酿造大学的写作爱好者李一斗与作家莫言的一组信件;李一斗寄给莫言的一系列小说。三重文本相互穿插,相互渗透,虚实交加,真假互映,构成了一个光怪陆离的文学世界。在莫言笔下,这个世界至少包含三重真实性,这一点不是那些坚持以单一的眼光看待世界真实性的人士所能理解的。《酒国》借助多重叙事,呈现出一种极为复杂的结构和重叠交错、自相悖谬的立场,或许在莫言看来,不如此不足以表达当下中国现实生活的复杂性和荒诞性。惟其荒诞,才显写实。

(三)贾平凹

贾平凹(1952—),陕西丹凤人。1972年进入西北大学中文系学习,并开始发表作品。此后一直在西安生活、写作,除进行小说、散文创作外,他还主办《美文》杂志。代表作有长篇小说《商州》《浮躁》《废都》《白夜》《土门》《高老庄》《怀念狼》《秦腔》《暂坐》等,作品集《小月前本》《腊月·正月》《天狗》以及《贾平凹自选集》《贾平凹小说精选》等。

贾平凹小说创作的艺术成就

1.他具有一种较为开阔的文化视野,善于吸纳各种文化资源的优长为己所用。一方面,他从拉美作家,特别是哥伦比亚作家马尔克斯的成功中得到启示,注意到特定的历史文化和地域文化对人们日常生活和心理世界的影响;另一方面,他从日本的川端康成身上获取了准确、细腻地把握社会心态和人物心态的总体特征和微妙变化的经验。如他在"商州系列"作品中,举凡商州各种正史、野史、稗史,民间的占卜、禳祀、礼仪,百姓信奉的征兆、规矩、信条,婚丧嫁娶、请客吃饭等各种地方风俗以及乡村生活起居、建筑风物,这些无不纳入其视野,融合在其血脉中,不经意地表露在文字里。

2.贾平凹对中国古典美学精神有一种独到认同。如他不仅把"静虚"当作对人生世事作静观默察的处世态度,而且将其作为创作的一种运思方式。他从中国远古神话传说、传奇故事、笔记小品和话本小说中吸取营养、含英咀华,努力揣摩中国传统文化的神韵,并将它们运用在自己的小说创作中,以形成自己富有个性的文体和语体。

3.贾平凹那种永不停止探索的精神对中国当代文化也是大有裨益的。从开始小说创作到现在,他一直在进行小说形式方面的有益尝试。特别是在20世纪90年代的长篇小说写作中,他力图回到小说的原始本义,即最初的"说话"状态,追求一种看似无技巧的大境界。他对具体生活情景的描写都较为鲜活,力图靠近生活原有的质朴状态,如其在21世纪创作的长篇小说《古炉》《老生》等。虽然并不是每篇作品都能达到读者和他自己的期望值,但这种永不停息的努力是让人钦佩的。

与其对生活细微精到的感知能力相比,贾平凹在理性思辨上稍显不足,有些作品带有过于理念化的痕迹,如《废都》中常为人所诟病的那头"哲学牛"。另外,他在创作中时有文学意境雷同,人物关系、情节组织重复,这些都是明显的缺憾。

重要作品详解

《废都》　呈现的是精神家园荒芜、终极关怀丧失后的让人触目惊心的生活图景。小说通过主人公庄之蝶与周围各色人物的关系,织成一个错综复杂的人际关系网,通过对一群文人众生相的描写,剖露了社会转型中各路文化精英的没落心态。在作者看来,他们的堕落便代表着文明的沉沦,他们的绝望意味着文明的绝望。小说中,这类精英无一例外地由名人而闲人,由闲人而废人,直至沦为垃圾。其中以庄之蝶的沉沦于"性"最具典型性,他最后死在企图逃离文化废都的车站里,这种迟来的自我救赎显然是软弱而无望的。《废都》也是作者第一部正面描写城市生活的长篇小说,小说所流露出的对城市的本能排斥和回归乡土的心理十分明显。在中国乡土作家中,贾平凹的这种心态颇具代表性。为了渲染精神家园的沦丧和文化价值的失落,作品充斥着大量《金瓶梅》式的性描写,因而引起见仁见智的热烈争论。不过,从贾平凹的创作意旨来看,《废都》不过是作者寄寓忧虑和孤愤的作品。

《白夜》 叙述了一群精神无着者对"家"和"家园"的凄惶找寻。整部小说透出一股苦寻而不得其门的悲凉意绪。主人公夜郎是一个农民的儿子,他来到城里企图建立他的家园,一番苦斗之后他终究觉得"城,是人家的城",即便在这里寻到一个蜗居的空间,能够栖息的也只是肉体,灵魂仍然在无着地漂游。

《土门》 小说的意旨承接《白夜》而来,展示了家园将失的人们为保护家园而进行的抗争。"土门"是乡土之门,家园之门,也是农民的生命之门。然而,尽管人们视土地为生命之根,当作神灵膜拜,但城市的发展毫无温情可言,巨大的推土机在村口徘徊,马上就要开进来了。叙述者梅梅一直代表作者在追问:"我们将到何处去?何处将怎样等待我们呢?"家园将失,仁厚村人以他们自己的方式进行着抗争。但是作者在表现仁厚村人爱护家园之诚、保护家园之勇的同时,也以批判的眼光看到农民的种种劣根与痼疾。潜藏在大多数农民身上的小农意识,让他们并不会感到家园将失的痛楚,因此他们也丝毫不能抗拒城市的种种诱惑。这样,作者便不无痛楚地表现出现代社会培植起来的强烈物欲摧毁了仁厚村人守成怀旧的脉脉温情,也决定了他们的抗争是一种无望的抗争。

《高老庄》 现代城市文明粉碎了乌托邦式的乡村家园美梦,然而又该如何去建构新的栖居家园呢?贾平凹把《土门》的这一思考带入《高老庄》。在这里作者试图用笔下的人物来表达他的重构家园的理想。作品中几个主要人物是几种不同文化的代表:作者用孔子的学生子路的名字为小说的主人公命名,他代表的是维系中国几千年伦理纲常的儒家文化;子路的夫人西夏,漂亮、刚健、修长如大宛马,她胸襟开阔,代表着城市文化中健朗向上、充满活力的一面;苏红从农村进入城市,利用青春作本钱进行资本积累,全然丧失了乡村的淳朴而染上城市文化中庸俗、萎靡、贪图享受的劣习;蔡老黑敢作敢为,带有匪气,代表中国"侠盗"文化在现代社会的遗留。几个人物之间的交往暗示着几种文化之间的冲突和重组。在作者的意向里,西夏留下来,不久便会有一个新的高老庄出现。那也就是《土门》里的"神禾塬"。然而,西夏实在是作者一厢情愿的理想化角色,因而作者在这里表达的家园重建的期望其实是极其微茫的。

《秦腔》　发表于 2005 年,作品通过日常生活状态的自然呈现的叙事方式,再现了 20 世纪 90 年代以来中国乡村被急剧的城市化进程所席卷的历史横断面。小说中的清风街是一个普通的中国村镇,到处呈现出荒芜破败的场景,大片的土地和良田被侵占,农民的精神生活面临严重的危机。作家通过一个名叫张引生的疯子的视角,向读者真实地呈现了市场经济背景下中国乡村何去何从的当代境遇。在张引生的叙述中,古老的秦腔在当下中国的命运问题值得人们关注。

(四)王蒙

王蒙(1934—),河北南皮人,生于北京。新中国成立初期从事共青团工作并开始发表作品,相继创作了长篇小说《青春万岁》和短篇小说《组织部新来的青年人》等作品。1957 年被错划"右派"后举家迁往新疆,1978 年返回北京。半个多世纪以来,他在经历了曲折和坎坷之后,仍然保持着充沛的激情与活力,在新时期他的创作大致分为三个阶段:20 世纪 70 年代末至 80 年代初,20 世纪 80 年代中后期和 20 世纪 90 年代至今。20 世纪 70 年代末,王蒙重新登上文坛就进入了一个喷发期,他连续写了《最宝贵的》《悠悠寸草心》《夜的眼》《布礼》等一系列小说。这些作品以作者自己的人生经历与体验为基础,对新中国成立后 30 年的政治生活进行了深入的反思。20 世纪 80 年代,王蒙创作走向多样化,他对转型期的政治、社会问题进行了深入思考,创作了《活动变人形》《名医梁有志传奇》《来劲》等一系列小说,还出版了大量的诗歌、散文、随笔、文艺散论和专论集、自传和自述集,以及《王蒙文集》(45 卷)。20 世纪 90 年代,王蒙陆续出版《恋爱的季节》《失态的季节》《踌躇的季节》和《狂欢的季节》,这四部作品基本以作者的经历为基础。

王蒙小说的艺术特色

1. 王蒙是当代小说艺术不懈的探索者,他率先借鉴西方意识流手法,对小说的传统结构进行了改造,如《春之声》所使用的就是意识流小说中较典型的放射型结构,小说让人物的思绪自由伸发开去,播散到他人生旅程的各个单元,包括他童年的生活、他在几次政治运动中的遭遇以及他这次回乡的前因后果等。

2. 王蒙还多方面地借鉴了现代派的手法和技巧,如荒诞象征、黑色幽默。在《冬天的话题》中,作者将荒唐当作正常,将一种非现实的东西当作现实的东西加以描写,将正常的生活加以变形,夸大了生活中某些丑陋的东西,使丑恶的更加丑恶,荒诞的更加荒诞,而这正是荒诞派常用的表现手法。

3. 在语言方面王蒙也是一个勇于创新的作家。为了显示意识活动的特征,作者放弃了对语言完美、对称和整齐的追求,取而代之的是追求语言的多样化和陌生化,使语言单位之间常常出现大幅度跳跃,甚至断裂和悖反。

4. 幽默也是王蒙小说的主要风格。作者在反映不合理现象时,经常夸大生活中荒诞可笑的一面,表现了强烈的幽默感。

王蒙的作品常常是汪洋恣肆,往往凭借滔滔不绝的诉说打动人,而不是通过细腻的描写影响读者;他小说的主题常常是某种理性的体现,较少对生活或生命的感性体悟,不免显得韵味不足。

重要作品详解

《活动变人形》　是一部专注于文化反思、具有较大历史深度的长篇小说。作品描写了旧中国一个家庭的成员之间(以倪吾诚为一方,以姜氏母女三人为另一方)由于文化背景与性格上的差异而引发的斗争与厮杀,展现了一个惨淡的精神地狱,揭示了中西文化之间的差异与隔膜,批判了封建文化的落后、顽固及其对人性的戕害。作者通过对倪吾诚的刻画,揭示了 20 世纪中国知识分子的心路历程。倪吾诚是一个从封建地主家庭中分化出来的人物,受启蒙思想的影响,从小就表现出对封建文化强烈的叛逆性。他反对缠足,主张"耕者有其田"。他在欧洲留学回来后,对西方文明崇拜得五体投地,对中国文化的痼疾更是深恶痛绝。但是倪吾诚本质上又是一个纨绔子弟,是一个无能者;他性格软弱怯懦,常常夸夸其谈、满口高论,但又没有责任心和做实际工作的能力。他去欧洲留学不仅没有学到本领,反而变得更偏执、怪异。作者将倪吾诚放在中西文化冲突的大背景上予以刻画,展示了他的生存悲剧,同时也显示了西方文化在中国强大封建势力面前的软弱和有限。作为小说另一方的姜氏母女,王蒙着重刻画了静珍的形象,她具有受虐者和施虐者的双重身份。一方面,她是封建文化制度的受害者:静珍 18 岁结婚,19 岁就死了丈夫,而在一个所谓"知书达理"的家庭中,她是不可能再婚的,封建礼教堵塞了她走向正常生活的道路,使她虽生犹死,在心灵上蒙受了残酷的磨难;另一方面,由于从小接受封建教育,她很快就成了封建文化的卫道士和对他人的施虐者。这个人物在心理上是变态的:她在受虐以后只有通过对别人的施虐才能减缓心灵的痛苦,实现心理上的某种平衡。小说生动地描写了她以怨报德的性格特点:突如其来地对女邻居"热乎"的一场恶骂;她在与倪吾诚的争斗中经常大打出手,以置对方于死地而后快;看到姐姐静宜与倪吾诚和解,她就有说不出的痛苦与失落。小说中,作者还将视点伸向人物的下意识,展示人物在性心理上所受的压抑。

（五）余华

余华(1960—),生于浙江杭州。高中毕业后做过 5 年牙医,1983 年开始创作。余华的前期创作恪守传统小说的写法,作品多是歌颂美好的人性,同时带有感伤、唯美的风格。20 世纪 80 年代中后期受到西方现代派和后现代派的影响,其小说在观念、主题、形式方面都有一个相当大的变化,他创作了《十八岁出门远行》《现实一种》《一九八六年》等中短篇小说,被视为先锋文学的代表作家。进入20 世纪 90 年代,余华的创作更倾向于新写实主义,其发表了《在细雨中呼喊》《活着》和《许三观卖血记》等长篇小说,在 21 世纪则发表了《兄弟》(上、下部)和《第七天》等作品。

余华小说的思想内容及艺术特色

1.20 世纪 80 年代中期余华在创作中一直在寻找和表现"内心的真实",真实之一就是人性恶。与传统现实主义不同,余华认为人性恶不全由教育和社会环境造成,更多的是源自人的本性,因此其对人性表现出深刻绝望。他在这个阶段的作品中大量描写了暴力、杀戮、流血和死亡。

2.在艺术手法上,他大量使用了荒诞、变形的艺术手法。《十八岁出门远行》中少年搭乘的汽车遭到抢劫,但司机对自己的苹果被抢、汽车被毁无动于衷,最后竟拿着少年的背包和抢劫者一起扬长而去,小说中这个司机怪异的表现用任何逻辑都无法解释得通。

3.受到卡夫卡和罗伯-格里耶的影响,余华善用冷漠、客观的叙事手法。在《一九八六年》中,作者用非常平淡、冷漠的口气叙述那个疯子如何在自己身上试用"墨""劓"等刑罚,冰冷的语气更加重了场面的恐怖。

4.20 世纪 90 年代余华的创作发生重大转向,主要有两个方面。首先,他的小说不再抽象、变形,不再呈现为梦魇一样的世界,变得较为平实、自然,显示出现实主义小说的风貌。其次,作者对待生活的态度发生了明显变化,开始流露出浓郁的温情。

5.余华擅长简单明快地讲故事。如在《许三观卖血记》《活着》中,作者放弃了面面俱到的讲述方式,而是仅提取若干事件和场景来概括人物数年的生活乃至一生的经历,作者特别注重对细节的提炼。

重要作品详解

《现实一种》 讲述了一个家庭内部骨肉相残的故事。在这个家庭中,只有4岁的皮皮表现出很强的攻击欲,他在大人不在的情况下,以打自己的堂弟(一个未满1岁的婴儿)取乐,致婴儿死亡,后来婴儿的父亲(皮皮的叔叔)杀死了皮皮,皮皮的父亲为了复仇又杀死了自己的亲弟弟,最终被枪毙,最后一个7口之家中的4个男性成员都在这种疯狂的杀戮和报复中死亡。

《活着》 讲述了农村人福贵悲惨的人生遭遇。福贵本是个阔少爷,可他嗜赌如命,终于赌光了家业,一贫如洗。他的父亲被他活活气死,母亲则在穷困中患了重病,福贵前去求药,却在途中被国民党抓去当了壮丁。经过几番波折回到家里,福贵才知道母亲早已去世,妻子家珍含辛茹苦地养大两个儿女。此后,更加悲惨的命运一次又一次降临到福贵身上,他的儿女、妻子和孙子相继死去,最后只剩福贵和一头老牛相依为命,但老人依旧活着,仿佛比往日更加洒脱与坚强。

《许三观卖血记》 是余华于1995年创作的一部长篇小说,小说讲述了许三观靠着卖血渡过了人生的一个个难关,战胜了命运强加给他的惊涛骇浪,而当他老了,知道自己的血再也没有人要时,他的精神却崩溃了。作品以博大的温情描绘了磨难中的人生,以激烈的故事形式表达了人在面对厄运时求生的欲望。

(六)史铁生

史铁生(1951—2010),北京人。1969年中学毕业后去陕北插队,1972年因双腿瘫痪转回北京。1979年开始发表小说,著有中篇小说《礼拜日》、长篇小说《务虚笔记》、作品集《史铁生作品集》等。其中,《我的遥远的清平湾》《奶奶的星星》获全国优秀短篇小说奖。史铁生是知青作家,也是当代作家中对人生哲理孜孜以求、具有哲人气质的作家。

重要作品详解

《务虚笔记》 在史铁生的创作中有特别的意义。在这部思想深刻、意境高远的作品中,作家既深刻表现了命运的无情与人生的脆弱,又深情赞美了人的奋斗精神。作家有意模糊了小说中人物的身份与性格,突出了人的命运的偶然性,并由此进一步探索生与死、爱与恨、忠诚与背叛、信仰与怀疑、平等与差别、理想与牺牲这样一些永远诱惑人也困扰人的主题。小说讲述了女教师 O、政治家 WR、画家 Z、医生 F、诗人 L、残疾人 C 等各色人物的经历和命运,在这些具有高度概括意义的故事中,作家浓缩了一代人的生命体验,也浓缩了人类的生存悖论:每一个人都会偶然地与不幸遭遇以及每一种人生的追求都会在无情的现实中遭遇困惑。然而,永远不可被征服的,是人的欲望与梦想。这样,作家就从一个个人生的悲剧中发现了庄严,从一个个虚幻的梦想中发现了自由。有评论家认为:"史铁生在当代作家中是哲学素养最高的作家,这一点最集中地体现在他的《务虚笔记》之中。《务虚笔记》已不是通常意义上的'小说',它是哲学……它的基本主题就是当代中国人的青春史。"

《我的遥远的清平湾》 是一篇散发着浓郁"怀旧"气息和陕北农村生活气息的小说。小说通过一个知青对插队生活的回忆,塑造了放牛老汉的感人形象。老汉曾经为革命出过力,却一直过着苦日子。老汉在艰难的日子里与小孙女相依为命,但也善于苦中作乐。作家以舒缓动情的笔调描绘了陕北人的朴实、坚韧和善良。小说中对陕北方言和陕北民歌的记述,也为作品平添了浓郁的文化氛围,那回荡在作品中的"信天游"曲调,也使小说富于抒情感。

《插队的故事》 该作继续着"怀旧"的主题,作品中依然飘荡着陕北民歌的旋律,但作品中对农民艰难生存状态和无奈叹息的描写显然大大地增加了,小说中关于"人的命运真不知在什么时候,因为什么事情,就被决定了"的议论,为那些悲凉的乡村故事赋予了命运感。

《山顶上的传说》 1984 年发表的中篇小说,是一篇写残疾人苦苦思索命运的作品。小说中,作者表达了对在绝望中与命运抗争的"西绪福斯精神"的认同。

《命若琴弦》 通过流浪盲艺人在虚幻信念的支撑下驱除绝望的寓言故事,表达了作家对人生真谛的感悟:生命只是一个过程,如何赋予虚无的生命以积极的意义,正是人生的关键所在。

《礼拜日》 浸透了作家对造物奥秘的参悟:上帝把人生的真谛藏起来了。男女之间的爱情、动物的生命节律、宇宙的起源奥秘一切都是命中注定的。"时光无限,宇宙无涯。""花开花落,花开花落,悠悠万古时光。"宿命论到了史铁生的笔下,竟神奇般地焕发出庄严、肃穆的光芒。

《原罪·宿命》 作家通过一个残疾人生活在自己营造的神话中的故事和一个人偶然遭遇车祸、成为残疾人的故事,再次表达了对厄运发生偶然性的无奈的理解,以及努力超越厄运的可能,哪怕是虚幻的超越。

《老屋小记》 记述了几个普通人的"非凡的梦想",无论梦想能否实现,其都是生命的支撑,心灵的寄托。

无论是《我的遥远的清平湾》《插队的故事》等写实之作,还是《山顶上的传说》《命若琴弦》《务虚笔记》那样的充满象征意味的哲理之作,史铁生都写出了豁达、玄远的哲人风度。而他的小说语言也充满了肃穆、玄远的哲理意味,如《礼拜日》《我之舞》等作品中都不乏思辨或启悟性的文字。史铁生的小说是当代"哲理小说"的重要成果,然而,作家对形而上问题的迷恋有时也导致了作品的晦涩,有些作品在结构上显得有些支离破碎,所要表达的主题也不那么明晰易懂。

(七)王安忆

王安忆(1954—),江苏南京人。1955年随母亲迁至上海,1970年到安徽农村插队,1978年调回上海,现为上海市作家协会主席。从1976年至今,已发表百余篇小说,结集出版的有短篇小说集《雨,沙沙沙》、中篇小说集《小鲍庄》、长篇小说《长恨歌》、散文集《重建象牙塔》、文论集《心灵世界》等。其中,《本次列车终点》获全国优秀短篇小说奖,《流逝》《小鲍庄》获全国优秀中篇小说奖,《长恨歌》获第五届茅盾文学奖。20世纪90年代以来,王安忆陆续发表《叔叔的故事》《纪实与虚构》《伤心太平洋》《乌托邦诗篇》等作品。

重要作品详解

《长恨歌》 发表于1999年的长篇小说,标志着王安忆创作达到了一个新的高度。小说既描写了人物的命运,也展现了历史的变迁。王琦瑶本是上海弄堂里长大的女子,因参加"上海小姐"选美成功而进入繁华的都市社交圈,进而被某要人金屋藏娇,享尽人间富贵。但随着历史的演变,繁华不再,她也逐渐老去并被人忘却,最后因被抢劫而死于非命。小说的前半部极尽能事表现上海的绚丽华美,后半部则将人和城市描写得极其简朴暗淡,营造出"繁华梦灭"之感。前后鲜明的对比是对一个城市"化繁为简"的历史命运的诉说。

《长恨歌》充分地表现了上海的城市文化,小说的开头用大量篇幅写上海的"弄堂""流言""鸽子""闺阁",这是对上海都市文化生动的梳理和介绍,而王琦瑶的生活习惯、行为方式，乃至气质、韵味，都是在上海文化氤氲氛围下形成的。王安忆对上海弄堂生活和市民文化非常熟悉，这在《流逝》《文革轶事》《鸠雀一战》《米尼》《我爱比尔》等小说中都有充分体现，这是她最擅长表现，也是表现得最好的领域。这些小说与《长恨歌》一起，构成了王安忆小说中最生动、最精彩的一页——"都市小说"系列。这个系列的创作一直延续到今天，如其又创作了《桃之夭夭》《富萍》《上种红菱下种藕》《遍地枭雄》等长篇小说。在2011年出版的长篇小说《天香》中，她更是把历史推向晚明至清初的百年间，借"顾绣"来叙述上海的前世今生。因此，她被誉为"海派传人"确实是有道理的。

（八）陈忠实

陈忠实（1942—2016），陕西西安人。1962年中学毕业后，曾在中小学任教。1965年开始发表作品，1982年调入陕西省作家协会从事专业创作。出版有短篇小说集《乡村》、中篇小说集《四妹子》《蓝袍先生》、长篇小说《白鹿原》等，另出版有诸种文论集、散文集。其中，《信任》曾获全国优秀短篇小说奖，《白鹿原》获第四届茅盾文学奖。

重要作品详解

《白鹿原》　长篇小说《白鹿原》代表了陈忠实文学创作的最高成就，也是中国乡土小说发展史上里程碑式的作品。小说的时空跨度宏阔，起于辛亥革命，终于解放战争，借关中平原上白、鹿两大家族三代人的明争暗斗、恩怨情仇，将中国近现代史上所经历的诸多政治大事件囊括其中。作者以家族的兴衰沉浮来浓缩中国社会和民族历史的变迁，以当代性的艺术思考穿透历史，写民族秘史、悲怆国史、隐秘心史，再现历史艰难曲折的延伸与挺进，从而获得凝重、大气、深沉的史诗性品格。

《白鹿原》成功塑造了一批形象鲜明而又富有历史文化内涵的人物，如白嘉轩、鹿子霖、朱先生、鹿三、黑娃、田小娥、白孝文、鹿兆鹏、白灵、鹿兆海等。白嘉轩是陈忠实着墨最多的形象，他是白鹿两姓宗祠的族长，是一个地多财盛且以"耕读传家"的乡绅。陈忠实从文化着眼，使之成为小农经济与儒家文化共生的、代表着乡土文明的"白鹿精魂"的具体承载者。在白鹿原村，白嘉轩是正统道德和正义力量的化身，以正直、宽厚、威严的人格魅力震慑人心。他遵循"耕读传家"的祖训，像普通农人一样劳作，躬耕田亩。他敬重文化人朱先生，重视对后代的教育，对男女一视同仁，并送他们去城里读书。他克己自律，严格按儒家修齐治平、忠孝节义的道德传统来要求自己,恪守《朱氏家训》,追求儒家修身"慎独"的至高境界。他对村民的博施众济,与长工鹿三的义交,在李家寡妇卖地过程中的慷慨周济,对鹿子霖、黑娃等人的以德报怨,无不体现着他的仁义和慈善,这也使他在远近乡民中获得了广泛的尊重和敬畏。作者对人物的刻画并不只是正面的歌颂,他对白嘉轩另一层面的开掘,则使这一人物形象更为立体化,有了更深厚的内涵。作为仁义白鹿村的村长兼族长,白嘉轩也是一个封建正统的卫道士,他至死不渝地守着祖宗的祠堂,身体力行族规而建树起族长的威望;为维护封建礼教,他不许黑娃和田小娥进祠堂祭祀祖宗;为固守族规,他带头用刺刷惩治田小娥,并在她死后修塔镇邪,使其永世不得翻身。

在这部被誉为民族心史和秘史的作品中,文化视角成为陈忠实观照人生、塑造人物的切入点,而儒家文化则成为其探寻不同事件中人性冲突和道德判断的参照系。不论是白鹿原,还是白嘉轩、朱先生,都已成为意蕴深厚的文化符码,凝聚着儒家文化的千年沉淀。白鹿原处在三秦地域文化的中心地带,儒家文化源远流长,被县令赐予的"仁义白鹿村"村名中的"仁义",是儒家传统文化的核心,也是白嘉轩这些深受儒家文化浸润的人物魅力所在。而"白鹿村"这一地名则与原始人类文化中的自然神灵和神话传说相连,有关"白鹿精魂"的故事,是陈忠实最富神奇想象的描绘。"白鹿"成为贯穿小说始终的一个重要的文化原型,作为原始的神话意象,它不仅以口头讲述的方式在白鹿原代代流传,而且沉积成白鹿原村民的一种集体意识,寄托着人们对美好生活的向往和期盼。朱先生是小说中最具文化深度的人物,被作者隐喻为济世苍生的白鹿。他广泛吸收中国传统文化的精髓并能灵活运用,既超然尘世独善其身,又在禁烟、赈灾、兵祸中挺身而出,他去世后幻化作一只白鹿向西飞升。白嘉轩、朱先生等人物的成功塑造,得益于作者倾注的充沛文化意蕴,人物所包孕的丰厚的文化魅力超越了阶级或阶层的限定,成为一个民族的心灵写照。

(九)刘震云

刘震云(1958—),河南延津人,1978年进入北京大学中文系学习,毕业后到《农民日报》工作并开始文学创作。代表作品有《一地鸡毛》《塔铺》《单位》《官场》《官人》《故乡天下黄花》《故乡相处流传》《故乡面和花朵》《一腔废话》《手机》等。另有《刘震云文集》(1—4卷)等行世。他对"单位"这一特殊的当代社会机制,以及这一机制对人所产生的影响做出了具有发现性质的描述,他的作品侧重关注人与环境的关系,人的欲望、人性的种种弱点和严密的社会权力机制,在刘震云作品所描述的普通人的生活世界中构成了难以挣脱的网。如《一地鸡毛》《单位》中的小林夫妇,面对强大的环境的压力,不得不陷入原先拒绝陷入的"泥潭"之中,他们也在适应这一环境过程中,经历了个人精神、性格的扭曲。相比于其他的"新写实"小说家,刘震云对琐屑生活的讲述,有对"哲理深度"的更明显的追求,也就是对发生于日常生活中的、无处不在的"荒诞"和人的异化的揭露。

重要作品详解

《单位》　是新写实主义的代表作之一,作者以小林为主人公展开叙事,用小林在工作、生活中的遭遇,叙写普通人琐碎的日常生活,展示出普通人平凡而烦恼的生存状态,作品通过叙述普通人的信仰、理想、追求等有价值的东西在琐碎的日常生活中被消磨掉,写出了普通人在生活中遇到的悲哀与烦恼。同时作者也通过对小林的生活环境、工作境遇、单位制度以及自身的性格方面的分析,解读造成这种悲剧的主要原因。

《一地鸡毛》　是新写实主义的代表作之一,获得过多种奖项,作品描写了主人公小林在单位、家庭的种种遭遇和心灵轨迹的演变。作品通过主人公小林的故事反映出大多数中国人在 20 世纪八九十年代的生存状态,深刻地反映了改革开放给人们内心和外在带来的变化。它是一部琐碎人生的范本,一部关系学的教科书,再现了单位这一微观天地,鸡毛蒜皮,纤毫毕现,不嫌其俗,不掩其恶,"酱缸"之臭,人心之险,一一展示无遗。王朔指出,它一扫以往的英雄主义、理想主义和传统伦理道德,是绝无仅有的反映小市民真实生活的书籍。

（十）冯骥才

冯骥才(1942—),祖籍浙江宁波,出生于天津。20 世纪 70 年代后期开始文学创作,"文革"后开始发表作品,1977 年出版历史小说《义和拳》。随后反思"文革"是其文学创作长期不变的主题,代表作品有《铺花的歧路》《雕花烟斗》《高女人和他的矮丈夫》《啊!》《冯骥才中短篇小说集》《冯骥才选集》(1—3 卷)等。其中短篇小说《雕花烟斗》、中篇小说《啊!》《神鞭》,分别获全国优秀短篇、优秀中篇小说奖。冯骥才写"文革"历史和人的悲剧性遭遇,揭示人性的扭曲,不过,在其作品中,人与人之间的温情常是处于逆境中人物苦难生活的支撑,这构成了作品的底色。冯骥才创作的另一类型是被称作"怪事奇谈"类小说作品,如在其 1984年发表的中篇小说《神鞭》中,作者宣称自己要"另辟一条新路走走",于是他将笔墨上溯到清末民初,作品主要写在天津地区发生的"闲杂人和稀奇事"。因此,他的作品具有浓重的"津味色彩",被后来的批评家称为"津味小说",此类作品还有《三寸金莲》《阴阳八卦》《炮打双灯》《市井人物》《俗世奇人》等。散文代表作有《挑山工》《珍珠鸟》《捅马蜂窝》《往事如烟》《大年三十》《致大海》《民间灵气》《乡土精神》等。

重要作品详解

《雕花烟斗》　作家以抒情的笔调描写了一个画家与老花农的交往,热情赞颂了特殊年代里劳动人民纯真美好的感情。一个画家被剥夺了绘画的权利只能够靠雕刻烟斗来寄托自己对艺术的热爱和追求,然而他在被世人遗忘的日子里,能够理解他的却是一位老花农。小说通过描写老花农与老画家的交往,描写出老花农这样一位美的创造者、鉴赏者、守护者,表现了他纯洁而善良的心灵。

《神鞭》　通过对主人公"傻二"和他的辫子遭遇的叙述,揭示了隐藏在其中浓厚的民族文化传统,生动细腻地写出了天津的风俗和民情。小说中,神鞭是一条神秘莫测、威力无比的辫子,作家把那条辫子写得神乎其神,将其写成了一条无敌天下的武器,但是在洋人的枪炮前,神鞭又显得无能为力,小说中的神鞭其实也是中国传统文化的某种象征。

《三寸金莲》　小说以戈香莲的遭遇为线索,通过对天津古城里士大夫家庭种种审美心态的描绘,从本质上揭露了缠足文化对传统女性的压迫与摧残。作品正是通过对小脚的描写来表现中国的历史和文化传统,通过努力客观地表现出传统文化的原貌,不动声色地描写出历史真实,显示出传统思想对人的影响的根深蒂固。

《啊!》　非常生动而逼真地表现出中国知识分子在那个年代特有的心理状态——终日心惊胆战,同时对在"文革"中充分显露的丑恶的灵魂进行了无情的揭露和鞭挞。小说以一封信为线索:吴仲义在运动中丢失了一封写好而没有发出去的信,他怕这封信被别人发现而连累哥嫂,所以主动交代,却在使自己被关押的同时,连累了哥嫂。作品通过吴仲义的经历,解剖了政治运动中,以贾大真为代表的人的阴险而狠毒的内心。

(十一)舒婷

舒婷(1952—),原籍福建晋江。1969 至 1972 年在闽西上杭"插队"。回厦门后,在铸造厂、灯泡厂等当工人。1971 年开始诗歌写作,是朦胧诗的代表诗人。有诗集《双桅船》《舒婷、顾城抒情诗选》《会唱歌的鸢尾花》《舒婷的诗》《最后的挽歌》等,并著有多种散文集。在 20 世纪 80 年代初,她的《祖国啊,我亲爱的祖国》《这也是一切》等诗因"积极、昂扬"受到较高评价,但另一部分作品也受到批评(《流水线》《墙》等)。出版于 1982 年的诗集《双桅船》,是第一部由"朦胧诗人"正式出版的个人诗集,作品获得了中国作协第一届(1979—1982)全国优秀新诗(诗集)评奖的二等奖。她的一些作品,如《致橡树》《祖国啊,我亲爱的祖国》,被选进中学语文教材。

舒婷诗歌的思想内容及艺术特色

1.民族、个人的生存现实及种种不幸遭际、体验,是她沉入诗歌创作的动因和情感基础。她早年遭受过家庭的悲剧和各种挫折,给她幼年的心灵印下难以抚平的伤痕和痛苦。因而,渴望爱和人际的温暖,就成为她心灵上的强烈诉求。

2.以理想为核心的基本情感倾向和诗歌特征。她对理想的追求,主要表现为对人的尊严、人的价值的认同,对祖国母亲的挚爱,对他人的关切等。她渴望以此在人性沉沦、价值失落的时代重建一个充满人道和人性的美好理想世界。

重要作品详解

《致橡树》 是舒婷创作的一首现代诗,作于 1977 年 3 月,是朦胧诗派的代表作之一。该诗共 36 行,前 12 行诗人用攀援的凌霄花、痴情的鸟儿、泉源、险峰、日光、春雨六个形象,对传统的爱情观进行否定;13—36 行正面抒写了自己理想的爱情观,诗人以橡树为对象表达了爱情的热烈、诚挚和坚贞。诗人通过拟物化的艺术手法,用木棉树的内心独白,热情而坦诚地歌唱自己的人格理想以及要求比肩而立、各自独立又深情相对的爱情观。《致橡树》被选入人教版高中语文教科书。

《祖国啊,我亲爱的祖国》 是舒婷于 1979 年创作的一首抒情现代诗。此诗精选了多组意象,描述了中国过去的贫穷,和人民千百年来的梦想与苦难,亦展现了中国让人振奋的崛起和新生,抒发了诗人对祖国的无比热爱、无限期盼和献身决心。全诗交融着深沉的历史感与强烈的时代感,涌动着澎湃的激情,读来令人荡气回肠。爱国是此诗的主题。提起祖国,人们往往会想起长江、长城、黄山、黄河、四大发明……以一种貌似豪放实则空洞的虚假,去歌颂祖国的强盛伟大。作者则反其道而行之,独辟蹊径,直面祖国灾难深重的古老历史及其严峻的现实,构造一幅幅流动凝重的画面,配之以舒缓深沉的节奏,把祖国比拟为伤痕累累的母亲,以赤子之情向母亲倾诉内心的痛苦,表达为祖国的未来而献身的激情和决心。在此诗中,有诗人对祖国灾难历史、严峻现实的哀痛,亦有对祖国摆脱苦难、正欲奋飞的欢悦,更表达了诗人对祖国深沉而热烈的爱,以及诗人作为经历挫折的一代青年,与祖国共呼吸共命运,以自己的血汗去换取祖国富强、荣光、自由的心声。

《神女峰》　诗歌由巫山神女峰触发的灵魂惊悸写起,表现出诗人对爱情婚姻中"正统"道德的反思与批判。神女峰凝结着许多内涵不同的爱情故事,而这首诗主要取意于宋玉的《高唐赋》和《神女赋》。诗主要分为三段,作者在第一段中描写了自己看到神女峰后的表现,在第二段中表达了自己的情感,在第三段中则进一步抒发了自己的感情。《神女峰》的艺术特色首先表现在观察角度的新奇和剪裁生活的精当。对于一个困扰人们几千年的问题,诗人让一个自然奇景和文化胜迹来承载,可谓独具慧眼、另辟蹊径。而问题的展现,又只是凭借游船上一个刹那的生活片段。诗人一按灵感快门,便摄取了巨大的时空,使一瞬间的情景,回荡着一串千年浩叹,映照出旧道德的黯淡与新道德的闪光。《神女峰》作为一首优秀的诗歌,无论在诗歌艺术性方面还是在主题意义方面都获得了极大的成功。

《惠安女子》　是舒婷于 1981 年 4 月创作的一首现代诗。"惠安女子"是中国福建省惠安县沿海几个村镇汉民族妇女群体,那里的男子长年漂泊在海上,"留守"几乎是所有惠安女子的现实处境。但长期以来她们一直默默隐忍了生活的苦涩,以勤劳、温良、孝顺呼应着传统文化期待。"惠安女子"现象的形成无确切年代,直到 20 世纪 60 年代后,"惠安女子"才逐渐被世人所知晓,从而成为艺术家、文学家作品中所要表现的对象。而同样身为女性的舒婷在了解这些女子的处境后,心生悲悯,于 1981 年 4 月作下此诗献给这些"惠安女子"。这首诗共四节,第一节写生命的渴望遥不可及,第二节写惠安女对人生充满着梦想,第三节写惠安女对于苦难的顽强承受力,最后一节写惠安女的优美形象和真实命运,提醒人们不要只注意到惠安女立于海天之间,而忽略了她的"裸足"和她"所踩过的碱滩和礁石"。《惠安女子》是舒婷实现女性书写的代表性作品,它集中表达了作者对惠安女子优秀品质的赞美及对她们苦难人生的关怀。而第二人称的运用也拉近了作者和惠安女子之间的情感距离,她们并不是"被看"的对象,而是作者心心相印的姐妹。

(十二)海子

海子(1964—1989),原名查海生,生于安徽省怀宁县高河镇查湾村,在农村长大。1979年考入北京大学法律系,大学期间开始诗歌创作。1983年秋毕业后在中国政法大学哲学教研室工作。海子去世时年仅25岁,1989年3月26日,其在山海关至龙家营之间的一段火车慢行道上"卧轨自杀"。他在短暂的七年创作生涯中,从1984年的《亚洲铜》到1989年的《春天,十个海子》,共创造了近200万字的诗歌、诗剧、小说、论文和札记。比较著名的有《以梦为马》《面朝大海,春暖花开》《土地》《弥赛亚》《遗址》《太阳》等。他在遗书中写道:"我的死与任何人无关。"1999年,由崔卫平编的《不死的海子》一书,收录了海子去世10年来,批评家、友人们对他研究、怀念的文章。

海子诗歌思想内容及艺术特色

海子的诗歌生命,表现为那种冲击极限、"在写作的速度与压力中创造"、将生命力化为"一派强光"的情形。他"单纯,敏锐,富于创造性,同时急躁,易于受到伤害,迷恋于荒凉的泥土","所关心和坚信的是那些正在消亡而又必将在永恒的高度放射金辉的事物"。一般认为,海子的诗作连同诗歌道路可以划分为两个部分(阶段):抒情短诗(阶段)与"史诗""大诗"(阶段)。他的短诗单纯、简洁、流畅、想象力充沛,语词在浪漫、梦幻中飞翔。少年的乡村生活经验,在诗中构成一个质朴、诗化的幻象世界;麦子、村庄、月亮、天空、少女、桃花等带有"原型"意味的意象是基本元素。但是,那个固执地"用斧头饮水""在岩石上凿出窗户"的眺望者(海子《眺望北方》),越来越认识到命运是无法逃避的悲剧。他逐渐放弃其诗歌中的"母性、水质的爱",转向一种"父性、烈火般的复仇";他的利斧没有挥向别人,"而是挥向了自己"。海子虽然有不少出色的抒情短诗,但他的理想却不是成为感性的由天赋支持的抒情诗人。可能意识到飞翔的抒情难以持久,他选择"从抒情出发,经过叙事,到达史诗"的"转变"。他要以但丁、歌德、莎士比亚为榜样,写作"史诗"(或他所说的"大诗")。为此,他研究史诗和文人史诗的各种文体,收集家乡的故事、传说以提炼大诗所需的事件"本事",他结合伟大生命的传记及范畴史为构造因素,锤炼了从谣曲、咒语到箴言、律令的多种诗歌语体的写作经验。他探求着激情与理性、个人的体验与人类文化精神的结合,并集中到对"真理""永恒"的思索、追问的焦点上。

重要作品详解

《**亚洲铜**》 是当代诗人海子创作的一首现代诗歌。这是最早为他带来广泛声誉且奠定他日后在中国诗坛重要地位的杰出诗篇。作为统领全篇的核心意象,"亚洲铜"在此具有深刻的双重象征含义,它既是贫穷祖国形象的精妙比喻("亚洲铜"在视觉形象上容易让人联想起北方贫瘠广袤的黄土地,而海子本人又常常把北方当成心目中的祖国),同时又是民族传统文化的形象命名与概括("亚洲铜"这个名称具有浓厚的东方色彩),表达了诗人对民族苦难生存景况的深沉广阔的文化反思。全诗所包蕴的深邃丰富的历史文化及生命情感内涵,使它在海子数量众多的充满纯粹抒情色彩的诗篇中显得卓尔不凡,分外引人瞩目。

《**面朝大海,春暖花开**》 是海子于 1989 年所写的一首抒情诗。全诗共三节,第一节表现了诗人对质朴、单纯、自由的人生境界的向往,对永恒、未知世界的探寻精神;第二节写诗人找到幸福后无法抑制的喜悦之情;第三节写诗人对世界的祝福。诗人将直抒胸臆与暗示、象征手法结合起来,使全诗既清澈又深厚,既明朗又含蓄,既畅快淋漓又凝重、丰富,抒发了诗人向往幸福却又孤独凄凉之感。

(十三)顾城

顾城(1956—1993),原籍上海,生于北京。1969 年随父亲顾工下放山东农村,1974 年回到北京。20 世纪 80 年代末以后,生活在新西兰等国。有诗集《舒婷、顾城抒情诗集》《北岛顾城诗选》《黑眼睛》《顾城诗集》《顾城童话寓言诗选》《顾城诗全编》等。另著有小说《英儿》。顾城被人们称为"童话诗人",他的诗是梦的世界、幻想的王国,具有鲜明的童话色彩。

顾城诗歌的思想内容及艺术特色

1.顾城对童话王国的耽迷,向大自然的皈依,使他的审美理想趋于纯粹性。

2.他的诗有一种纯净、天然的美,自然、清新、澄澈,不加雕琢。

3.在艺术手法上,其往往采用幻觉、通感、超现实的梦想等方式,从而摒弃外力的拘役直达本体,营造起一个童话幻想王国。

重要作品详解

《**一代人**》 是新时期朦胧诗的代表作之一,流传较广。它抒发了一代人的心声,也寄托了一代人的理想与志向——历经"黑夜"后对"光明"的顽强的渴望与执着的追求。全诗只有两句,"黑夜给了我黑色的眼睛,我却用它寻找光明",

且诗中出现的意象都是日常生活中极为常见的现象：黑夜、眼睛、光明。正因如此，这首诗歌便具有了深思的魅力。两句新奇的组合，看似相悖的转折，蕴含着奇妙的合理性。其包含两个层面的相悖：第一个层面是诗歌整体的意象呈现方式与人们日常经验中它们的呈现方式相悖。这主要集中在眼睛的意象上。在茫茫的黑暗里，眼睛是唯一的明灯。在人们的经验中，眼睛始终是光明的象征。然而，诗中的眼睛却是"黑色的眼睛"。这是诗人心中的感受，也是诗人的深刻反思。这感受是撕心裂肺的创痛，是一种日积月累的沉淀。这反思是沉重的，后面潜藏着巨大的恐惧。而这些又都指向了"黑夜"——那个时代的背景。第二个层面的相悖是诗歌内在的相悖。这主要集中在"光明"这一意象上。那样的时代，那样的环境，那样深沉的黑夜，诗人要寻找光明。诗人正要用那黑色的眼睛寻找光明。这是诗人奏响的反叛黑夜的一声号角。这个层次也是这首诗歌的主旨所在：诗人不仅要反思黑夜般的过去和倾诉心中的苦痛，更要寻觅光明。所以诗人为这只有两句话的诗起了一个宏大而耐人寻味的标题：一代人。但诗的内容似乎又指向了两代人：既是对上一辈的总结和反思，又是对下一代的呼唤和定位。

《我是一个任性的孩子》　选自《顾城的诗》，这首诗集中体现了顾城的审美理想——追求一个纯净、和谐，没有矛盾，使人心情愉快的另一世界。孩童时的遭遇，使顾城理想的梦破灭了，但他仍然执着地追求幻想，希望梦想会在他的另一世界中重新实现。在这首诗中，诗人以一个孩子的眼光和心灵去观察和感受世界，希望用彩色蜡笔在幻想的世界里勾画出一幅幅色彩斑斓的人生蓝图，画下"笨拙的自由""永远不会流泪的眼睛""没有痛苦的爱情"。然而，这幻想的美好蓝图在现实世界中能实现吗？诗人离开幻想回到现实。"没有领到蜡笔"，指"我"的理想蓝图并没有得到社会的认同，因而，"我"在绝望中"只有撕掉那一张张心爱的白纸"。"白纸"指"自我"、生命或没有写出的诗。但诗人是否从此就停止对幻想的追求了呢？不。诗的最后一节再次点明，"我"是"一个被幻想妈妈宠坏的孩子"。我任性，将仍然执着地追求幻想。顾城在孩童时代曾有过种种与大自然身心交融的机会，他在大自然中发现了一个自由境界，在这自由境界，他可以暂且忘却现实中的种种忧伤和烦恼。这自由境界就成了他执着追求的幻想世界。由于诗人同大自然有这种特殊关系，因而大自然也就被同化在诗人的心理结构中，他的诗因此而具有了浓郁的理想主义色彩。

（十四）北岛

北岛（1949—），原名赵振开，原籍浙江湖州，生于北京。中学毕业后在北京当了工人。现旅居海外，并主编在海外出版的文学刊物《今天》。著有诗集《陌生的海滩》《北岛诗选》《北岛顾城诗选》《太阳城札记》《在天涯》《午夜歌手：北岛诗选》《零度以上的风景线》《北岛诗歌集》等。另有小说集《波动》《归来的陌生人》等。

北岛诗歌的思想内容

1.前期诗歌的基本内容是对"文革"十年惨痛历史的陈述、反思和批判，因而充满着浓烈的否定色彩、怀疑意识和批判现实主义锋芒。《一切》即以沉痛、幻灭的声音宣喻了一代青年的精神危机和传统价值观念的解体，如艾略特笔下的精神荒原一样，北岛诗中的荒原意象成了"文革"后一代人精神世界的象征和写照。

2.北岛又是一个理想主义者，他诗中反复出现了主题意象"海"，作品从对"海"不同向度和姿态的抒写中表现了北岛对理想彼岸的向往和追寻。正如《回答》末节所写到的，作为一种寓言和理想的未来象征，它不仅是透露给荒原世界的一线光亮，同时也是与食指等一起为一代人建构的精神纪念碑，上面写着："相信未来！"为了那个不可抗拒的远方召唤和理想目标，他一次次追求和寻找。

北岛诗歌的艺术特色

1.北岛诗作的格调孤傲奇峭、冷峻沉郁，这与诗人独特的人生体验和心灵遭际不无关系。个人的悲剧和民族的悲剧交融在一起，形成他内心世界浓重的悲剧情结。

2.艺术上多采用象征手法，尤其受到西方象征主义的影响，更多的是力图表达某种智性与思考，诗中也因此充满着较强的思辨性，这与后期象征主义多有相似之处。

3.另外，他的诗还多用隐喻、通感、改变视角和透视关系、打破时空秩序等具体手法，并试图将电影蒙太奇的手段引入诗中，形成意象的相互撞击和迅速转换，以激发或唤起人们的想象力。

重要作品详解

《回答》　是一首北岛于1976年创作的朦胧诗，它标志着朦胧诗时代的开始。诗中展现了悲愤至极的冷峻，作者以坚定的口吻表达了对暴力世界的质疑。

《宣告》　诗歌以烈士即将遇害这一特定时刻（"最后的时刻到了"）的心理独白为载体，深刻独到地揭示了烈士在一个非正常年代为追求真理而英勇献身的高贵品质、勇敢精神和无畏气概,以及其对未来的坚定信念。"只留下笔,给我的母亲","笔"这个意象代表"说话——言论自由——对真理的追求"。"宁静的地平线/分开了生者和死者的行列"是说烈士即将面临生死抉择,那么他会如何选择?"我只能选择天空/决不跪在地上/以显出刽子手们的高大/好阻挡自由的风",过去处决犯人往往会让犯人跪下,然后从后脑勺将犯人枪击致死,以完成行刑。这里化实为虚,烈士"决不跪在地上",因为跪在地上就会显出"刽子手们的高大",这些句子意在彰显烈士不屈的精神和他们誓死捍卫自由的决心。"从星星的弹孔里/将流出血红的黎明"表达烈士对未来的坚定信念。

二、重要流派

【知识点精讲】

(一)伤痕小说

20 世纪 70 年代末到 80 年代中期,以对"文革"伤痕的揭发和反思为中心主题的创作潮流。批评界对这一创作潮流,先后使用了"伤痕文学""反思文学"以及"改革文学"的类型概念。这些概念既是对文学事实的概括,同时也推动文学潮流自身的建构。"伤痕文学"等所指称的主要是小说,尤其是中短篇小说,因此,在一般情况下,它们也与"伤痕小说""反思小说""改革小说"等互相取代。"伤痕""反思"等的概念,在文学形态(题材取向、叙事风格等)的区分上有它们的意义,但是,从总体上说,由于它们都是"文革"亲历者讲述的创伤记忆,或以这种记忆为背景,因此,这些作品也可以统称为有关"文革"的伤痕文学。1978 年 8 月,上海《文汇报》刊发的短篇小说《伤痕》在读者中引起轰动。在此之前,同样产生热烈反响的短篇小说是刘心武的《班主任》。接着,以揭发"文革"造成的肉体、灵魂伤害为主旨的作品大量涌现;"伤痕文学"的称谓,正与这些作品的出现相关。

伤痕小说具体而言包含着两类取向不尽相同的作品:一类大体上沿袭了革命现实主义传统,弘扬的是革命的理念,讴歌的是英雄人物,尤其是赞扬了坚定的共产党人同"四人帮"的斗争,如王蒙的《最宝贵的》、吴强的《灵魂的搏斗》、陆文夫的《献身》、陈世旭的《小镇上的将军》,以及从维熙的"大墙文学"等。另一类表现的主要是平民百姓在"文革"中的生活遭际,如《我该怎么办?》《在小河那边》《枫》《啊!》《我是谁?》《邢老汉和狗的故事》,以及张弦的《记忆》、遇罗锦的《一个冬天的童话》等。这些作品的主人公远没有英雄人物的那种觉悟和斗争精神,他们只能听任命运的摆布,默默地承受人生的不幸;这里没有什么英雄主义和理想主义,而是充满了眼泪和鲜血、荒诞和悲哀、灾难和死亡。

(二)反思小说

反思小说主要指 20 世纪 70 年代末至 80 年代初出现的对新中国成立后几十年曲折历史和人的现实处境等进行反思的小说。伤痕文学是反思文学的源头,反思文学是伤痕文学的深化。反思小说不再像伤痕小说那样直接展示个人所受的伤痛,而是较冷静地审视和挖掘造成这些伤痛背后的社会、历史原因。反思小说将观照和思考生活的触角向社会历史和文化心理延伸,其艺术笔触不断伸向此前当代作家未能自由言说的政治"禁区",新中国成立以来关系到国计民生的历次政治运动和社会波折不断地在反思中"重写"。

反思小说的作品主要可以分为三大类:

1.反映 20 世纪五六十年代之交的三年困难时期,推及"大跃进",到反右派斗争扩大化等,将伤痕小说的情感性宣泄转变为冷静的理性思考,如茹志鹃的《剪辑错了的故事》、鲁彦周的《天云山传奇》、刘真的《黑旗》、张一弓的《犯人李铜钟的故事》等。

2.揭示残余的封建势力和封建意识在现实生活中的作用和在人们精神上的烙印,对扭曲的人格或不健全的文化心理及"国民性"予以剖析和针砭,试图从文化心理层面挖掘"文革"产生的思想基础。如张弦的《被爱情遗忘的角落》《未亡人》《挣不断的红丝线》《银杏树》、韩少功的《西望茅草地》,以及高晓声的"陈奂生"系列、陆文夫的"小巷人物志"系列等。这类作品承继五四新文学的"国民性批判"主题,清扫散布在社会生活各方面的封建病毒,特别是深入到人们的心灵世界去剖露历史的沉疴,揭示出"左"倾政治、封建特权和潜意识化的封建观念对人们的腐蚀和戕害。

3.反思小说在回顾历史的同时,还对党和人民群众的关系进行了反思,如李国文的《月食》《冬天里的春天》、王蒙的《悠悠寸草心》《蝴蝶》等。作品将领导干部置于几经沉沦的位置上重新审视党和人民群众的关系,提醒领导干部和执政党"勿忘人民""人民是母亲"。

反思小说的艺术成就

1.作者对人物的叙述"向内转",转向内心开掘。

2.人物性格由单一化转向复杂化。

3.叙述视角由单一固定转向多重复合。

4.作家们更是从相邻艺术或外国文学中广泛吸收借鉴,如茹志鹃在《剪辑错了的故事》中借鉴电影的蒙太奇手法,采用时空倒错的叙事方法,表现那个非理性的时代环境。王蒙在《春之声》等作品中吸收西方现代派的意识流、象征等表现手法,创造出一种中国式的意识流小说。反思小说在回归现实主义传统的同时又使现实主义的小说艺术得到发展,这对于之后出现的小说艺术革新和现代派小说有重要的意义。

(三)改革小说

随着改革开放大政方针的确立,小说对新的时代课题做出了迅速的回应。1979年7月《人民文学》发表了蒋子龙的短篇小说《乔厂长上任记》,该作品以磅礴的气势奏鸣出改革小说的先声。1980年何士光的《乡场上》等作品相继问世,它们或以写意的方式透露出改革热潮对人们日常生活和心理的有力冲击,或以写实的方式反映实行农业生产责任制后农民在人格地位和精神面貌上发生的变化。随着农村和城市改革的逐步展开,作家们再度展开了现代化强国的文学想象,他们以不同的色彩和音调绘制或谱写中国历史的大变动,终于在20世纪80年代酿成了改革小说的创作潮流。

同伤痕小说和反思小说相比,改革文学较多地承继了革命现实主义传统,其主题鲜明、矛盾冲突激烈,其中的英雄人物也较为理想化。不过,作家们对矛盾的揭示远比十七年文学深入和深刻,他们的视野也开阔得多。在主题和题材选择方面,大批作家热忱呼唤改革,努力跟上时代步伐,对改革的进程作了迅捷的反映和持续的描写。如反映工业改革的《开拓者》(蒋子龙)、《三千万》(柯云路)、《阵痛》(邓刚)等,反映农村改革的《漏斗户主》(高晓声)、《燕赵悲歌》(蒋子龙)等,反映城市改革的《祸起萧墙》(水运宪)、《锅碗瓢盆交响曲》(蒋子龙)等。就连长篇小说创作也努力"与时代同步",相继出现了一批正面描写改革的作品,如《沉重的翅膀》(张洁)、《花园街五号》(李国文)、《男人的风格》(张贤亮)、《新星》《夜与昼》(柯云路)等,它们几乎是紧贴现实,再现了当年"写中心"的景况。在情节构成方面,作家们多从正面描写政治经济体制的改革及冲突,作品中推动改革的进步力量和反对改革的保守力量往往围绕着某项改革方案或举措展开交锋,而道德水准的高下优劣则成为对改革派和反改革派的最终阐释。在人物塑造方面,一批以改革的"开拓者"形象出现的"当代英雄"成为作品的主人公,如乔光朴

《乔厂长上任记》)、郑子云(《沉重的翅膀》)、陈抱帖(《男人的风格》)、李向南(《新星》《夜与昼》)等人物构成了一个"开拓者家族",他们大多精通业务、熟稔管理、志向远大、行为果决,其中以"乔厂长"为最,其一时间成为"改革家"的代名词。

(四)寻根小说

"寻根"可以追溯到20世纪80年代初。在当时文坛上,虽以现实主义创作潮流占据主导地位,但同时有一股新的文学寻根潮流正在悄悄酝酿,如李杭育的《最后的一个渔佬儿》、郑义的《远村》、阿城的《棋王》、乌热尔图的《七岔犄角的公鹿》、扎西达娃的《西藏,系在皮绳扣上的魂》、韩少功的《爸爸爸》、王安忆的《小鲍庄》等,它们或以对传统文化的关注,或以对古朴、原始的生活的眷顾,或以对文明冲突的忧虑而有别于当时的现实主义文学主流。新的创作潮流的出现,很快引起一些作家、评论家的关注,他们于1984年冬聚会杭州,集中探讨文化与文学创作的关系,提出了"文化寻根"或"文学寻根"的主张。从1985年上半年起,一批志同道合的作家陆续发表了一系列堪称"寻根"宣言的文章,以表达他们的观点,他们较为统一的看法是:"文学有根,文学之根应该深植于民族传统文化的土壤里。"这些文章把当时思想文化界和学术界的"文化热"引入了文学界,在理论批评和文学创作中得到广泛的回应,"寻根文学"的潮流由此而蔚成声势。

寻根小说的文学史意义,首先,表现在它打破了当代文学此前各种创作潮流所沿袭的单一的政治视野,生成了更为开阔的文化视野,文化视野的形成极大地拓展了新时期小说创作的包容性和丰富性。其次,寻根小说打破了现实主义独尊的格局,不仅表现出浓郁的浪漫主义倾向,而且也糅合进现实主义和现代主义的多种表现手法,作家们在充分吸纳外来经验的同时也着力挖掘本民族的文化传统,并结合自身的实际寻找切合自己的艺术表现方式,因而促成了中国当代文学的一次"文化的自觉"。再次,尤其值得指出的是,"寻根"的主张给少数民族的小说创作注入了新的活力。

(五)先锋小说

先锋小说是指中国文坛20世纪80年代中后期出现的,也被称为新潮小说或实验小说的创作潮流,代表作家作品有马原的《冈底斯的诱惑》《叠纸鹞的三种方法》,余华的《现实一种》《十八岁出门远行》,格非的《迷舟》《敌人》等。

先锋小说的艺术特征

1.在文化上表现为对旧有意义模式的反叛和消解,作家的创作不再具有明显的主题倾向和社会责任感。如马原的《叠纸鹞的三种方法》涉及了一个刑事案件，但作者没有谴责什么，也没有发人深省的思考。

2.在文学观念上颠覆了旧有的真实观，一方面放弃对历史真实和历史本质的探寻，另一方面放弃对现实的真实反映，文本只有自我指涉功能。

3.文本特征体现为叙事游戏，更加平面化，结构上更加散乱、破碎，文本意义的消解也导致了文本深度模式的消失，人物趋于符号化，性格没有深度，放弃象征等意义模式，通常采取反讽的写作策略。

（六）新写实小说

20世纪80年代中后期，作为创作潮流的"写实小说"是在寻根小说和先锋小说后产生的。代表作家作品有池莉的"人生三部曲"（《烦恼人生》《不谈爱情》《太阳出世》）、刘恒的《狗日的粮食》《伏羲伏羲》、刘震云的《一地鸡毛》等。有人认为新写实主义是对现实主义的"回归"，并赋予其"后现实主义""现代现实主义""新现实主义小说"等称谓，也有人从题材的角度称之为"写生存状态"或"写生存本相"的小说。新写实小说"仍以写实为主要特征，但特别注重现实生活原生形态的还原"，而且"借鉴现代主义各种流派在艺术上的长处"。这两点基本上可以视为新写实同传统的现实主义尤其是革命现实主义的主要区别，亦即"新"之所在；而还原原生态被当作新写实的主要特点，尽管它在理论上是值得商榷的。经过作家、评论家和文学期刊的联手协作，"新写实"便成为被广泛认可的称谓。

寻根小说后兴起的新写实小说像是一种反拨，它摒弃了寻根文学的浪漫化期待，它更关注的是人们窘迫的物质生活现状以及与之相适应的性格与心理状态，而反对各种超越现实的崇高理想和人生目标；它放弃了对生活背后是否隐藏着"意义"和"真谛"的探询，而把生活的意义限定在对生活本相的描写过程中，回避对日常生活现象作出明确的价值判断。因此，新写实小说更多地表现出社会转型期文学世俗化的价值取向，即追求物欲而淡化理想，趋于平庸而消解崇高，所描写的对象多为庸常之辈，他们既没有明确的理想，也没有澎湃的激情，而多被世俗的经验和感性的欲望所纠缠。这种"原生态"的生活即被视为意义之所在。因此，新写实小说还原"生活原生态"的旨趣中明显地表现出反浪漫、反激情、反理想的倾向。新写实小说也是对先锋小说疏离读者大众的一种反拨，从思想层面上看，新写实小说是对世俗人生、大众趣味的亲和甚至趋附，从技术层面上看,新写实小说则是以传统的写实为基础,表现出对大众阅读习惯的认同,甚至投其所好地制造出在内容和形式上"可读"的文本,经过先锋小说的熏染,先锋小说的一些特质也被新写实小说吸纳。

新写实小说的特点

1.革命现实主义中"大写的人"为"小写的人"所取代。新写实小说大多描写各类小人物的生存困境,表现他们物质性和精神性的烦恼,这些地位卑下的小人物被自己身边的日常生活琐事所包围、所淹没,只关注一己之利。如刘震云"官人"系列中的小林,池莉"人生三部曲"中的印家厚、庄建非、赵胜天等。

2.革命现实主义中"活的故事"为"活着的故事"所取代。新写实小说家普遍看重人的基本生存境遇,着重表现人的顽强的生命欲望和本能冲动,把具有形而上意味的"生存"转变为对形而下地活着的过程性展示。如刘恒的《狗日的粮食》《伏羲伏羲》都涉及人的"原欲",前者写"吃",后者写"性",二者都写生命欲望的本能冲动,作者有意淡化时代性和社会性因素,写出一个个"为生而死"的故事。余华的《活着》《许三观卖血记》则写出了一种在"活着"的欲望驱使下生命的顽强和坚韧,这些都属于"向死而生"的故事。

3.革命现实主义中的典型化、纵深感被零散化和平面感取代。新写实小说倾力罗列琐屑的日常生活片段和细碎的感性经验,对平庸的世俗人生做不厌其详的现象描绘,以图还原"生活本相",拒绝向典型化提升和向生活的纵深切入。如池莉的"人生三部曲"(《烦恼人生》《不谈爱情》《太阳出世》)便是这方面的典型文本。

4.革命现实主义中的细节真实为自然主义的真实细节所取代。新写实小说不回避粗俗、猥琐的场面描写,用艺术画面展现大量卑污、鄙陋又闪现真实光芒的细节。如苏童的《米》等作品。

5.革命现实主义充满激情的理想主义为冷静的客观主义所取代。新写实小说家在写作过程中,抑制对所描写的人物和事件作出直露的评价。虽然新写实小说主张的"绝对的零度写作"自然只是一种理想状态,但新写实极力消解理想主义激情的倾向却是明显的。如李晓的《最后的晚餐》、杨争光的《赌徒》等都表现出极其冷漠的叙述态度。

(七)朦胧诗

20世纪70年代末至80年代初,随着改革开放的深入,一批年轻诗人崛起于诗坛,带来一股新异的诗风,因被称为"新诗潮"而引起社会的广泛关注。他们中的主要代表有食指、北岛、舒婷、芒克、多多、顾城、江河、杨炼、林莽、梁小斌、王小妮等。新诗潮之所以在20世纪70年代末出现于中国诗坛,是有其特定的时代语境和历史积淀的。1978年12月23日,由北岛任主编、芒克任副主编的民间刊物《今天》面世,这是新生代诗人第一次以集群的形式出现于诗坛。1979年3月,《诗刊》发表北岛的《回答》,标志着朦胧诗开始浮出地表,并形成了强烈的艺术冲击波。在他们丰富而又复杂矛盾的内心世界中,既有置身于那个时代的恐惧、苦闷,也有在反思过程中所孕育的新的希望理想……当他们怀着这种情绪走近诗歌时,又与西方现代派艺术达成了某种程度的汇通,于是他们一改传统直白浅露的抒情模式,而大量采用象征、反讽、变形、通感、暗示等艺术手法,使之呈现出一种朦胧、含混甚至歧义的诗意氛围,因此人们便把这类诗称作"朦胧诗",甚至贬称为"古怪诗"。

在思想和艺术上,朦胧诗表现出鲜明的特点,这主要体现在自我表现的主体性特征和独特的意象艺术两个方面:

1.朦胧诗崇尚人的价值,认为诗人首先是人,他们愿意尽可能地用诗来表现对人的关切。

2.在意象创造、形式结构方面都表现出鲜明的特点,如诗人们大量运用象征、隐喻、通感、错觉、抽象词与具象词的巧妙搭配和超现实想象等多种艺术手法,既使意象内涵丰富、富于暗示性,又使诗歌的意象组合和结构方式多种多样。

(八)归来者的诗歌

新时期初始,一批在新中国诗坛上一度被冤屈而消失了的诗人重返诗坛,唱起了"归来"的歌,他们被称为"归来诗人",其名得之于艾青的诗集《归来的歌》。"归来"是一种诗人现象,也是一个由众多诗人涉及的、称为"归来"(或"复出")的诗歌主题。"归来诗人"有广义和狭义之别,广义的说法还包括"文革"中被打倒、受批判的诗人,狭义的说法仅指20世纪50年代中期到"文革"以前的政治运动中受到错误批判的受害者。他们大体分为三种情况:一是在1955年所谓"胡风反革命集团"案中蒙难或受到株连的诗人。除胡风之外,还有鲁藜、绿原、牛汉、曾卓、冀汸、彭燕郊等,他们大多是抗战时期在胡风创办的《七月》等杂志期刊上发表诗文或受其影响而走上诗坛的诗人,他们统称为"七月派诗人"。二是在1957年被错划为"右派"分子的诗人,其中既有在20世纪三四十年代就已成名的艾青、公木、苏金伞、吕剑等中老年诗人,也有 20 世纪 50 年代诗坛出现的年轻诗人,如公刘、邵燕祥、白桦、流沙河、周良沛、孙静轩、孔孚、胡昭、梁南、昌耀、林希、赵恺等。三是 20 世纪 40 年代后期一批在西南联大从事诗歌创作的诗人,如穆旦、杜运燮、郑敏、袁可嘉等,这些诗人重新归来时,虽然有的已步入中年,有的已届暮年,然而他们却以受伤的心灵唱着既欣喜又悲叹,既真挚又深沉的归来的歌。

归来者的诗歌特色

1.呼唤真实,希望恢复诗歌的真实性传统,是归来诗人重获创作权利之后最初的呼声。艾青复出后提出了人必须"说真话"的问题。他说:"人人喜欢听真话,诗人只能以他的由衷之言去摇撼人们的心。"曾卓说:"真情实感是诗的生命,是真诗和非诗的分界线,也是诗的美学基础。"他们认为说真话是恢复和发扬现实主义传统最起码的要求,也是写诗、做人最基本的品德。他们的诗歌可以表现历史与时代真实,或抒发诗人真挚的内心情感。如艾青的《在浪尖上》、穆旦的《演出》、公刘的《伤口》、流沙河的《故园六咏》、邵燕祥的《记忆》、胡昭的《山的恋歌》、赵恺的《我爱》等。

2.歌咏"归来",诉说冤情,袒露心志是归来诗人创作的共同主题。归来诗人曾是新生活的热情追求者与创造者,有的甚至受过严峻的革命斗争的磨炼。复出之后,他们不约而同地用"归来"为诗作或诗集命名,流沙河写了《归来》,梁南写了《归来的时刻》,有的诗人尽管未以"归来"命名,但其归来的心态、归来的悲喜却是相同的。周良沛的《珍珠》等诗,一方面抒写他们在被迫害的岁月里内心的痛苦与精神的创伤,另一方面抒发了他们对祖国与人民不渝的真诚热爱。

3.回忆"自我",反思历史,将鲜明的艺术形象与强烈的批判精神融为一体,是归来诗人诗作的又一特征。归来诗人复出后的创作大都以自己的生活经历为依托,带有自白和自传的性质。他们长期沉落在社会的底层,与人民有着密切的联系,对历史的沧桑、人间的冷暖有深刻的观察与思考。如艾青的《鱼化石》、绿原的《又一个哥伦布》、曾卓的《悬崖边的树》、牛汉的《半棵树》《华南虎》、罗洛的《贝壳》《文竹》等诗中的形象大都是一些被囚禁者与被损害者,他们不幸的遭遇暗示着历史的悲剧给个人带来的厄运,或者说,他们的厄运暗示着共同的历史性创伤。

4.在新时期文学"向哲理深化"的进程中,归来诗人创作了大量闪耀着哲理光彩的诗篇。它们或从日常生活的一景一物中窥探哲理,如艾青的《酒》《镜子》《鱼化石》、蔡其矫的《珍珠》等;或从纷繁的社会人生中提炼哲理,如陈敬容的《只要是广阔的世界》、绿原的《白云书简》等;或从漫长的历史与茫茫的宇宙中探求人类历史的规律与自然宇宙的奥秘,如艾青的《光的赞歌》等。

5.在诗的艺术风格上,归来诗人大多继承了现实主义优良传统,并在结合外国诗歌精粹的基础上有了新的发展变化。他们的诗风大多由过去的单纯、明朗转向深沉、凝重,诗笔雄健又各有特色。艾青的诗平易精练,幽默机智,既有民族精神,更具现代意识;公刘的诗深沉老到,乐观豁达;绿原、牛汉、曾卓等人的诗,则于深沉、乐观的情绪之中渗透着冷峻而苦涩的情思。还有些诗人的诗作既注意艺术手法的变革,又注意观念的更新。公刘的诗是激情和睿智的结合,邵燕祥的诗是热情与思辨的诗化,流沙河的诗多伤感而富于理智,白桦的诗明朗而敏捷,梁南的诗真挚而凄婉,昌耀的诗空灵而悲怆,林希的诗诚挚而悲凉。

(九)第三代诗歌

第三代诗歌即"第三代"诗人所创作的诗歌,所谓"第三代"诗人,是相对于1949—1976年间的第一代诗人及以朦胧诗为代表的第二代诗人所界定的概念,泛指朦胧诗到20世纪90年代这段时间出现的一批诗人,如韩东、于坚、吕德安、丁当等。第三代诗歌具有以下特征:呈现出反理性、反崇高、反英雄倾向,倡导小人物、平民意识;重视流派与理论建设;在创作上高度的语言意识,用口语化的语言拓展了当代新诗发展的空间。他们把诗从群体意识中解放出来,促使中国诗歌呈现出多元化、边缘化、个人化的趋向。第三代诗歌被看作中国当代诗歌的分水岭。

第三代诗歌艺术特色

1.逃离文化、反文化、非文化。新生代诗人对朦胧诗人孜孜追求的文化原型与文化深度持怀疑反对态度,刻意取消诗意构成中的文化底蕴,削平意义结构的深层模式。

2.美学精神上的反崇高。新生代诗人常以反讽的口气表现对神圣的破除和审丑的刻意追求,追求破除朦胧诗人对历史和文化意蕴的着意追求及其作品中崇高的美学风格。

3.语言上的反意象、反优雅。新生代诗人直接表现所要表现的事物、情感本身,突出叙述的风格和方法,破除诗歌超出语言之外的意义追求。

"广播影视类高考专用丛书"（张福起主编），是真诚献给报考艺术院校的广播电视编导、戏剧影视文学、影视摄影与制作、戏剧影视导演、影视制片管理、艺术与科技、国际文化交流、播音与主持艺术等专业考生的考前辅导用书，集聚全国艺术高考培训名师十余年教学成果、汇总艺术高校考官千余场主考经验，目前已增至36个品种，成为全国广播影视艺术类专业考生和培训学校的首选教材。

文艺常识

最受考生欢迎的文艺常识辅导教材
知识点最全面简洁的艺考必胜攻略

　　文艺常识有哪些内容？考试的重点是什么？有哪些考试题型？如何快速有效地记忆文艺常识的知识点？……这些问题都可以从本书中找到答案。

　　本书是全国影视传媒类艺考辅导教材中最受考生欢迎的版本，历经数次改版，已经成为广大考生的首选教材，更被一些高校选定为考前复习用书。本书内容包含文学、影视、美术、音乐、戏剧、戏曲、舞蹈及曲艺杂技等常识，分类精确、层次分明、脉络清晰，紧扣考试重点，并附带部分知识点的历年真题，便于考生在短时间内掌握。不但适合于传媒艺术专业的高考备考，同时也适用于各类研究生考试及其他文艺基础素养测试。

- 文学戏剧戏曲常识
- 广播电影电视常识
- 音乐美术书法常识
- 舞蹈曲艺杂技常识
- 文艺基础训练试题
- 历年考试真题解析

文艺常识（同步专题练习）

高频考点海量真题同步练习
备战艺考文艺常识高分胜经

　　本书结合了全国近200余所影视艺术类招生院校的1万余道历年真题，以及河南、陕西、浙江、福建等省的统考真题，并结合历年的高频考点和最新的文化热点，采用专题练习的形式，让考生将所学知识点夯实、打牢，并大大提高考生在考场上的应变能力。本书被广大艺考专家誉为"文艺常识艺考的高分胜经"。

- 两百名校真题大汇总
- 艺考高频考点全覆盖
- 专题分类演练大突破
- 历年考查题型全总结
- 最新命题规律大揭秘
- 复习备考高分全掌握

文艺常识必刷考点5000题

最全面系统的文常海量题库
最方便实用的文常知识总结

　　本书是一本文艺常识经典题型的大汇总。文常的考查形式主要包括选择、填空、名词解释、简答和论述五大题型，广大考生只要对以上五大经典题型进行反复强化演练，就能在备考文艺常识中起到事半功倍的作用。为此，拥有多年培训和教学工作经验的本书编者，结合《文艺常识》一书的知识点，对最近十多年影视传媒类考试的近万道真题加以分类研究，编写出这本与《文艺常识》同步配套的刷题"神器"——《文艺常识必刷考点5000题》。

- 百所院校招生真题
- 千套试卷原题整理
- 历年考点分类回顾
- 五大题型逐一解析
- 复习模拟提分神器
- 考前强化刷题必备

文艺常识（考前冲刺预测试卷）

30套文艺常识标准化预测试卷
1000道考试真题精准详尽解析

　　本书是以200多所院校历年招考真题为基础精编而成的30套文艺常识全真标准化预测试卷。无论是题量大小、题型选择、难易程度还是考试时间，均按照招生院校的最新出题标准制定，科学严谨并贴近艺考实际。同时汇总了当前国内外文化艺术方面的重大热点事件，对文艺常识的考查方向、考查重点、考查面进行了最新的预测。另外，本书还采用了试卷的印装形式，考生使用起来更加方便。

- 全部真题试卷30套　　● 答案精准解析详尽
- 最新文化热点汇总　　● 更多高频考点预测

文艺常识高频考点1000条

最方便实用的文艺常识掌上宝典
最全面系统的海量高频考点总结

　　文艺素养水平的高低是评判一个传媒类人才的基本标准，所以文艺常识历来都是各大院校编导类专业考试的重点科目，对文艺常识的复习和记忆成为编导类专业考生备考的重中之重。

　　根据人类的记忆规律，有记忆就肯定有遗忘，所以文艺常识需要勤记勤练，而大部头的复习材料不方便携带和使用，鉴于此，本书特别为考生设计成64开小巧轻便的口袋书，手掌大小，便于携带，高频考点，全面系统，能引导考生巧记知识点，十分实用！

- 最方便的掌上宝典　　● 最全面的高频考点
- 最精练的词条总结　　● 最实用的真题演练

文艺常识（全真模拟试卷）

三十套文艺常识全真模拟试卷
上千道高频考题精准详尽解析

　　本书是从200多所招生院校近10年的艺考真题中精选汇编而成。30套试卷的知识点和题型相当全面，重点难点一目了然，并且紧跟形势融入了近年来常考查的社会常识真题，每份试卷都很有模拟效用和代表性，通过选择题、填空题、名词解释、简答题、论述题这些经典试卷题型一一呈现给学生，同时在题型设置上达到了难易适中排序、效率兼顾考情的要求，使考生在使用时更加得心应手。

- 全真模拟试卷30套　　● 参考答案精准详尽
- 覆盖艺考高频考点　　● 把握复习备考诀窍

影视作品分析

一本实用的影视评论写作指南
一部精要全面的艺考应试秘籍

怎样才能写出出色的影视评论一直是广大考生所头疼的。因为，成功的影评写作需要考生掌握扎实的影视理论和具备一定的写作功底，并有大量的看片量。但艺考中的影评写作还是有一定的方法和技巧的，比如写作思路、评述角度等。

本书借助影视基础知识、评论写作方法、优秀影评范文三个板块，给考生以全方位的指导，让考生最痛苦的影评写作变得容易和行之有效。本书自2008年出版后得到了广大考生的一致好评，被誉为艺考影视评论写作"胜经"，全国数百家艺考培训机构将本书作为首选辅导教材。

- 电影评论写作
- 电视作品分析
- 指点写作技巧
- 教授备考策略
- 考生真卷点评
- 历年真题解析

影评范文精选

最畅销的艺考影评范文集
最系统的影评写作指导书

如何提高影评写作水平？优秀的影评文章是什么样的？

本书是一本影视传媒艺术类专业的考前参考书，是为广大考生能在短期内快速提高影评写作水平而编写的。对优秀文章的借鉴和学习，能使考生对影评写作的方法、思路、具体的语言有直观的认识和体悟，通过模仿和参考，逐步使优秀的内容融入自己的文章中，使自己的文章熠熠生辉，在众多的考卷中脱颖而出，获得考官的青睐。本书是影评写作爱好者的参考书，更是传媒类专业高考的必备工具书。

- 综合角度影评
- 人物形象角度影评
- 主题角度影评
- 艺术技巧角度影评

影视评论精选佳句500例

最方便实用的影视评论写作宝典
最精妙专业的论述佳句汇总推荐

影视评论写作作为各大院校传媒编导类专业考试的重点科目，在考试中需要以专业的评论内容和结构取胜，而怎样快速提高影评写作的专业性和理论性，已成艺考生长期的困扰。

有鉴于此，本书设计成64开精品图书，以满足考生方便携带的需求，内容上吸纳权威学者、影评人的专业语录，并汇集电影论坛、权威书籍等各方学术观点，实现了：名言佳句大集锦、观点角度全汇总、常考佳片精推荐、知识梳理成体系的编辑要求，是一本趣味性与知识性兼备的影评写作口袋书。

- 最方便的掌上宝典
- 最精妙的评论佳句
- 最常考的影视推荐
- 最实用的写作宝典

影视高考真题解析

真实全面的历年真题题库
缜密细致的答题思路解析

各个传媒类专业招生院校历年都怎么考？都考过什么？在本书中您将找到准确答案。本书囊括了全国160多所传媒艺术类招生院校的共800余套考试真题，占全国此类招生院校总数的96%，并且收集了各省统考真题，涉及影视编导摄制类、戏剧影视文学类、公共事业管理类所有专业，对考生报考各所院校和各类专业极具指导作用和参考价值，是考生确定报考院校和专业方向的必备书目。

常言道，有备而无患。本书能够让考生准确把握命题的最新动向，摸清命题规律，抓住考试重点及难点，使考生有针对性地备考，做到有的放矢。

- 影视编导摄制　　● 戏剧影视文学　　● 公共事业管理
- 历年考试真题　　● 答案精准详尽　　● 复习预测兼顾

影视基础知识高考教程

系统标准的影视知识辅导教程
权威实用的传媒高考复习用书

目前图书市场上讲授影视艺术基础知识的书比较多，但大多是本科教材或大众普及读本，并不适合影视艺术类专业高考，而且缺乏历年考试真题的范例和解析。为此，编者在总结多年艺考培训教学经验的基础上，结合部分高校历年的考试真题，编写了这本《影视基础知识高考教程》。

本书主要涉及"影视视听语言""电影概论""电视概论"三大部分，通过对知识的系统梳理，方便考生对整个知识脉络进行把握。

- 影视视听语言　　● 电影基础知识　　● 电视基础知识
- 精讲高频考点　　● 历年真题演练　　● 贴近艺考需求

影视编导类专业实用应试教程

系统实用的编导类专业实战攻略
要点突出的应试前必备复习精华

编导类专业复习备考是一项庞大的工程，考生不但要学习文艺基础知识，更要掌握影视基本文体的写作，还要应对自我介绍、即兴评述等一系列面试问题，所以专项应试教材往往多达10余本，考生学习负担骤增。

本书编者结合自己10余年的教学经验，召集国内50余位艺考专家多次研讨，历时2年终于编成本书，以满足考生的实际应试需求。可以说，这是一本应对影视编导类专业考试的制胜秘籍：只要一册在手，就等于掌握了编导类专业考试的全部内容；只要学完本书，就等于拥有了学完10本书的知识和功力，是实实在在的编导类专业复习备考一本通！

- 文艺常识高频考点　　● 文体写作方法点拨　　● 高考面试实用技巧
- 系统全面要点突出　　● 汇集真题注重实战　　● 影视编导实用攻略

影视高考基本文体写作

传媒艺考笔试获胜宝典　艺术考生备考实用教程

　　基本文体写作是广播影视艺术类专业考试中十分重要的考试内容，可以说直接决定着考生整体成绩的高低。本书涵盖了影评写作、电视作品分析、文学评论、叙事散文和戏剧故事写作、编导创意及策划、文化热点评述、小品写作等基本文体写作形式，基本包括了影视艺术类专业笔试的全部内容。

　　本书的编写目的就是系统梳理笔试的思路，给考生一个比较清晰的笔试应试指导方法，对每一个具体的考试科目进行具体的分析，使更多的考生能在笔试上取得成功。

- 影视作品评析
- 故事散文创作
- 文艺现象阐释
- 编导创意策划
- 文学作品评论
- 影视戏剧小品

影视高考命题故事创作

读完本书你会知道命题故事如何考
读完本书你更会知道如何去编故事

　　在传媒艺术类专业招生考试中，命题故事创作所占的比例越来越大，特别是在中国传媒大学、北京电影学院、中央戏剧学院、上海戏剧学院等一些名校的招生考试中，更是必考的内容之一。也正因为如此，命题故事创作已成为近年来影视艺术类考生们最头疼、最薄弱、最急于突破的一个环节。

　　应广大考生热切要求，作者编写了《影视高考命题故事创作》一书。本书顺着由小到大、由局部到整体、由浅入深的进程逐节讲来，便于考生掌握，能够在有限的时间内，为广大考生提供系统、实用、高效的专业辅导，特别是书中所附的故事范文，更是给考生提供了故事构思的模板和依据。

- 命题编写故事
- 命题编讲故事
- 应试技巧点拨
- 经典故事范例
- 考试真题集锦
- 考前模拟训练

影视常识高频考点600条

最方便实用的影视知识掌上宝典
最全面系统的海量高频考点总结

　　本书是在结合十多年传媒艺考近万道真题的基础上，有针对性地对影视高频考点进行总结而成，是为影视传媒类艺考生编写的影视常识专业用书。书中总结的考点极具代表性，能使考生在学习时精准地把握重难点，有针对性地牢记高频考点。同时，通过对影视常识中出现的零碎却极为重要的知识点归类总结，考生能够轻松地抓准重点，实现快速记忆，节约宝贵的备考时间。

- 最方便的掌上宝典
- 最全面的高频考点
- 最精炼的词条总结
- 最实用的备考手册

影视高考面试宝典

面试技巧的入门手册 艺考必备的通关秘籍

　　面试环节重点考查的是考生的基本专业素质和心理素质，这也是作为一个未来的广播影视类人才所必备的素质。在历年的专业考试中，很多考生对于面试没有经验，不知道怎样进行，有的心情紧张，该发挥出来的没有能够发挥出来，有的对于面试的内容准备不充分，没有展示出自己的真实水平，从而影响了后面笔试的发挥，整体的专业成绩也受到了很大影响。

　　本书基本上分为两大部分：一是各个面试科目的应试方法指导，重点介绍了包括自我介绍、回答考官提问、即兴评述、才艺展示、命题编讲故事在内的十个考试科目的具体的应试方法；二是每个考试科目的范例，在个别的章节中还有对历年真题的解析，以便考生参考，这样就增强了本书的实战性和可操作性。

- 自我介绍 ● 回答考官提问 ● 编讲故事 ● 文化热点分析 ● 命题小品
- 自备文学作品朗诵 ● 模拟主持 ● 才艺展示 ● 即兴评述 ● 摄影美术作品分析

即兴评述话题宝典（真题版）

最具权威性的即兴评述话题宝典
最有代表性的面试真题实战攻略

　　即兴评述作为传媒类专业考试中的重点和难点，让很多考生惧怕，原因有二，一是临场发挥时评述素材不够，二是真题实战演练机会少。针对这一现象，我们编写了这本《即兴评述话题宝典》（真题版）。

　　本书组织几十位全国各高校和培训界的专家老师，从历年数千道真题中精挑细选400多道最具代表性的话题，并给出了思路清晰、颇具深度的参考答案，能让考生更好地掌握即兴评述的答题方法与思路；对于其中的一些高频考题更是重点标注，方便考生了解考试重点。拥有此书，等于拥有了即兴评述话题的大数据，精准的数据分析能让你成为新时代传媒艺考的领跑者。

- 精选400常考话题 ● 全部源自历年真题 ● 高频考点重点标记 ● 题型分类答案精准

影视高考面试真题题库

传媒艺考面试考什么？面试考题如何答？

　　很多考生特别惧怕面试，感觉面试的内容不好把握、无从下手。这都是由于考生对历年专业面试过程中所考的试题不是很了解而造成的。

　　面试是影视艺术类专业考试中重要的考试环节。其目的是考查考生的形象气质、艺术修养、兴趣爱好、现场应变能力以及语言表达的逻辑性和思考问题的深广度。

　　本书对精选的海量考试真题进行了详细分类并附上清晰精准的参考答案，旨在帮助考生全方位、多层面提升综合素质，不但能在面试中说得出、说得好，而且更能答出水准，展示自我风采。

- 海量面试真题 ● 答案清晰精准 ● 真题分类细致 ● 开拓答题思路

摄影专业高考辅导教程

实用高效的摄影高考读品
条理清晰的摄影培训教程

摄影作为一门新兴的艺术门类，有着广阔的发展前景。目前，市面上关于摄影的书籍五花八门，但是针对摄影类高考的却是少之又少。因此，应广大考生的热切要求，我们编写了《摄影专业高考辅导教程》。

本书系统讲述了摄影的相关基础知识，理论与实践相结合，条理清晰，重点分明，有助于广大考生在短时间内迅速掌握艺考的基本摄影知识与技能。同时，书中还附加了往年考试真题，堪称一本实用、高效的专业辅导教材。

- 摄影基础知识
- 摄影作品分析
- 现场拍摄技巧
- 高考复习必备

摄影高考真题解析

真实全面的历年真题题库
缜密细致的答题思路解析

本书涵盖几乎所有招收影视传媒类摄影专业及影视摄影与制作专业院校的2019年各省考点真题。真题不仅能有效帮助考生熟悉不同院校的考试要求和考试题型，抓住考试重点及难点，而且能使考生有针对性地备考，做到有的放矢。本书凡有文艺常识、影视摄影理论的真题都附有精准的参考答案，有些主观题有选择性的给出了答题思路。书中对每个院校都有编者的备考建议，方便考生具体了解各个院校的招生考试方向，对考生报考各院校极具指导作用和参考价值。

- 涵盖最全摄影院校
- 汇总百套全真试题
- 答案精准解析详尽
- 名师讲授学习方法

摄影常识高频考点500条

最方便实用的摄影知识掌上宝典
最全面系统的海量高频考点总结

本书主要适用于摄影类艺考生。它可以帮助考生迅速掌握重点的摄影艺考基础知识，熟练运用摄影专业词汇，攻破摄影基础知识和摄影作品分析两大难题。书中出现的艺考摄影专业词汇，是从全国高校历年摄影艺考招生考试试题中精选出来的，极具代表性，只要考生熟记于心，就一定能在摄影艺考中脱颖而出。

- 最方便的掌上宝典
- 最全面的高频考点
- 最精炼的词条总结
- 最实用的备考手册